21世纪高职高专会计类规划教材

出纳实务与技能

CHUNA SHIWU YU JINENG

郑　维主　编
张清阳　副主编

经济科学出版社
Economic Science Press

图书在版编目（CIP）数据

出纳实务与技能 / 郑维主编．—北京：经济科学出版社，2009.8

21 世纪高职高专会计类规划教材

ISBN 978 -7 -5058 -8478 -6

Ⅰ．出… Ⅱ．郑… Ⅲ．现金出纳管理 - 高等学校：技术学校 - 教材 Ⅳ．F23

中国版本图书馆 CIP 数据核字（2009）第 140095 号

责任编辑：凌　敏　张　力
责任校对：杨　海
版式设计：代小卫
技术编辑：李长建

出纳实务与技能
郑　维　主　编
经济科学出版社出版、发行　新华书店经销
社址：北京市海淀区阜成路甲 28 号　邮编：100142
教材编辑中心电话：88191343　发行部电话：88191526
网址：www.esp.com.cn
电子邮件：lyl@esp.com.cn
北京密兴印刷厂印装
787×1092　16 开　13.75 印张　320000 字
2009 年 8 月第 1 版　2010 年 8 月第 2 次印刷
印数：4001—8000 册
ISBN 978 -7 -5058 -8478 -6　　定价：23.00 元
（图书出现印装问题，本社负责调换）

出版说明

为满足全国高职高专院校会计专业教学的需要，我们邀请了部分省市的高职高专院校教师，共同编写了这套教材。参加编写的人员都是具有多年教学经验的教师，审稿人也都是会计领域的专家、教授。

本系列教材按照《教育部关于加强高职高专教育人才培养工作的意见》中要求的高职高专毕业生应具有基础理论知识适度、技术应用能力强、知识面较宽、素质高等特点来安排教学内容。各科教材坚持基本理论和基本知识简洁、适度；专业知识避免高深理论，突出实务和可操作性内容。本系列教材遵循以就业为导向，以能力为本位，以实践为中心，以获得职业资格证书为标志，以促进学生职业生涯发展为最终目标的原则，体现了专业知识与企业实际工作需要相一致的特点，着眼于学生在课堂中提高专业技术能力，使学生毕业后真正成为适应工作岗位、解决实际问题的应用型人才。

本系列教材适用于高等职业院校、高等专科学校、成人高校、成人教育学院、民办高校、继续教育学院等。

本系列教材的出版，得到了浙江工商职业技术学院和金华职业技术学院的大力支持，浙江工商职业技术学院王希旗同志的策划和组织，在此特致谢意。

好的教材需要千锤百炼，恳请各校老师、学生提出宝贵意见，使本系列教材日臻完善。

经济科学出版社

2009 年 8 月

前　言

在人们的印象中出纳是个苦差使，薪水不多、有一定风险且升职机会较少，并且出纳工作所涉及的似乎都是些比较“初级”的业务，比如钱款的日常收付、现金的存取等，好像做出纳不需要很多专业知识，只需要细心、勤快就足够了，在企业各个岗位中好像也不是很重要。其实出纳工作作为一个企业最基本的会计工作环节，其重要性是不言而喻的，企业一切会计信息的来源可以说都和各类出纳工作密不可分，各单位的出纳人员是企业每项交易业务的第一道关口，他们首先对各业务进行记录、计量，然后再从这里一道道向上传递。如果在第一道关口就发生错误，那么企业的财务工作将处于十分不利的境地。如果企业领导用这些错误的信息来制定决策的话，那么会导致错误的决策，其后果是非常严重的。所以说，如果忽视出纳的重要性，无疑会使会计信息的准确性受到影响，而且出纳对于职业道德的要求非常高，企业必须任用有良好品质的员工担任出纳。

俗话说：行行出状元。任何人在任何岗位都能做出一番事业来，出纳也不例外，同时从最基本的工作做起也有助于为自身未来的职业发展打下坚实的基本功。从做出纳到做财务，并最终成为一个企业的财务总监或经理人的例子更是数不胜数。所以出纳并不是人们普遍认为的没有前途的职业，相反的，您只要肯下工夫，肯用心，在这一岗位上您一样可以成就您的理想，实现您真正的人生价值。所以，做出纳容易，但若想做个好出纳则不是那么轻松的事。

本书正是针对如何做好出纳工作而编写的，共分为六章，每一章内容都独立成文同时也相互联系，分别并系统地介绍了出纳职业、出纳人员的职业素养和业务技能、出纳现金业务、出纳银行业务、出纳税收业务、出纳会计档案保管和工作交接。本书不仅可以作为一本学习出纳实务和技能的教材，适用于会计专业的理论与实践教学，同时也适合用于出纳人员作为日常释疑解惑的案头手册，可以说是一本功能丰富的理想读物。

本书主编为郑维，副主编为张清阳，第一、四章由浙江工商职业技术学院的郑维、吕红老师编写，第二、三章由杭州职业技术学院的张清阳老师编写，第五、六章由湖州职业技术学院的范作文老师编写。由于编者自身的水平有限，错误之处在所难免，恳请各位专家、读者批评指正。

编　者

2009 年 8 月

目 录

第一章

出纳职业

【知识目标】 掌握出纳工作内容和出纳的工作流程；理解出纳人员及其职责权限、出纳工作岗位的设置和人员的配备；了解出纳人员及出纳工作。

【技能目标】 掌握单位中出纳工作组织的技能、出纳工作资金收支的一般程序和出纳岗位一天的工作安排的技能。

【引导案例】

山海公司是某市的一家小企业，为了提高工作效率和节约人员开支，财务室只有主管会计和出纳员两人，其中出纳员是一位刚从某高校财会专业毕业的学生。在分工上，出纳员负责现金日记账、银行存款日记账、应收账款明细账和应付账款明细账的登记工作。为了减少核算上凭证的传递环节，提高工作效率，就让出纳员既登记银行存款日记账，又登记应收账款和应付账款明细账的工作。

这位出纳员利用既管银行存款日记账、又管债权债务明细账的便利条件，对企业支付的购料款和收到客户归还的销货款以种种手段大肆贪污。一个很偶然的机会，出纳员的贪污行为终于东窗事发。与该单位负责人比较熟悉的一位客户在与该单位成交了一笔业务以后，很长时间未收到货款，该客户就打电话请求该单位负责人关心一下付款之事。该单位负责人找到出纳员，要求出纳员查找这笔业务的付款情况。出纳员接到了领导的指令以后打了个冷战，领导突然叫他查找这笔账目，他马上联想到是不是领导对他已有所察觉。这笔钱早已被他以归还该单位货款的名义进了自己的腰包。作了一番搪塞以后，领导要求明天给予查找结果。晚上回家，这位出纳员越想越不对头，不如三十六计，走为上计，第二天就匆匆忙忙出走了。这下单位产生了怀疑，组织有关人员对出纳员的银行存款账，应收、应付账进行全面清理，发现该出纳员共贪污 165 000 元左右的款项。

出纳员可以说是会计岗位中最基本的岗位之一，但是出纳员位低责不低，企业所有款项的进出、现金收付都得经过出纳员之手，因此人们也把出纳员称为“过路财神”。也正因为出纳员是“过路财神”，所以这一岗位必须选择道德品质好的人担任，在位期间能做到“常在河边走就是不湿鞋”。上述案例中，单位在任用出纳员时没有把好思想素质审查这一关，用人失察，导致企业财产受损失。

另外，出纳员必须由具有财会专门知识、持有会计从业资格证书的人担任，只有这样，他才会清醒认识到会计核算所涉及的数据与数据之间存在一种内在的勾稽关系，这种勾稽关系是会计核算内部监督制约机制的重要组成部分之一。明白了这一点的出纳员会自觉地将自己的行为约束在业务规范范围之内，不敢存有贪婪之心。目前很多中小企业任用了没有会计从业资格证书的人员从事财务会计、出纳工作，这实际上不仅是对企业不负责，而且也是对被任用的财务会计人员不负责任。

上述案例中，企业片面强调减少凭证流转环节而将不相容的银行存款登记和债权债务的登记交给出纳员一人担任，这在事实上使得不同岗位之间、不同的经济业务环节之间失去了相互制约和相互监督的机制，为出纳员贪污公款创造了条件。如果企业将银行存款的登记和债权债务的登记分别设置成两个岗位，任何一笔款项的收入和款项的支付都必须经过两个人之手，在这两个岗位之间形成一种相互监督、相互制约的机制，出纳员就不可能肆无忌惮地进行贪污。多一层监督就少一分舞弊的可能。

目前在不少中小企业中，不仅出纳和债权债务的岗位不分，甚至干脆会计和出纳就由一个人担任——出纳兼会计或者会计兼出纳，这样虽然节省了人员开支，但是对企业财产安全的威胁更大。

资料来源：董惠良："出纳员，一个不容忽视的岗位"，载于《理财周刊》第90期。

第一节 出纳工作

一、出纳的定义

出纳，顾名思义，出即支出，纳即收入。出纳工作是管理货币资金、票据、有价证券进进出出的工作。从实践来说，出纳是指按照有关规定和制度，办理本单位的现金收付、银行结算及有关账务，保管库存现金、有价证券、财务印章及有关票据等。

出纳是企业、事业、机关、团体等单位会计工作中最基础、也是最具体的事务工作。各种单位的经济业务活动都需要通过货币资金的收付、往来进行结算。例如购买材料、销售商品、发放工资、报销费用等。因此，任何有独立资金的单位，都要设置专职的岗位和专职人员专门负责管好、用好货币资金，掌握其变化情况，控制其来源去向，并保证货币资金的安全完整。这个岗位就是出纳岗位，在这个岗位上工作的人就是出纳员。所以，通俗地说，出纳就是各个单位货币性财产的管家。

出纳包括三层含义：一是指出纳工作，即对票据进行加工整理、收支以及保管货币资金的工作；二是指出纳核算，它是对出纳工作进行的记录、计量及账务处理等业务活动；三是指出纳员，即担任出纳核算、从事出纳工作的会计人员。

二、出纳工作的特点

任何工作都有自身的特点和规律，出纳是会计工作的组成部分，具有一般会计工作的本质属性，但它又是一个专门的岗位，一项专门的技术。因此，具有自己独特的工作特点。主要特点有以下几个方面。

（一）专业性

出纳工作作为会计工作的一个重要岗位，有着专门的操作技术和工作规则。凭证如何填，出纳账怎样记都很有学问，就连保险柜的使用与管理也很讲究。因此，要做好出纳工作，一方面要求经过一定的职业教育；另一方面也需要在实践中不断积累经验，掌握其工作要领，熟练使用现代化办公工具，做一名合格的出纳人员。

（二）政策性

出纳工作是一项政策性很强的工作，工作的每一环节都必须依照国家有关规定进行。如办理银行结算业务需按照银行《支付结算办法》进行，办理票据业务按照《票据法》的有关规定进行，办理现金收付业务必须遵照《现金管理暂行条例》，并且《会计法》、《会计基础工作规范》等法律法规都把出纳工作并入会计工作中来，并对出纳工作提出具体规定和要求。出纳人员不掌握这些政策法规，就做不好出纳工作；不按这些政策法规办事，就违反了财经纪律。

（三）时间性

出纳工作具有很强的时间性：何时发放职工工资，何时核对银行对账单等，都有严格的时间要求，一天都不能延误。因此，出纳员心里应有个时间表，及时办理各项业务，保证出纳工作质量。

（四）频繁性

企业经济业务的频繁发生必然导致货币资金收付业务的频繁发生和大量存在，且货币资金渗透于社会经济生活的各个领域，流动性强，也最受人们青睐，这就必然使出纳工作具有频繁性的特点。

三、出纳的基本职能

出纳工作是财会工作的一个重要组成部分，总的来讲，其职能可概括为收付、反映、监督、管理四个方面。

（一）收付职能

出纳最基本的职能是收付职能。企业经营活动少不了货物价款的收付、往来款项的收付，也少不了各种有价证券以及金融业务往来的办理，这些业务往来的现金、票据和有价证券的收付和办理，以及银行存款收付业务的办理，都必须经过出纳人员之手。

（二）反映职能

出纳的第二个主要职能就是反映职能。出纳工作要利用统一的货币计量单位，通过其特有的现金与银行存款日记账、有价证券的各种明细分类账，对本单位的货币资金和有价证券进行详细的记录与核算，以便为经济管理和投资决策提供所需的完整、系统的经济信息。

（三）监督职能

出纳的另外一个重要职能是监督职能。出纳不仅要对本单位的货币资金和有价证券进行详细的记录与核算，为经济管理和投资决策提供所需的完整、系统的经济信息，还要对企业的各种经济业务，特别是货币资金收付业务的合法性、合理性和有效性进行全过程的监督。

（四）管理职能

出纳还有一个重要的职能就是管理职能。对货币资金与有价证券进行保管，对银行存款和各种票据进行管理，对企业资金使用效益进行分析研究，为企业投资决策提供金融信息，甚至直接参与企业的方案评估、投资效益预测分析等也是出纳人员的职责所在。

四、出纳的工作内容、基本原则

（一）出纳的工作内容

1. 做好现金收付的核算和管理。严格按照国家现金管理制度的要求，根据相关人员审核签章的收付款凭证，进行复核，办理款项的收付。对于重大的开支项目，须经单位有关领导审核批准并签字盖章，否则，不得随意收支现金。收付款后，出纳员应在收付款凭证上签章，并加盖“收讫”或“付讫”戳记。

2. 办理银行结算，规范使用支票。严格按照银行《支付结算办法》的规定，办理银行结算业务。严格控制签发空白支票。如因特殊情况确需签发不填写金额的转账支票时，必须在支票上写明收款单位名称、款项用途、签发日期、规定限额和报销期限，并由领用支票人在专设登记簿上签章。逾期未用的空白支票应交还给签发人。对于填写错误的支票，必须加盖“作废”戳记，与存根一并保存。支票遗失时要立即向银行办理挂失手续。不准将银行账户出租、出借给任何单位或个人办理结算。

3. 设置并登记日记账，保证日清月结。各单位应当设置现金日记账和银行存款日记账，然后根据已办理完的收付款，逐笔序时登记现金和银行存款日记账，并结出余额。现金日记账余额要每日与实际库存现金核对，月份终了，现金日记账的余额必须与现金总账科目的余额核对相符。银行存款日记账的账面余额要及时与银行对账单核对，有未达账项需及时查询并调整，月末编制银行存款余额调节表，使账面余额与对账单上的余额调节相符。要随时掌握银行存款余额，不准签发空头支票。

4. 保管库存现金、有价证券及有关印章、空白支票和收据。库存现金不得超过银行核定的限额，超出限额的部分要及时送存银行，不得以“白条”抵充现金，不得任意挪用库存现金。如果发现库存现金有溢余或短缺，应查明原因，根据情况分别处理，不得私下取走或补足，如有短缺，要负赔偿责任。出纳人员应当保管好现金、有价证券、印章、空白支票和收据等财产的安全完整。对于空白支票等专用票据，一般应建立严格的支票领用和注销登记制度。对于保险柜密码、开户账户和取款密码等，要严守秘密，保管好钥匙，不得随意转借给他人。

5. 检查、监督本单位执行国家财经纪律的情况，保证出纳工作的合法性、合规性和合理性。出纳在办理各项业务过程中，要严格执行国家的财经法纪，对违反规定的各项业务一律拒绝办理，随时监督和检查执行财经纪律的情况，同一切违反规定的行为作坚决的斗争，以确保出纳工作按照合理、合法、合规的轨道正常进行。

（二）出纳的基本原则

由于出纳的主要工作对象是货币资金的收付和保管，为防止错弊，出纳工作应遵循如下原则：

1. 钱账分管原则。出纳人员应专人专职，严格执行“管钱不管账，管账不管钱”的规定，分工明确，责任清楚，做到有钱就有账、以账管钱、账钱相符。凡是涉及款项和财物收付、结算及登记的任何一项工作，必须由两人或两人以上分工办理，以起到相互制约的作用。例如，现金和银行存款的支付，应由会计主管人员或其授权的代理人审核、批准，出纳人员付款，记账人员记账；发放工资，应由工资核算人员编制工资单，出纳人员向银行提取现金和分发工资，记账人员记账。我国《会计法》第二十一条第二、三款规定：“会计机构内部应当建立稽核制度：出纳人员不得兼管稽核、会计档案保管和收入、费用、债权债务账目的登记工作”。当然，出纳人员除了收入、费用、债权债务方面的账目外，还是可以承担一部分日记账的记账工作的，钱账分管原则是出纳工作的最基本原则。各单位都应该努力建立健全这一制度，防止舞弊行为的发生。

2. 内部牵制原则。内部牵制是指在处理经济业务过程中相互联系、相互制约的职责分工制度。具体地说：现金收支的授权、经办、收付、记账应由不同的人员担任，互相监督、防止错弊。出纳人员应定期换岗，建立稽核制度，设立专人负责稽核工作，明确稽核责任。

3. 定期检查监督制度。会计主管人员应对出纳人员的工作进行定期或不定期检查，考核出纳工作质量，必要时可以复核现金账实相符情况，审查财务收支情况。

4. 经济责任制原则。出纳人员负有重要的经济责任和法律责任，凡是由于出纳人员责任心不强、工作疏忽造成的错收应主动退回对方，错付应负责追回；出纳人失职导致所保管的现金短缺、有价证券遗失以及超限额保存现金导致现金被盗抢的，出纳人员应赔偿；出纳人员挪用贪污公款构成犯罪的应追究刑事责任。

第二节 出纳人员

一、出纳人员的职责

1. 按照国家有关现金管理和银行结算制度的规定，办理现金收付和银行结算业务。出纳人员应严格遵守现金开支范围，非现金结算范围不得用现金收付；遵守库存现金限额，超限额的现金按规定及时送存银行；现金管理要做到日清月结，账面余额与库存现金每日下班前应核对，发现问题，及时查对；银行存款账与银行对账单要及时核对，如有不符，立即通知银行调整。

2. 根据会计制度的规定，在办理现金和银行存款收付业务时，要严格审核有关原始凭证，再据以编制收付款凭证，然后根据编制的收付款凭证逐笔顺序登记现金日记账和银行存款日记账，并结出余额。

3. 按照国家外汇管理和结购汇制度的规定及有关批件，办理外汇出纳业务。

4. 掌握银行存款余额，不准签发空头支票，不准出租出借银行账户为其他单位办理结算。

5. 保管库存现金和各种有价证券（如国库券等）的安全与完整。

6. 保管有关印章、空白收据和空白支票。

二、出纳人员的权限

1. 维护财经纪律，执行财会制度，抵制不合法的收支和弄虚作假行为。《会计法》第三章第十六条、第十七条、第十八条、第十九条中对会计人员如何维护财经纪律提出了具体规定。《会计法》的这些规定是：各单位的会计机构、会计人员对本单位实行会计监督。会计机构、会计人员对不真实、不合法的原始凭证，不予受理；对记载不准确、不完整的原始凭证，予以退回，要求更正、补充。会计机构、会计人员发现账簿记录与实物、款项不符的时候，应当按照有关规定进行处理；无权自行处理的，应当立即向本单位领导人报告，请求查明原因，作出处理。会计机构、会计人员对违法的收支，应当制止和纠正；制止和纠正无效的，应当向单位领导人提出书面意见，要求处理，单位领导人应当自接到书面意见之日起十日内作出书面决定，并对决定承担责任。会计机构、会计人员对违法的收支，不予制止和纠正，又不向单位领导人提出书面意见的，也应当承担责任。对严重违法损害国家和社会公众利益的收支，会计机构、会计人员应当向主管单位或者财政、审计、税务机关报告，接到报告的机关应当负责处理。

2. 参与货币资金计划定额管理的权力。

3. 管好货币资金的权力。

三、出纳人员与会计人员的关系

会计，从其所分管的账簿来看，可分为总账会计、明细账会计和出纳。三者既相区别又有联系，是分工与协作的关系。

一方面，总账会计、明细账会计和出纳有着明确的分工。总账会计负责企业经济业务的总括核算，为企业经济管理和经营决策提供总括的、全面的核算资料；明细分类账会计分管企业的明细账，为企业经济管理和经营决策提供明细分类核算资料；出纳则分管企业票据、货币资金，以及有价证券等的收付、保管和核算工作，为企业经济管理和经营决策提供各种金融信息。总体上讲，必须实行钱账分管，出纳人员不得兼管稽核和会计档案保管，不得负责收入、费用、债权债务等账目的登记工作。总账会计和明细账会计则不得管钱管物。

另一方面，他们之间又有着密切的联系，既互相依赖又互相控制。出纳、明细分类账会计、总账会计之间，有着很强的依赖性。他们核算的依据是相同的，都是会计原始凭证和会计记账凭证。这些作为记账凭据的会计凭证必须在出纳、明细账会计、总账会计之间按照一定的顺序传递；他们相互利用对方的核算资料，共同完成会计任务，不可或缺。同时，他们之间又互相牵制。出纳的现金和银行存款日记账与总账会计的现金和银行存款总分类账，总分类账与其所属的明细分类账，明细账中的有价证券账与出纳账中相应的有价证券账，有金额上的等量关系。

四、出纳的任职要求

1. 具有出纳工作的职业道德。(1) 良好的职业品质，严谨的工作作风。(2) 高工作效率和工作质量。(3) 实事求是，客观公正。(4) 保守本单位的商业秘密。(5) 热爱本职工作，努力钻研出纳业务，不断提高理论水平和业务能力，使自己的知识和技能适应出纳工作的要求。

2. 具有出纳工作的基本资格——取得会计从业资格证。会计人员上岗实行会计证管理制度。出纳员和所有的会计人员一样必须持有财政部门颁发的会计从业资格证（即会计证），未取得资格证书的人员不得从事出纳工作，不得伪造、转借会计证。

3. 具有出纳工作的基本业务素质——掌握一定的会计出纳基本知识及相关业务技能。

4. 按照《会计基础工作规范》规定，会计机构负责人、会计人员的直系亲属不得在本单位会计机构中担任出纳工作。

五、日常工作要求

1. 熟悉公司各类财务管理制度。

2. 了解财务部各岗位工作内容，做好与各岗位的衔接工作。

3. 准确收付现金，妥善保管现金及有价证券，保证资金安全。

4. 坚持每天盘点现金，及时核对现金日记账，做到日清月结。

5. 根据银行收付情况统计各银行资金余额，随时掌握各银行存款余额，避免签发空头支票。

6. 熟练掌握公司各银行户头（单位名称、开户银行名称、银行账号）

第三节 出纳工作的组织

一、出纳工作岗位的设置

出纳机构，是指会计机构内部设立的专门负责处理出纳业务的专职机构。出纳机构是随着企业会计机构的设立而设立的。凡是独立核算的单位均应设立会计机构。会计机构是直接从事或组织领导会计工作的职能机构，建立和健全会计机构是保证会计工作顺利进行的重要条件。而出纳机构一般设置在会计机构内部，如企业单位财务科、财务处内设出纳组、出纳室、结算中心等。

合理设置出纳机构，是完善会计机构、保证出纳工作顺利进行的重要条件和组织保证。根据我国《会计法》第三十六条规定：“各单位应当根据会计业务的需要，设置会计机构，或者在有关机构中设置会计人员并指定会计主管人员；不具备设置条件的，应当委托经批准设立的从事会计代理记账业务的中介机构代理记账。”这说明出纳机构可由各单位根据出纳业务需要来设定，《会计法》对此未作强制性规定。一般来说，企业可根据自身规模的大小和货币资金管理的要求，综合出纳工作的繁简程度和业务特点来设置出纳机构。

二、出纳人员的配备

设置了出纳机构，就应当配备相应的人员。一般来说，实行独立核算的单位、在银行开立了独立账户的单位、有经常性现金收入和支出的单位，都应当配备专职或兼职出纳人员。出纳人员配备的多寡，主要取决于本单位出纳业务量的大小和出纳工作的效率。因此，企业可根据实际工作需要设岗定人。一般可采用一人一岗、一人多岗和一岗多人等几种形式：

1. 一人一岗：规模不大的单位出纳工作量不大，可设专职出纳员一名。

2. 一人多岗：规模较小的单位，出纳工作量较小，可设兼职出纳员一名。如无条件单独设置会计机构的单位，至少要在有关机构中（如行政单位的办公室、后勤部门等）配备兼职出纳员一名。但出纳人员不得兼任稽核、会计档案保管和收入、支出、费用、债权债务账目的登记工作。

3. 一岗多人：规模较大的单位，出纳工作量较大，可设两名或两名以上的出纳员。但同时要在出纳部门内部实行岗位责任制，对出纳人员的工作进行明确的职责分工，使每一项出纳工作都有专人负责，从而明确出纳人员的职责。

三、出纳工作回避要求

在这里，需要着重强调一点，在出纳人员的配备过程中，应当贯彻出纳人员的回避制度。我国《会计基础工作规范》中已明确规定："国家机关、国有企业、事业单位任用会计人员应当实行回避制度。单位领导的直系亲属不得担任本单位的会计机构负责人、会计主管人员。会计机构负责人、会计主管人员的直系亲属不得在本单位会计机构中担任出纳工作。"（注：直系亲属是指夫妻关系、直系血亲关系、三代以内旁系血亲关系以及配偶血亲关系）

四、工作流程

出纳人员每天要处理大量的经济业务，协调各方面的经济利益关系，如何才能提高工作效率，保证工作质量呢？我们为您设计了一个合理而有效的工作流程。

（一）资金收入的一般程序

1. 清楚收入的金额和来源。出纳人员在收到一笔资金之前，应当清楚地知道收到多少钱，收谁的钱、收什么性质的钱，再按不同的情况进行分析处理。

（1）确定收款金额。如为现金收入，应考虑库存限额的要求。

（2）明确付款人。出纳人员应当明确付款人的全称和有关情况，对于收到背书支票或其他代为付款的情况，应由经办人加以注明。

（3）收到销售或劳务性质的收入。出纳人员应当根据有关销售（或劳务）合同确定收款额是否按协议执行，并对预收账款、当期实现的收入及收回以前应收账款分别进行处理，保证账实一致。

（4）收回代付、代垫及其他应付款。出纳人员应当根据账务记录确定其收款额是否相符，具体包括单位为职工代付的水电费、房租、保险金、个人所得税、职工的个人借款和差旅费借款、单位交纳的押金等。

2. 清点收入。出纳员在清楚收入的金额和来源后，进行清点核对，清点时应沉着冷静，不要图快。

（1）现金清点。现金收入应与经办人当面点清。在清点过程中，出纳人员发现短缺、假钞等特殊问题，应由经办人负责。

（2）银行核实。银行结算收入应由出纳人员与银行相核对，如为电话询问或电话银行查询的，只能作为参考，在取得银行有关的收款凭证后，方可正式确认收入，进行账务处理。

（3）清点核对无误后，按规定开具发票或内部使用的收据收入金额较大的，应及时上报有关领导，便于资金的安排调度。完毕后，在有关收款依据上加盖"收讫"章。

（4）如清点核对并开出单据后，才发现现金短缺或假钞，应由出纳人员负责。

3. 收入退回。如因特殊原因导致收入退回的，如支票印鉴不全，应重新办理收款。

（二）资金支出的一般程序

1. 明确支出的金额和用途。

（1）出纳人员支付每一笔资金的时候要核对金额，合理安排资金。

（2）明确收款人。出纳人员必须严格按合同、发票或有关依据上记载的收款人进行付款。对于代为收款的，应当出具原收款人的证明材料并与原收款人核实后，方可办理付款手续。

（3）明确付款用途。对于不合法、不合理的付款应当坚决给予抵制，并向有关领导汇报，行使出纳人员的工作权力，用途不明的，出纳人员可以拒付。

2. 付款审批。

（1）经办人填制付款单证，对该事项的真实性和准确性负责。需指明付款金额和用途。

（2）有关证明人的签收。经办人的付款用途中，涉及实物的，应当有仓库保管员或实物负责人的签收；涉及差旅费、销售费用等的，应当由证明人或知情人加以证明。

（3）有关领导的签字。收款人持证明手续完备的付款单据，由有关领导审阅并签字。

（4）到财务部门办理付款。收款人持内容完备的付款单证，经会计审核后，由出纳办理付款。

3. 办理付款。付款是资金支出中最关键的一环，出纳人员应当特别谨慎，要用"如临深渊"、"如履薄冰"的态度认真对待，因为款一旦付出，发生差错是很难追回的。

（1）严格核实付款金额、用途及有关审批手续。

（2）现金付款。双方应当面点清，在清点过程中发现短缺、假钞等情况，由出纳员负责。

（3）银行付款。开具支票时，出纳人员应认真填写各项内容，保证要素完整、印鉴清晰、书写正确。如为现金支票，应附领票人的姓名、身份证号码及发证单位名称；办理转账或汇款时，出纳人员书写要准确、清晰、完整，保证收款人能按时收到款项。

（4）付款金额双方确认后由收款人签字并加盖“付讫”章。如为转账或汇款的，银行单据直接作为已付款证明。

（5）如确认签字后，再发现现金短缺或其他情况时，经办人需负责。

4. 付款退回。如因特殊原因造成支票或汇款退回的，出纳人员应当立即查明原因，如因己方责任引起的，应换开支票或重新汇款，不得借故拖延；如因对方责任引起的，应由对方重新补办手续方可办理。（特别提示：办理完汇款或转账后，应及时将有关银行单据传真给收款方确认）

五、出纳的一天

出纳工作是按时间分阶段进行处理和总结的，因此出纳人员在了解资金收支的一般程序和账务处理之后，要对工作有个时间的概念，以保证出纳业务得到及时处理，出纳信息得到及时反映。

1. 上班第一时间，检查现金、有价证券及其他贵重物品。

2. 向有关领导及会计主管请示资金安排计划。

3. 列明当天应处理的事项，分清轻重缓急，根据工作时间合理安排。

4. 按顺序办理各项收付款业务。

（1）收现。根据会计岗开具的收据（销售会计开具的发票）收款→检查收据开具的金额正确、大小写一致、有经手人签名→在收据（发票）上签字并加盖财务结算章→将收据第②联（或发票联）给交款人→凭记账联登记现金流水账→登记票据传递登记本——将记账联连同票据传递登记本传相应岗位签收制证：工资及固定资产岗（水电费、代收款项）；管理费用岗（其他应收款）；销售核算岗（货款）；成本核算岗（加工费、材料款）。

注意：第一，原则上只有收到现金才能开具收据，在收到银行存款或转账时需开具收据的，核实收据上已写有“转账”字样，后加盖“转账”图章和财务结算章，并登记票据传递登记本后传给相应会计岗位。第二，随工资发放时代收代扣的款项，由工资及固定资产岗开具收据，可以没有交款人签字。

（2）付现。

• 费用报销。审核各会计岗传来的现金付款凭证金额与原始凭证一致→检查并督促领款人签名→据记账凭证金额付款→在原始凭证上加盖“现金付讫”图章→登记现金流水账→将记账凭证及时传主管岗复核。

• 人工费、福利费发放。凭人力资源部开具的支出证明单付款（包括车间工资差额、需以现金形式发放的奖金等款项）→在支出证明单上加盖“现金付讫”图章→登记现金流水账→登记票据传递登记本→将支出证明单连同票据传递登记本传工资福利岗签收制证。

（3）现金存取及保管。每天上午按用款计划开具现金支票（或凭银行存折）提取现金→安全妥善保管现金、准确支付现金→及时盘点现金→下午 3：30 视库存现金余额送存银行。

注意：第一，下午下班后，现金库存应在限额内。第二，从银行提取现金以及将现金送存银行时都须通知保安人员随从，注意保密，确保资金安全。

（4）银收。

• 收货款。整理销售会计传来支票、汇票→核查和补填进账单→上午上班时交主管岗背书→送交司机进账及取回单→整理从银行拿回的回款单据→将第一联与回执粘贴在一起→在微机中编制回款登记表并共享→打印→将回款登记表连同回款单传销售会计。

• 其他项目收款。收到除货款以外项目的支票、汇票→填写进账单→进账→回单→登记票据传递登记本→相关岗位。

• 贷款。收到银行贷款上账回单→登记票据传递登记本→传管理费用岗位。

（5）银付。

• 日常性业务款项。根据付款审批单（计划内费用经相关岗位审核，计划内 10 万元以上或计划外费用经财务部长或财务总监审核）审核调节表中无该部门前期未报账款项→开具支票（汇票、电汇）→登记支票使用登记本→将支票、汇票存根粘贴到付款审批单上（无存根的注明支票号及银行名称）→加盖“转账”图章→登记单据传递登记本→传相关岗位制证：材料核算岗（材料采购）；成本核算岗（外协加工、车间质保费用）；管理费用岗（管理部门用款）；销售费用岗（销售部门用款）；工资福利岗（工资兑现、福利）；固定资产岗（GMP 部门费用、固定资产购建）。

注意：第一，开出的支票应填写完整，禁止签发空白金额、空白收款单位的支票。第二，开出的支票（汇票、电汇）收款单位名称应与合同、发票一致。第三，有前期未报账款项的个人及所在部门，一律不办理付款业务。

• 打卡工资。根据工资岗位开具的付款审批单（经财务部长签字）开具支票→填写进账单→连同工资资料的电子文件（软盘）交司机送开户银行→登记支票使用登记本→将支票存根粘贴到付款审批单上→加盖“转账”图章→登记单据传递登记本→工资福利岗。

注意：第一，每月根据工资发放时间提前 2 天将工资所需款调入开户银行。第二，打卡工资的支票须于工资发放日前 1 天连同工资资料的电子文件（转盘）送达银行。

• 业务员兑现。凭销售会计传来的付款审批单（经财务部长签字）开具支票→填写进账单→交司机送银行进账→登记支票使用登记本→将支票存根粘贴到付款审批单上→加盖“转账”图章→登记单据传递登记本→工资福利岗。

• 还贷及银行结算。收到银行贷款还款凭证及手续费结算凭证——登记单据传递登记本——传管理费用岗。

• 交税。①完税：收到税务岗位传来的税票（附付款审批单）→填写划款行银行账号及进账单。②进税卡：凭税务岗填写的付款审批→开具支票→填写进账单→交司机送银行进账→凭回单及支票存根登记支票使用登记本→传税务岗位编制凭证。③用税卡交税：收到税务岗传来的完税票和税卡划款凭条→登记支票使用登记本→传税务岗位编制凭证。

• 及时将各银行对账单交内审岗编制银行调节表，对调节表上挂账及时进行清理和查询，责成相关岗位进行账务处理。

5. 当天下班前，应将所有的收付款单据编制记账凭证登记入账。

6. 因特殊事项或情况，造成工作未完成的，应列明未尽事项，留待次日优先办理。

7. 根据单位需要，每天或每周报送一次出纳报告。

8. 当天下班前，出纳人员进行账实核对，必须保证现金实有数与日记账、总账相符；收到银行对账单的当天，出纳人员进行核实，使银行存款日记账、总账与银行对账单在进行余额调节后相符。

9. 每月终了3日内，出纳人员应当对其保管的支票、发票、有价证券、重要结算凭证进行清点，并按顺序进行登记核对。

本章小结

出纳作为一个会计上的专用术语包括三层含义：一是指出纳工作；二是指出纳核算；三是指出纳员。出纳的职能可概括为收付、反映、监督、管理四个方面，具有专业性、政策性、时间性、频繁性的特点。它的工作内容主要是做好现金收付的核算和管理；办理银行结算，规范使用支票；设置并登记日记账；保管库存现金、有价证券及有关印章、空白支票和收据；检查、监督本单位执行国家财经纪律的情况。出纳人员要明确自身的职责与权限，符合出纳的任职要求。合理设置出纳机构，是完善会计机构，保证出纳工作顺利进行的重要条件和组织保证，配备出纳人员一般可采用一人一岗、一人多岗和一岗多人等几种形式，但应当贯彻出纳人员的回避制度。

☞ **主要概念**

出纳　出纳工作　出纳机构

☞ **基本训练**

一、知识题

1. 出纳工作的内容有哪些？
2. 出纳工作的基本原则有哪些？
3. 如何理解出纳人员与会计人员的关系？

二、技能题

[目的] 达到出纳的任职要求，熟悉出纳工作流程。

[技能要求] 有较高的职业素质；提高工作效率和质量。

[考核标准] 单位内部取得会计从业资格证的会计人员不记名互评其职业道德及业务水平，分优、良、及格、不及格四档，成绩加权平均后达到良以上即为合格。

第二章

出纳人员的职业素养和业务技能

【知识目标】 掌握出纳人员应具备的各项业务技能的要点；理解出纳人员应具备的职业素养；了解出纳人员职业道德的重要性。

【技能目标】 掌握和提升出纳人员的计算技能、数码字书写技能、手工点钞技能、真假人民币识别及处理技能和凭证填制审核技能。

【引导案例】

据《重庆时报》2008年7月11日报道，一轮船公司出纳郝某，利用“领导对支票使用审查不严”的漏洞，从2002年至2007年1月，多次虚开现金支票提取现金，但不记入公司财务账目，并采取用次月现金弥补上月亏空的办法掩盖真相。因亏空数额越来越大，她又用电脑伪造银行对账单，躲避账务监督。至案发时，郝某累计侵吞公司资金190余万元，用于购买各类名牌、高档用品等。

出纳人员利用职务之便“吃窝边草”的事件频频发生，主要是因为出纳人员职业道德素养不过关以及内部管理制度失控。为此社会各界要注重加强对财务人员的职业道德教育，应当建立健全内控制度，杜绝职务侵占的可能。

资料来源：《重庆时报》，2008年7月11日。

第一节 出纳人员的职业素养

一、工作作风和安全意识

（一）严谨的工作作风

要做好出纳工作，首先要热爱出纳工作，要有严谨细致的工作作风和职业习惯。作风的培养在成就事业方面至关重要。出纳每天和金钱打交道，稍有不慎就会造成意想不到的损失，出纳人员必须养成与出纳职业相符合的工作作风，主要表现在以下几个方面：

1. 精力集中。精力集中，就是工作起来就要全身心地投入，不为外界所干扰。

2. 有条不紊。有条不紊，就是计算器具摆放整齐，钱款票据存放有序，办公环境洁而不乱。

3. 严谨细致。严谨细致，就是收支计算准确无误，手续完备，不发生工作差错。

4. 沉着冷静。沉着冷静，就是在复杂的环境中随机应变，化险为夷。

（二）具有安全意识

现金、有价证券、票据、各种印鉴的保管，既要有内部的分工，各负其责并相互牵制，也要有对外的保安措施。从办公用房的建造，门、屉、柜的配置，保险柜密码的管理等都要符合相关要求。出纳人员要切实增强安全意识，把保护好单位的公共财产物资的安全完整作为自己的首要任务来完成。

二、职业道德与修养

出纳是一项特殊的职业，它整天接触的是大把大把的金钱、成千上万的钞票，真可谓“万贯家财手中过”。没有良好的职业道德，很难顺利通过“金钱关”。与其他会计人员相比较，出纳人员更应严格地遵守职业道德。一般会计人员应该遵守的职业道德有以下方面：

1. 爱岗敬业。要求会计人员热爱会计工作，安心本职岗位，忠于职守，尽心尽力，尽职尽责。

2. 诚实守信。要求会计人员做老实人，说老实话，办老实事，执业谨慎，信誉至上，不为利益所诱惑，不弄虚作假，不泄露秘密。

3. 廉洁自律。要求会计人员公私分明、不贪不占、遵纪守法、清正廉洁。

4. 客观公正。要求会计人员端正态度，依法办事，实事求是，不偏不倚，保持应有的独立性。

5. 坚持准则。要求会计人员熟悉国家法律、法规和国家统一的会计制度，始终坚持按法律、法规和国家统一的会计制度的要求进行会计核算，实施会计监督。

6. 提高技能。要求会计人员增强提高专业技能的自觉性和紧迫感，勤学苦练，刻苦钻研，不断进取，提高业务水平。

7. 参与管理。要求会计人员在做好本职工作的同时，努力钻研相关业务，全面熟悉本单位经营活动和业务流程，主动提出合理化建议，协助领导决策，积极参与管理。

8. 强化服务。要求会计人员树立服务意识，提高服务质量，努力维护和提升会计职业的良好社会形象。

以上职业道德要求中，清正廉洁和坚持准则对出纳人员尤为重要，主要是因为以下两个原因：

第一，清正廉洁是出纳员的立业之本，是出纳员职业道德的首要方面。出纳员掌握着一个单位的现金和银行存款，若要把公款据为己有或挪作私用，均有方便的条件和较多的机会。同时，外部的经济违法分子也往往会在出纳员身上打主意，施以小惠，拉其下水。应该说，面对钱欲、物欲的考验，绝大多数出纳员以坚定的意志和清正廉洁的高贵品质赢得了人们的赞誉。当然，也有少数出纳员利用职务之便贪污舞弊，盗、挪用公款，到头来，害了集体也害了自己。

第二，出纳员肩负着处理各种利益关系的重任，只有坚持准则，才能正确处理国家、集体与个人的利益关系。在工作中，有时需要牺牲局部与个人利益以维护国家利益，有时需要为了维护法律、法规的尊严而去得罪同志和领导。这些都是出纳员应该坚持和必须做好的。长期以来，广大出纳员在工作中坚持准则，无私无畏地维护财经纪律，不少出纳员因此受到国家和人民的表彰和嘉奖。这是出纳人员的荣誉。当然，也有一些出纳员因坚持原则而遭受打击报复，但坚持准则终究会得到社会的理解和支持，打击报复迟早会受到处罚。为了保障国家和集体的利益，保护社会主义公共资财，广大出纳员要真正肩负起国家赋予的实行会计监督的职责，在出纳工作中坚持准则，自觉抵制不正之风，为维护会计工作秩序的正常进行贡献自己的力量。

总之，出纳人员必须具有良好的职业道德修养，要热爱本职工作，精业并敬业；要科学理财，充分发挥资金的使用效益；要遵纪守法严格监督，并且以身作则；要洁身自好，不贪，不占公家便宜；要实事求是，真实客观地反映经济活动的本来面目；要注意保守本单位机密；要竭力为本单位忠心工作，为全体职工服务，牢固树立诚实做人，诚信做事和全心全意为人民服务的思想。

第二节 出纳人员的基本业务技能

一、计算技能

在日常出纳业务中，有大量的数据需要正确的计算才能准确无误。因此，要求出纳掌握常用的计算技术。

（一）珠算技术

算盘是传统的计算工具，在出纳工作中，从现金收付、凭证汇总到账务处理等，都可以广泛地应用珠算技术。根据有关规定，一个合格的出纳必须通过珠算技术的等级考试，并要求达到国家珠算等级鉴定标准的普通级五级以上，以此作为出纳人员上岗和评定专业技术职称的依据之一。

出纳人员平时应认真学习珠算技术，熟练掌握珠算的加、减、乘、除等基本方法，并结合出纳工作的各项计算业务进行实际应用，力求做到稳、准、快，逐步形成珠算技术的技能和技巧。

（二）电脑基本操作

目前，随着计算机技术的高速发展，办公自动化和会计电算化的推广和普及，出纳工作已经越来越多地离不开电脑了。出纳必须熟练运用一些常用的电脑知识，如文字处理软件 Word、制表软件 Excel 等。出纳人员运用电脑，可以轻松地完成大量的数据处理和账册登记工作，从日常烦琐、单调的事务中解脱出来，从而减轻劳动强度，提高工作效率；以前经常出现的错记、漏记、误记等问题，会得到避免，从而大大地提高出纳核算的质量，减少工作差错。促进出纳人员自身素质的提高。

二、数码字书写技能

（一）书写要求

1. 阿拉伯数字应一个一个地写，不得连笔写。

2. 每个字要紧靠凭证或账表行格的底线书写，字体约占行格高度的1/3，如果行格较低的可占1/2。

3. 阿拉伯金额数字前应当书写货币币种符号（如人民币符号“￥”）或者货币名称简写和币种符号。币种符号与阿拉伯金额数字之间不得留有空白。凡在阿拉伯金额数字前面写有币种符号的，数字后面不再写货币单位（如人民币“元”）。

4. 所有以元为单位（其他货币种类为货币基本单位，下同）的阿拉伯数字，除表示单价等情况外，一律在元位小数点后填写到角分，无角分的，角、分位可写“00”或符号“—”，有角无分的，分位应写“0”，不得用符号“—”代替。

（二）阿拉伯数字标准写法

1. 字体要各自成形，大小匀称，排列整齐。

2. 有圆圈的数字如6、8、9、0等，圆圈必须封口。

3. 字体要自右上方斜向左下方书写，倾斜度为45度。

4. 写6时比一般数字向右上方长出1/4，写7、9时比一般数字下方（过行格底线）长出1/4。

（三）大写数字标准写法

汉字大写金额数字，一律用正楷或行书书写，如零、壹、贰、叁、肆、伍、陆、柒、捌、玖、拾、佰、仟、万、亿等易于辨认、不易涂改的字样，不得用0、一、二、三、四、五、六、七、八、九、十，或另、毛等简化字代替，不得任意自造简化字。

大写金额数字到元或角为止的，在“元”或“角”之后应写“整”或“正”字；大写金额数字有分的，分字后面不写“整”字。大写金额数字前未印有货币名称的，应当加填货币名称（如“人民币”三字），货币名称与金额数字之间不得留有空白。

阿拉伯金额数字中间有“0”时，大写金额要写“零”字，如人民币101.50元，汉字大写金额应写成：壹佰零壹元伍角整。阿拉伯金额数字中间连续有几个“0”时，汉字大写金额中可以只写一个“零”字，如￥1 004.56，汉字大写金额应写成：壹仟零肆元伍角陆分。阿拉伯金额数字元位为“0”，或数字中间连续有几个“0”，元位也是“0”，但角位不是“0”时，汉字大写金额可只写一个“零”字，也可不写“零”字。如￥1 680.32，汉字大写应写成：人民币壹仟陆佰捌拾元叁角贰分。又如￥1 600.32，汉字大写应写成：人民币壹仟陆佰元叁角贰分，或：人民币壹仟陆佰元零叁角贰分。

大写金额中“壹拾几”、“壹佰（仟、万）”的“壹”字，一定不能省略，必须书写。因为“拾、佰、仟、万、亿”等汉字仅代表位数，并不是数字。

三、手工点钞技能

（一）票币整点技能的要求与要点

票币就是指货币、钱币。各单位出纳部门（人员）最经常、最大量的工作是从事票币的收付和整点。票币的整点是出纳人员必须掌握的一项专业技术，也是从事出纳工作必须具备的基本技能。加强票币整点基本功的训练，对增加出纳工作效率、缩短现金收付时间、树立出纳良好形象、优化服务等方面都具有相当重要的意义。

票币整点就是整理清点现钞，广义上是指整点各种纸币和硬币。票币整点是一项严肃细致认真的工作，它不仅要求点数准确无误，而且还要求对损伤票币以及伪造、变造币进行挑剔和鉴别处理，同时还要求掌握点钞技术，逐步提高点钞速度。所以，出纳人员要掌握票币整点这一基本技术，以更好地适应出纳工作的需要。

1. 票币整点的基本要求。整点票币应该做到点准、挑净、墩齐、捆紧、签章清楚。这样整点的成捆券，通常称为“五好钱捆”。

（1）张数点准。票币点数准确无误是票币整点工作的基础和核心。整点过程中应分券别平铺整理，通常要经过初点和复点。若清点时发现差错，应换人复核，直到准确无误为止。

（2）残伪币挑净。整点过程中，根据损伤票币挑剔标准将不能再流通的损伤券挑出，完整券和损伤券分别整理；认真进行真伪鉴别，及时将假币剔除，并呈报有关部门追查。

（3）小把墩齐。票币要平铺，使一把票币中间及四边无折叠，并将票币四边墩齐。

（4）捆紧。经整点准确无误后，以100张（枚）为1把（卷），10把（卷）为1捆并扎紧。做到小把扎紧、硬币卷包紧、大捆捆紧。

（5）签章清楚。整点票币的出纳员在整点完毕后，应根据规定有关封条或清点记录上签章，以明确经济责任。

2. 票币整点的操作要点。为了确保点准，消除差错，票币整点要坚持以下操作要点：

（1）在票币整点时，都应将纸币按券别、硬币按币别分类平铺清点。清点时，票面要平铺，有折角的要展开，要注意将不能流通的票币挑剔出来另外整理。损伤券要挑出；发现假币应挑出并及时报告，以利于追查；发现有疑问的票币先挑出后送银行鉴别。

（2）票币整点时要求有两人以上才能进行（尤其是整点封包款等），通常要经过初点、复点，发现差错换人复核，准确无误后，如为纸币，够100张为1把，够10把为1捆进行捆扎；如为硬币，则按100枚（或50枚）为1卷进行包扎。对零星票币根据券别顺序清点后，由小到大扎在一起。

（3）把整点好的捆、把、零张（枚）进行统计，核对金额，并在第一把（张）票币上垫上一张与票币大小相同的纸，注明券别、日期、清点人员名单。

（二）点钞技能

1. 点钞的基本程序。出纳员在办理现金收付业务时，一般应按下列程序办理：

（1）首先应审查现金收、付款凭证及其所附原始凭证的内容，看其是否填写齐全、清楚，两者内容是否一致。

（2）然后依据现金收、付款凭证的金额，先点整数（即大数），再点零数（即小数）。具体说就是先点大额票面金额，再点小额票面金额；先点成捆的（暂不拆捆）、成把（卷扎铸币）的（暂不拆把、卷），再点零数。在点数过程中，一般应边点数，边在算盘或计算器上加计金额，点数完毕，算盘或计算器上的数字，和现金收、付款凭证上的金额应相同。

（3）从整数至零数，逐捆、逐把、逐卷地拆捆点数，在拆捆、拆把、拆卷时应暂时保存原有的封签、封条和封纸，点数无误后才可扔掉。

（4）点数无误后，即可办理具体的现金收存业务。

2. 手持式点钞法。手持式点钞法可分为手持式单指单张点钞法、手持式一指多张点钞法、手持式四指拨动点钞法和手持式五指拨动点钞法四种。

（1）手持式单指单张点钞法。这种点钞法是最常用的一种，它的适用范围较广，可用于收款、付款和整点各种新旧大小钞票。使用此种点钞法，由于持票所占的票面小，能看到的票面大，看得清楚，容易发现假票，挑剔残票也方便，优点很多。但是也有缺点，那就是一张记一个数，比较费力。操作方法可分为六个步骤：

① 拆小把。初点拆小把，是指钞票横执，正面朝向身体，持票时左手拇指在票前（即钞票正面）的左端中央，约占全票的1/4处，二指（即食指）和三指（即中指）在票后（即钞票背面），与拇指捏住钞票，四指（即无名指）自然卷曲；捏起钞票后，四指和五指伸向票前压住钞票的左下方，三指弯曲稍用力，与四指、五指卡紧钞票，二指伸直，拇指向上移动，按住钞票的侧面将钞票压成瓦形（左手心向下）右手脱去钞票上的纸条，这时左手将钞票往桌上轻轻一掠（从桌面擦过），将钞票向上翻起，拇指借从桌面的摩擦力趋势将钞票展成微开的扇面形；右手三个指头沾水作点钞准备。这个方法的优点是不撕断捆钞票的纸条，便于查看图章和继续使用。

复点拆小把，是指钞票横执、正面朝向身体，用左手的中指和无名指（弯曲、夹住票面的左上角），拇指扶在钞票的上边里沿处，食指伸直，中指稍用力把钞票放倒在桌面上，使钞票的左上角翘起后（成瓦形），用食指勾住纸条的上半部，往下用力从上边外沿处将其划破，抬起食指使纸条自然落在桌面上，再用左拇指翻起钞票成微形扇面，食指在钞票后面伸直支撑钞票，右手拇指、食指、中指沾水作点钞准备。

② 清点。拆把后用右手的拇指尖逐张向下捻动钞票的右上角，食指在票子的背面托住右上角，配合拇指捻动钞票（捻动时，用右手拇指的大关节带动小关节配合活动，拇指抬得不要过高，动作不要太大，捻的幅度要小要轻）。捻下来的钞票用无名指往内方向弹拨（轻点快弹），中指翘起沾水备用，在清点中，拇指水用完可向中指沾水一下即可点完钞票100张。

③ 记数。记数有两种方法：一种是双数记法；另一种是单数分组记法。双数记法，即

从1~100。单数分组记法，即从1234567891（即10），1234567892（即20），数到12345678910（即100），分10组来记数。在点钞记数时，不要用嘴念出数来，要用心记。心、眼、手三者要密切配合，这样既快又准。

④ 挑残破票。清点时发现残破票，随手向外一扭，插在外边，待点完一把后，抽出残破票，补上好票。

点票时要注意姿势，身体笔直，胸部稍挺，眼睛和钞票要保持一定距离，一般以20厘米较适宜。点时左手和肘放在桌上，右手肘部也放在桌上，手腕稍抬起，这样能减轻劳动程度，持久工作。

⑤ 扎把。扎把也有两种方法：一种是半径拧扎法；另一种是缠绕折掖法。

• 半径拧扎法。左手横执已墩齐的钞票，正面朝向整点员，拇指在前，中指、无名指、小指在后，食指在钞票上侧伸直。捏住钞票左端约票面的1/3处，右手的拇指与食指、中指取纸条（纸条的长度一般约等于票面宽的3倍），拿住纸条的1/3处，把纸条的2/3搭在钞票的上侧中央，用左手食指压住纸条，使纸条较短一端在钞票的背面，较长一端在钞票的前面，用拇指和中指捏住纸条长的一端往下外绕半圈，用食指去勾住短的一端纸条，使纸条的两端在钞票的后面中间合拢捏紧，然后用左手稍用力握住钞票的正面（中指、无名指、小指在外侧，拇指在里侧，食指伸直扶在钞票上半部），捏成斜瓦形（正面凸、前面凹），左手腕向外转动，右手捏住纸条向内转动，随后双腕还原的同时将右手中的纸条拧成半径，用食指将纸条掖在斜瓦里，使纸条卡在下部，这种半径扎把又快又紧。

• 缠绕折掖法。将墩齐的钞票横执，左手拇指在票前，中指、无名指在票后，捏住钞票1/3处，食指在钞票上侧，把100张钞票分开一条缝，右手将纸张一端插入缝内（或将纸条一端以左手食指按在票背面中间），然后由内往外缠绕，将纸条一端留在票面上部，用右手食指和拇指捏住纸条（纸条长度一般为票面宽的4倍）向右折掖在钞票正面上侧。

⑥ 盖章。每点完一把钞票（100张），扎把后都要盖上图章，图章盖在钞票的上侧纸条上。

（2）手持式一指多张点钞法。手持式一指多张点钞法，是在手持式单张点钞法的基础上发展为一指可点2张以上的点钞法，目前有人做到了一指可点7张。这种点钞法，适用于收款、付款和整点工作，新旧币、主辅币都能点。这种方法的主要优点是记数比单张点钞省力，效率高。缺点是从第2张以后的钞票看到的面积小。这种方法除点数、记数外，其他均与手持式单张点钞相同，只是持票时钞票的倾斜度稍大点。

点数，以右手拇指肚放在钞票的右上角，拇指尖超出票面，点双张时拇指肚捻1张，拇指尖往下捻第2张；点3张以上时拇指均衡用力，捻的幅度不要太大，二指、三指在票后配合拇指捻动，四指向怀里弹，弹的速度要快。点数则从左侧看，这样看的幅度大，看得清楚。

记数，采用分组记数，如点3张，即3张为一组，记1个数，点33次余1张，即是100张，如点4~7张以上者均以此方法计算。

（3）手持式四指拨动点钞法。这种点钞法适用于收、付和整点工作，5角以上的票券均能点，特点是效率高（4个手指都拨票）、记数省力（4张记1数）。操作时主要用手关节活动，动作范围小，可以减轻劳动强度。最适用于点数把券，不适于点残破票太多的钞票。其操作方法如下：

① 拆把及持票。拆把时以左手大拇指、小拇指放在钞票正面，其余 3 个手指放在钞票背面，把钞票压成瓦形。用右手脱下纸条，左手立即将钞票一端向右手拍打一下，其作用是使钞票松散顺便将钞票向上推起，趁右手推起时，左手变换各手指位置，即四指、五指夹住钞票左下端，三指与拇指沿钞票的两侧伸出，卡住钞票。拇指要高于三指，三指稍用力，使钞票右上角稍向后倾斜成弧形，便于点数，三指稍曲抵住钞票背面中上方。

② 清点。右手腕抬起，拇指贴在钞票的右上角，余下 4 个手指并拢，从小指开始每指一张依次下滑，4 个指头每下滑一次捻下 4 张钞票，循环往复。同时，左手拇指和食指配合动作，使点钞通畅自如。

③ 记数。采用分组记数，每 4 张为一组，记 1 个数。记数则从二指拨下钞票后起记。

④ 挑残破票。点数时发现残破票，用两手指捏住（其他手指松开）向外折叠，露出一端，等一把钞票点完后，左手将票币横立桌上，用右手捏住，左手将残破票抽出，补上好票。

⑤ 扎把盖章。第一，扎把盖章与手持式单指张方法相同。运用这种方法应注意以下几个问题：第二，拨票时，要充分使手指关节活动，尽量减少腕力动作，以减轻劳动强度。第三，左手拇指和三指夹住钞票两侧时，必须松紧适当，以免钞票脱落或不易拨下。第四，拨票时眼睛应集中在钞票的右上角，这样可以看到票面的 1/2，便于看出残破券、发现双张和拨空等。

（4）手持式五指拨动点钞法。这种方法适用于收款、付款和整点工作，其优点是点钞速度快，记数省力。操作时主要用手指关节活动，动作范围小，可减轻劳动强度。这种操作方法可分为三种：

第一种除点数外，其他均与手持式四指拨动点钞法相同。点数时先从拇指开始触及票面及票面弧形面上，然后以二指、三指、四指、五指顺序逐一点数，向怀内下方拨票，手腕旋转连续拨动钞票，每 5 张为一组，记 1 个数。

第二种持把与手持式单张点钞法基本相同，不同的是左手二指略伸出票面挟住钞票不让其下垂，拇指挟住钞票侧面上端。右手五指同时沾水后，从第五指开始，依次四指、三指、二指、拇指，逐一触及钞票上端，轻轻向外推动，到拇指收尾，每指推点 1 张。每 5 张为一组，记 1 个数。

第三种持把与手持式单张点钞法相同。右手五个手指稍离开，微曲，向怀里（下方）轻轻拨动钞票的右上角（或中间）。点数时先从拇指开始，到五指收尾，每个手指拨点 1 张，拨动一次是 5 张。记数与上法相同。

3. 手按式点钞法。手按式点钞可分为手按式单张点钞法、手按式双张点钞法、手按式 3 张和 4 张点钞法、多指推动点钞法、三指推动点钞法、手按式 5 张扳数点钞法六种。

（1）手按式单张点钞法。这种点钞法适用于收款、付款和整点各种新、旧、大、小钞票，特别宜于整点辅币及残破票券多的钞票。此法的优点是看的票面较大，便于挑剔残破票；缺点是在速度上比手持式单张点钞法慢些，劳动强度也大些。操作时，把钞票横放桌上，对正自己，用左手四指、五指按住钞票的左上角，每捻起1张，左手拇指即往上推动送到二指、三指之间夹住，即完成了一次点钞动作，以后依次连续操作，记数1至100张。

（2）手按式双张点钞法。这种点钞法适用于取款、付款和整点各种新旧主币、角币。主要优点是速度比手按式单张点钞法快一点；缺点是挑残破币不方便，所以不适用于整点残破券的钞票，劳动强度也较大。

整点时，把钞票斜放在桌面上，左手的小指、无名指压住钞票的左上方约占1/4处，右手拇指、食指、中指沾水，沾水后随即用拇指托起右下角的部分钞票。右臂倾向左上方，然后用中指向上捻第1张，随即用食指捻起第2张。捻起的这两张钞票由拇指往上推送到食指、中指间夹住。记数是分组记数，两张为一组，记50组为100张。

（3）手按式3张和4张点钞法。这种点钞法适用于收付款和整点各种新旧主币、角币。它的优点是速度比单张、双张点钞法都快，缺点是除第一张外，其余各张看的票面小，不宜整点残破券较多的钞票，劳动强度也较大。具体操作方法如下：

① 把钞票放在桌上，使其右下角稍伸出桌面，坐的椅子要向右斜摆，使身体与桌子成一个三角形，便于右手肘部枕在桌面上，操作起来省力。

② 沾水。右手的食指、中指、无名指和小指沾水。

③ 点数。点钞时以左手五指、四指、三指按住钞票的左上角，右肘部枕在桌面上（右手肘如腾离桌面，容易疲劳，不易持久），拇指托起右下角的部分钞票，五指卷曲。3张点钞是以四指先捻起第1张；4张点钞是先用五指捻起第1张，随着四指、三指、二指，依顺序各捻起1张。捻起的3张（或4张）钞票用左手拇指向上推送到二指和三指间夹住。点数时切忌手指抬高，否则影响速度。

④ 记数。采用分组记数，三指点钞是每3张为一组记1个数，数到33组最后剩一张，即为100张；四指点钞是每四张为一组记1个数，数到25组即为100张。

⑤ 挑残破票。点数时发现残破票，即用两个手指夹住（其他手指松开）抽出来。

（4）多指推动点钞法。这种点钞法适用于收付款和整点各种钞票，尤其适合于整点成把的主币。它的优点是效率快；缺点是清点零数和付款配票不方便，残破票不易剔出。操作时，将钞票斜放桌上使右下角对正胸前，整点时用左手五指、四指弯曲压在钞票的左上角（约占票面的1/5，面积不要太大，以免影响检查票面），同时用右手四指、三指、二指沾水（为了便于推动，在推点前用右手掌在钞票右下角侧面向左上方推动一下，使钞票松散），然后右手后掌固定在桌上（在票子右下方），五指拈起，二指、三指、四指微曲，先用四指由钞票右下角推起第1张，紧接着用三指、二指各推起1张（手指和票的接触要少，不要用大力推）。每推动3张用左手拇指将它送到二指、三指之间夹住，即完成一组动作。以后照此继续操作。

（5）三指拨动点钞法。这种点钞法的适用范围及优缺点与三指推动点钞法相同。具体操作方法如下：

① 点数。右手将钞票横放桌上，左手五指、四指、三指压住钞票的左上角，右手二指、三指、四指沾水后，以二指从钞票右上角向胸前拨动第1张钞票，紧接着再用三指、四指分别拨起第2张、第3张钞票，每拨起3张钞票就以左手拇指向上推，用二指、三指夹住，即

完成点一组的动作，记数与手按式3张点钞法相同。

② 挑剔残破票。整点时发现有残破票，待点完一组3张后，用左手将残破票取出，或者折起，等到点完一把后再取出来。使用此方法应注意的是：点钞时手臂和左手腕都固定在桌上不动，只要手指动就行，同时两手用力要均衡，票子才能拨得快。

（6）手按式5张扳数点钞法。这种方法适于整点各种主币及复点工作，新旧残破票混在一起的不宜用此种方法。它的优点是速度快，缺点是看票面小，不便挑剔残破票及鉴别假票。操作时，双手持票，两手拇指在票前，其余各指在票后，捏住钞票的下半部将其竖立；然后以左手拇指向右推，右手四个手指向左推，下端约伸出桌面2厘米；左手中指、无名指、小指按住钞票右下角扳起钞票，使其向左散开，然后左手拇指在扳起的钞票中部一次扳5张，每扳一次用中指、食指夹住。记数时，5张为一组，记1个数，数到20即为100张。

4. 扇面式点钞法。扇面式点钞法亦称四指交替扇面点钞法，它是将钞票捻成扇面形，用四指交替拨动，分组点数，一次点数多张的方尖（即钞票的角），每组分点5张、10张、12张、14张、16张不等，时速可达36 000张/小时以上，适用于整点新票和复点工作。

常用的扇面式点钞法，主要有：扇面式一按5张与一按10张点钞法、扇面式四指多张点钞法等。

（1）扇面式一按5张与一按10张点钞法。点钞具体操作步骤为：

① 打扇面。钞票竖拿，左手拇指和食指、中指捏住钞票的右下角，无名指、小指弯曲靠手心，右手拇指按住钞票下半部正中间，食指按在钞票背面，其余三个指头弯向手心。开扇时，以左手为轴右手食指将钞票向左下方压，将压弯的钞票向左上方推起；食指、中指向右捻动，此时左手拇指必须配合右手动作；这样反复操作，右手拇指逐次由中部向下移动，移至右下角时即可将钞票推成扇面形，然后用两手捧住钞票，将不均匀的地方抖开（钞票左半部向左方抖，右半部向右方抖）。使用此法开扇时，应注意两手的动作是同时并连续进行的。用一按10张点钞法时，扇面要开小些，才便于清点。

② 清数。左手持票，使扇面平持稍向身体倾斜，右手中指、无名指托住钞票背面，用拇指一次向下按5张或10张，按下后用食指压住（按的部分是钞票的右上角）。接着，拇指按第二次，以此类推。左手应随着右手按的速度以腕部为轴稍向内转动扇面，右手向前走动，眼睛向前看，手、眼密切配合。这种方法是拇指单指前进，也可采用拇指、食指两指交替前进。

③ 记数。记数时采用分组记数法，一按5张即每5张为一组，记1个数；一按10张即每10张为一组，记1个数。

④ 合扇。清点完毕即可合扇，将左手向右侧，右手用四个手指稍弯曲托住钞票的右侧，由右往左合，左右手指稍往中间一起用力，使钞票竖立在桌面上，两手松拢轻墩，然后两把钞票横执墩齐作扎把准备（扎把方法与单指单张点钞法相同）。

（2）扇面式四指多张点钞法。扇面式四指多张点钞法，有点6张、7张、8张的，最多的点16张。下边介绍的是点6张的方法，点7张以上的方法亦相同。

操作时，打扇面与扇面式一按5张点钞法相同：左手持扇面，右手清点，一按6张（或7张等），点数时右手拇指查点第一个6张（7张等），然后食指沿钞票上端向前移动，接数第二个 6 张（7 张等）；中指、无名指依次接点第三、第四个 6 张（7 张等）；右臂要随各指点数轻轻向前移动，当无名指点完时，拇指则由里边迅速越上去接第五个 6 张（7 张等），开始第二轮的操作，四个手指依次轮流地反复清点。

（三）整点硬币技能

在实际工作中整点硬币一般有两种方法：手工整点硬币和工具整点硬币。

1. 手工整点硬币。手工整点硬币一般常用在收款、收点硬币尾零款，以 100 枚为一卷，一次可清点 5 枚、12 枚、14 枚或 16 枚，最多的可一次清点 18 枚，主要是依个人技术熟练程度而定。其操作方法如下：

（1）拆卷。右手持硬币卷的 1/3 部位，放在待清点完包装纸的中间，左手撕开硬币包装纸的一头，然后右手大拇指向下从左到右端撕开包装纸，把纸从卷上面压开后，左手食指平压硬币，右手抽出已压开的包装纸，这样即可准备清点。

（2）点数。按币值由大到小的顺序进行清点，用左手持币，右手拇指食指分组清点。为保证准确，用右手中指从一组中间分开查看，如一次点 18 枚为一组，即从中间分开一边 9 枚；如一次点 10 枚为一组，一边为 5 枚。记数方法：分组记数，一组为 1 次，如点 10 组即记 10 次，其他以此类推。

（3）包装。硬币清点完毕后，用双手的无名指分别顶住硬币的两头，用拇指、食指、中指捏住硬币的两端，将硬币取出放入已准备好的包装纸 1/2 处，再用双手拇指把里半部的包装纸向外掀起掖在硬币底部，再用右手掌心用力向外推卷，然后用双手的中指、食指、拇指分别将两头包装纸压下均贴至硬币，这样使硬币两头压三折，包装完毕。

2. 工具整点硬币。工具整点硬币是指大批的硬币用整点工具进行整点。具体操作步骤如下：

（1）拆卷。拆卷有两种方法：①震裂法拆卷，是用双手的拇指与食指、中指捏住硬币的两端向下震动，在震动的同时左手稍向内扭动，右手稍向外扭动。需要注意的是，用力要适度，使包装纸震裂，取出震裂的包装纸准备清点。②刀划法拆卷，首先在硬币整点器的右端安装一个坚硬刃向上的刀片，拆卷时用双手的拇指、食指、中指捏住硬币的两端，从左端向右端从刀刃上划过，这样，包装纸被刀刃划破一道口，硬币进入整点器盘内，然后将被划开的包装纸拿开，准备点数。

（2）点数。硬币放入整点器内进行清点时，用双手食指扶在整点器的两端，拇指推动弹簧轴，眼睛从左端到右端，看清每格内是否是 5 枚，如有氧化变形及伪币随时挑出，如数补充上，然后准备包装。

（3）包装。工具整点硬币的包装方法与手工整点硬币法相同。

四、真假人民币识别及处理技能

各单位的出纳人员几乎每天都要收付人民币（有外币业务的要收付外币），识别钞票的真伪是出纳的主要业务技能之一。

（一）人民币的主要特征

要识别假币，就应熟悉和掌握人民币的防伪特征。人民币防伪主要在纸张、油墨、制版、印刷和安全线等方面。

1. 纸张。

（1）人民币纸张的成分。人民币纸张的主要成分是短棉绒，这样的纸张含95%的优质棉、5%的进口木浆，纤维长、强度高、耐折、耐磨、挺括、手感厚实。通过分析检验纸张的成分，可以正确地鉴别真假票。

（2）人民币纸张在造纸时作了技术处理，在紫外光下观察时，看不到荧光。普通纸在制造时，都加有增白剂，在紫外光下会发出明亮蓝白光。

（3）水印。市场上流通的人民币壹元券以上的都有水印，有的是固定水印，有的是国旗五星或古钱币图案等满版水印。如：第四套人民币拾元券以上都用了人像固定水印，壹、贰、伍元券上面则有古钱币图案满版水印。

2. 油墨。印制人民币所用的油墨，都是特殊配方油墨，使用这种油墨多次套版印制的人民币，色泽鲜艳、层次清晰、颜色协调。另外，在印制大面额票面时，还采用了无色荧光油墨、磁性油墨以及冲击发光油墨等主动防伪手段。

3. 制版。人民币的制版，除使用我国传统的手工制版外，还采用了多色套版印制钞票图纹的胶印或凹印接线技术，以及正背面图案高精度对印技术等。真人民币的墨层厚、手感强；特定部位的图案正反面完全一致；票面的线条都是连接的，并印上几种不同的颜色，且不会产生重叠、缺口的现象。

4. 印刷。第四套人民币中壹元券以上的主币，正面人像、行名、国徽、面额、花边、盲文等，背面拼音行号、主景、面额、少数民族文字、行长章等，均采用了凹版印刷技术。凹版印刷的钞票，油墨厚，揉摸纸币时有明显的凹凸感，防伪性能强。假币的印刷，一般颜色粗糙，暗淡不均，图案等模糊不清，光洁度差。

5. 安全线。人民币采用了特殊的金属安全线工艺，增加了大面额人民币的防伪功能。

（二）假币的类型及特点

通常所说的假币，也就是法律上所谓的伪造和变造币。

1. 伪造币。伪造币，是指模仿真票的形象，非法印刷、影印、描画加工制作的票币。用假票币冒充国家统一发行的合法货币，投入市场流通使用，以假乱真，严重破坏国家的经济建设，损害群众的经济利益，危害极大。常见的伪造币主要有以下几种：

（1）手工描绘或刻版印刷假币。这种假币质量非常粗糙、低劣，人像、图案失真较大，水印多为手工描绘等，比较容易识别。

（2）复印假币。也就是用复印机复印后上了颜色的假币，这种假币的纸质为复印机专用纸，弹性差，手感光滑，红条呈点状结构；正反面出现色差，正面人像偏红或偏黄，水印是用白色油墨加盖在背面；在紫外光下有强烈荧光反映，用放大镜观察就会发现有毛边，而且在空白位置上通常都有少量的墨粉。

（3）机制胶印假币。即利用现代化的印刷机械伪造的假币。这种假币纸张韧性较差，无弹性；纸张内无水印图案，水印用浅色油墨加盖在纸面，且模糊不清；底纹呈网状结构；接线出现断裂或重叠；图案层次不丰富；在紫外光下呈荧光反映，安全线用黄色油墨加印在纸面。

（4）照相版假币。这种假币的纸面较光滑，纸质无弹性，人像、图案无立体感；无底纹线，水印系描绘而成，失真度较大；纸幅比真币略小等。

（5）剪制假币。这种假币是通过书报杂志上印有人民币的图案剪制下来而成的假票，一般利用夜色昏暗使用，稍加注意极易发现。

2. 变造币。变造币，是指将真币采用揭张（将票券正、背面揭开）、剪割拼凑、涂改面额等手法变造货币。变造币的目的是以少变多，从中谋取经济利益。常见的变造货币有以下几种：

（1）拼凑变造币。即将多张人民币剪成若干窄条，经过接拼，多拼出张数，从中非法获利的变造币。这种假币的特点是：比真币短缺一截，花纹不衔接，钞币背面有纸条或叠压、粘贴痕迹。

（2）揭张变造币。是指经过处理，将真币揭开为正、背面两张，再用白纸等进行粘贴，折叠后混于好币中出手的变造币。这种假币的特点是：比真币纸质薄，挺度差，一面是白纸等其他纸张，只要将票面打开，正反面一看即可发现。

（3）涂改变造币。是指利用消字、消色等方法消去小面额真币的金额，再将其涂改成大面额人民币的金额，以此来混充大面额真币。这种假币的金额数字部位有涂改或刀刮的痕迹，花纹、颜色、图案以及尺寸等均与真币不符。

（4）拓印变造币。即用一定的化学物质浸泡真币，用白纸加压拓印而成的变造币。这种假币纸质较差、无挺度，纸张由三层组成，正背两面各为一薄纸，且纸面上涂有一层油质，中间为一白纸；墨色比较暗淡，无光泽；纸幅一般较真币略小。这种变造币较其他假币具有更大的欺骗性，应注意识别。

（三）如何识别伪造假币

识别人民币的真伪是出纳人员的基本功之一。出纳人员如果学会和掌握人民币真伪的识别技术，不仅可以维护国家货币的安全和人民币的信誉，保护单位的现金安全，而且可以保护自己的合法权益，减少自己的经济损失。从实际工作来看，直观地鉴定人民币真伪，主要还是采用在实践中总结出来的“一看、二摸、三听、四测”的方法去鉴别。

1. 眼看。出纳人员可以通过眼看来识别人民币，主要是看以下几个方面：

（1）看水印。真人民币的水印是用特种方法加上去的，假币一般较难仿制。观察时，可先将钞票对着光源（最好是阳光）透照着看，大额真钞的水印（如人物等）的轮廓线条清晰，人物面部平滑。假币的“水印”像钢笔画似的，大黑大白，或浮在纸面上，模糊、粗糙、无立体感。有些假币甚至在阳光下一照便看不到水印，也有些假币的“水印”是用浅色油墨压印的，有凹凸感，不用照光也很明显。

（2）看安全线。第四套人民币 1990 年版 50 元、100 元钞票在币面右侧有一条清晰的直线。而假币的“安全线”或是用浅色油墨印成，模糊不清，或是用手工夹入一条银色塑料线，容易在币纸边缘发现未经剪齐的银白色线头。第五套人民币的安全线有微缩文字，假币仿造的文字不清晰，线条活动容易抽出。

（3）图案和颜色。真人民币图案鲜明，花纹纹路精细清楚，颜色协调，印色精美，层次分明，光洁度好。假币图案不清、线条凌乱、粗细不一、底纹粗糙模糊、颜色灰暗不匀、光洁度差。有些假100元钞票虽然颜色逼真，但伟人像浅色部位缺少点线，几乎空白。

（4）票面大小、宽窄、数码等。目前发现的很多假币，一般票面比真人民币小，宽度也窄，数码不同等。因此观察这些特征，也能帮助识别真假人民币。

2. 手摸。用手揉摸钞票，真人民币纸张挺括，手感厚实，票面微涩，版纹深，有明显的凹凸感。

如果经过眼看、手摸仍不能准确断定真伪时，就需要利用比较精密的检测仪器进行测定，或由一些专门机构做进一步的技术鉴定，以得出最后结果。

3. 耳听。人民币纸张是特制纸，结实挺括，较新钞票用手指弹动会发出清脆声响。假币纸质绵软，单薄发脆，手感薄软，容易折断，票面光滑，版纹浅，其文字、图案、花纹等均没有凹凸感，用手甩动假币，声音比较沉闷。

4. 测量。出纳人员可以运用简单仪器进行荧光检测，检测情况大致如下：

（1）检测纸张有无荧光反映，人民币纸张未经荧光漂白，在荧光灯下无荧光反映，纸张发暗。假币纸张多经过漂白，在荧光灯下有明显荧光反映，纸张发白发亮。

（2）人民币有一两处荧光文字，呈淡黄色，假人民币的荧光文字光泽色彩不正，呈惨白色。

（四）第五套人民币的防伪特征

1. 100元券和50元券的防伪特征。第五套人民币100元券和50元券的防伪特征有以下10种：

（1）固定人像水印，位于钞票正面左侧，迎光透视，可以看到与背景人像相同、立体感很强的毛泽东头像水印。真币是在纸张抄造中形成的人像水印，层次丰富，立体感很强。而假币是在纸张夹层中涂白色浆料并模压水印图案，或直接在纸张表面盖印浅水印图案，层次及立体感较差。

（2）磁性缩微文字安全线，钞票中的安全线，嵌于纸张内部，迎光透视，可以看到缩微文字“RMB 100”（100元券）或“RMB 50”（50元券）字样，仪器检测有磁性。而假币则无磁性或磁性特征不稳定。

（3）红、蓝彩色纤维，是在纸张抄造中施放在纸浆里，随机分布，在票面上，可以看到纸张中的不规则红色和蓝色纤维。而假币则印刷于纸张表面。

（4）手工雕刻头像，钞票正面正景毛泽东头像，采用手工雕刻凹刻印刷工艺，形象逼真、传神、凹凸感强，易于识别。而假币的头像线条模糊，无凹凸感。

（5）光变油墨面额数字，在钞票正面的下方面额数字“100”和“50”字样，随着视角变化，颜色变化明显。100元券，从票面垂直角度观察为绿色，倾斜一定角度则变为蓝色；

50 元券，从票面垂直角度观察为金色，倾斜一定角度则变为绿色。而假币则变色无规律或无变色效果。

（6）胶印缩微文字，在钞票正面上方图案中，多处印有胶印缩微文字，100 元券是“100”、“RMB 100”字样；50 元券是“50”、“RMB 50”字样。这些字样在放大镜下，字形清晰。而假币的字形模糊。

（7）隐形面额数字，钞票正面右上方有一装饰图案，将钞票置于与眼睛接近平行的位置，面对光源作平面旋转 45 度或 90 度，即可看到面额数字“100”或“50”，字形清晰。而假币没有隐形效果。

（8）阴阳互补对印图案，在钞票正面左下角和背面右下角均有一圆形局部图案，迎光透视，可以看到正背面图案组成一个完整的古钱币图案。而假币正背面图案错位。

（9）雕刻凹版印刷，钞票正面正景毛泽东头像、“中国人民银行”行名、面额数字、盲文面额标记及背面主景图案均采用雕刻凹版印刷，用手指触摸有明显的凹凸感。而假币是全胶印，手感平滑。

（10）横竖双号码，钞票正面采用横竖双号码印刷，横号码为黑色，竖号码为红色。而假币的颜色与真币有差异。

2. 20 元券的防伪特征。第五套人民币 20 元券的防伪特征有以下 8 种：

（1）固定花卉水印，位于钞票正面左侧，迎光透视，可以看到花卉水印。真币是在纸张抄造中形成的花卉水印，层次丰富，立体感很强。而假币是在纸张夹层中涂布白色浆料并模压水印图案，或直接在纸张表面盖印浅水印图案，层次及立体感较差。

（2）安全线，钞票中的安全线，嵌于纸张内部，仪器检测有磁性。而假币则无磁性或磁性特征不稳定。

（3）红、蓝彩色纤维，防伪特征与 100 元券相同。

（4）手工雕刻头像，防伪特征与 100 元券相同。

（5）胶印缩微文字，在钞票正面下方图案中，多处印有胶印缩微文字“RMB 20”字样，这些字样在放大镜下，字形清晰。而假币的字形模糊。

（6）隐形面额数字，钞票正面右上方有一装饰图案，将钞票置于与眼睛接近平行的位置，面对光源作平面旋转 45 度或 90 度，即可看到面额数字“20”，字形清晰。而假币没有隐形效果。

（7）雕刻凹版印刷，防伪特征与 100 元券相同。

（8）双色横号码，钞票正面采用双色横号码，号码左半部为红色，右半部为黑色。而假币号码的颜色与真币有差异。

3. 10 元券和 5 元券的防伪特征。第五套人民币 10 元券和 5 元券的防伪特征分别是 10 种和 9 种，5 元券没有阴阳互对印图案这种防伪特征，其他的防伪特征都大同小异。

（1）固定花卉水印，位于钞票正面左侧空白处，迎光透视 10 元券可以看到立体感很强的月季花水印，5 元券可看到水仙花水印。真币是在纸张抄造中形成的花卉水印，层次丰富，立体感很强。而假币是在纸张夹层中涂布白色浆料并模压水印图案，或者直接在纸张表面盖印浅水印图案，层次及立体感较差。

(2) 全息磁性开窗安全线，在钞票的正中间偏左，有一条开窗安全线，开窗部分可以看到由缩微字符的“￥10”（10 元券）或“￥5”（5 元券）组成的全息图案，仪器检测有磁性（开窗安全线是指局部埋入纸张中，局部裸露在纸面上的一种安全线）。

(3) 红、蓝彩色纤维，在钞票票面上，可以看到纸张中有不规则分布的红色和蓝色纤维。

(4) 手工雕刻头像，防伪特征与 100 元券相同。

(5) 胶印缩微文字，在正面上方胶印图案中，多处印有胶印缩微文字“RMB 10”（10 元券）或“RMB 5”（5 元券）字样，这些字样在放大镜下，字形清晰。而假币的字形模糊。

(6) 隐形面额数字，正面右上方有一装饰图案，将钞票置于与眼睛接近平行的位置，面对光源作平面旋转 45 度或 90 度，即可看到面额数字“10”（10 元券）或“5”（5 元券），字形清晰。而假币没有隐形效果。

(7) 雕刻凹版印刷，防伪特征与 100 元券相同。

(8) 双色横号码，钞票正面印有双色横号码，左侧部分为红色，右侧部分为黑色。而假币的颜色与真币有差异。

(9) 白水印，位于双色横号码下方，迎光透视，可以看到透光性很强的图案“10”（10 元券）或“5”（5 元券）水印。

(10) 阴阳互补对印图案，10 元券的防伪特征与 100 元券相同；5 元券没有此防伪特征。

（五）如何处理假币

人民币是我国唯一合法货币。人民币的正常流通和币值的稳定，关系到社会经济生活的稳定和人民的切身利益。目前，随着商品经济的发展，货币发行量也随之增大，大额人民币增多，少数不法分子出于各种目的，伪造、变造和贩卖假币活动十分猖獗。这些假币的流通，扰乱了金融秩序，损害了国家、集体和个人的利益，在社会上影响恶劣。

作为出纳，应当掌握识别假币的基本技能，增强识别能力，在日常收、付款工作中，提高警惕，注意查看钞票。一旦发现假币，要及时进行处理。

《中国人民银行法》规定：“禁止伪造、变造人民币。禁止出售、购买伪造、变造人民币。禁止运输、持有、使用伪造、变造人民币。”因此，出纳在日常工作中一旦发现假币，应及时按以下规定处理：

1. 凡发现伪造币，要当场没收，并认真追查。出纳误收伪造币的，银行予以没收，其经济损失应由当事人等额赔偿；若多次误收，除等额赔偿外，应给予批评教育，直至纪律处分。

2. 对发现的变造币原则上应送交银行没收；如确系误收的，可由单位开具证明，说明情况，送银行按有关规定进行兑换。

3. 发现可疑的票币，一时难以辨别真假的，可给持票人开临时收据，然后及时送银行鉴定。

4. 如误收各种假币，绝不允许又转手付出，继续流通，否则就属于违法行为。

5. 如发现有人倒卖假币或用假币套取真币的，应立即向公安机关报告。

（六）损伤人民币的挑剔标准

人民币一经发行进入流通，在人们手中不断周转，必然会因自然磨损或各种事故而造成残缺损坏，这就是损坏的人民币，银行称之为“损伤券”，人们则常常把它们叫做“破钱”。

为了提高人民币的整洁度，更好地发挥货币的职能，我国各银行出纳部门在收入现金的过程中，都会按照中国人民银行的有关规定，积极主动地办理损伤人民币的挑剔、调换和回收工作，使之退出流通领域。根据中国人民银行有关规定，损伤人民币的挑剔标准主要有以下几个：

1. 票面缺少部分损及行名、花边、字头、号码、国徽之一的。

2. 票面裂口超过纸幅 1/3 或损及花边、图案的。

3. 票面纸质较旧，四周或中间有裂缝，或断开面经粘补的。

4. 由于油浸、墨渍造成脏污面积较大，或涂写字迹过多，妨碍票面整洁的。

5. 票面变色严重，影响图案清晰的。

6. 硬币残缺、穿孔、变形、磨损、氧化损坏花纹的。

（七）损伤人民币的处理

出纳将损伤人民币挑剔出来后，应及时按规定到当地银行办理兑换，残缺、损伤的人民币兑换办法如下：

1. 全额兑换的情况。凡残缺人民币属于下列情况之一者，可向中国人民银行按照全额兑换：

（1）票面残缺不超过 1/5，其余部分的图案、文字能照原样连接的。

（2）票面污损、熏焦、油浸、变色，但能辨别真伪，票面光整或者残缺不超过 1/5，票面其余部分的图案、文字能照原样连接的。

2. 半数兑换。票面残缺 1/5 以上至 1/2，其余部分的图案、文字能照原样连接者，可向人民银行照原面额半数兑换，但不得流通使用。

3. 其他情况。

（1）对缺失部分没有另行拼凑的原券，缺少 1/4 者兑换全额；缺少 5/8 者可兑换半额，呈正十字形缺去 1/4 者可按半额兑换。

（2）对于因遭火灾、虫蛀、鼠咬、霉烂等特殊原因而损失严重，剩余面积较少或因污染变色严重的票券，可由持票人所在地政府或其工作单位出具证明，经审查来源正当，能分清票面种类，能计算出票券的张数、金额，可给予照顾兑换。

（3）对企业误收的图案文字不相连接的拼凑票，可根据其中最大的一块按规定标准兑换。如两半张贴在一起，纸幅基本不短少者，可兑换全额。

（4）凡在流通中因摩擦受到损伤的硬币，只要能辨别正面的国徽或背面的数字，即可兑换全额。凡经穿孔、裂口、破损、压薄、变形以及正面的国徽或背面的数字模糊不清的硬币，如确非持币人损毁者，也可按照全额兑付。

（5）兑付额不足 1 分者不予兑付，5 分券按半额兑换者，兑给 2 分。

4. 不给予兑换的情况。属于下列情况之一者不给予兑换：

（1）票面残缺 1/2 以上，且不属于前述第三条者。

（2）票面污损、熏焦、水湿、拼凑，揭去一面者。

不给予兑换的损伤人民币由银行挑剔出来后加盖“作废”戳记或打洞，也可不加盖戳记或打洞作废。不给予兑换的票券和硬币，均可退还原主。对故意损毁人民币者，银行应将票币没收，并视情节轻重给予批评教育，或交司法部门依法处理。残缺票币兑换单格式如表 2-1 所示。

表 2-1　残缺票币兑换单

年　月　日　　　　单位：

券　别	交银行金额	要求兑换金额	实际兑换金额

经办人：
复核员：

五、凭证填制和审核技巧

（一）会计凭证的定义

出纳工作的第一步是取得原始单证，并办理资金收付事项。原始单证在会计上称为原始凭证，是在经济业务发生或完成时由经办该业务的人员取得或填制的，用来详细说明经济业务内容的书面证明。原始凭证是记录经济业务、明确经济责任的直接依据，具有法律效力。

对于出纳人员而言，凡是涉及现金支付、银行结算以及外汇的收付和结算的业务，都必须取得或填制原始凭证，才能进行出纳核算。这些原始凭证必须是能反映经济业务的发生或完成情况的各种书面凭据，如发票，银行收款通知，各种费用开支、报销单据。但那些不能证明经济业务发生和完成情况的书面凭证，如工程预算书等，则不能作为原始凭证。

出纳人员取得原始单证后，该原始单证必须经过审核并确认其真实、合法、完整后才能据以办理资金收付事宜和编制记账凭证。

（二）原始凭证的填制及审核

1. 填制原始凭证。填制原始凭证要由填制人员将各项原始凭证要素按规定方法填写齐全，办妥签章手续，明确经济责任。

原始凭证的填制有三种形式，一是根据实际发生或完成的经济业务，由经办人员直接填列，如“入库单”、“出库单”等；二是根据已经入账的有关经济业务，由会计人员利用账簿资料进行加工整理填列，如各种记账编制凭证；三是根据若干张反映同类经济业务的原始凭证定期汇总填列汇总原始凭证。

原始凭证的种类不同，其具体填制方法和填制要求也不尽一致，为了保证原始凭证能够准确、及时、清晰地反映经济业务活动的真实情况，提高会计核算的质量，并具有法律效力，原始凭证的填写应严格按下列要求进行：

（1）符合实际情况。凭证填制的内容、数字等，必须根据实际情况填列，确保原始凭证所反映的经济业务真实可靠，符合实际情况。从外单位取得的原始凭证如有遗失，应取得原签发单位盖有财务章的证明，并注明原来凭证的号码、金额和内容等，经单位负责人批准后，可代作原始凭证。对于确实无法取得证明的，如火车票、轮船票、飞机票等凭证，由当事人写出详细情况，由经办单位负责人批准后，可代作原始凭证。

（2）明确经济责任。填制的原始凭证必须由经办人员和部门签章。从外单位取得的原始凭证必须盖有填制单位的财务章；从个人取得的原始凭证，必须有填制人员的签名或盖章。自制原始凭证必须有经办单位负责人或指定人员的签名或盖章。对外开出的原始凭证，必须加盖本单位财务章。

（3）填写内容齐全。原始凭证的各项内容，必须详尽地填写齐全，不得遗漏，而且凭证的各项内容，必须符合内部牵制原则。凡是填有大写和小写金额的原始凭证，大写与小写金额必须相符；购买实物的原始凭证，必须有验收证明；支付款项的原始凭证，必须有收款单位和收款人的收款证明。一式几联的原始凭证，应当注明各联的用途，只能以一联作为登记账簿的依据；一式几联的发票和收据，必须用双面复写纸套写，并连续编号，作废时应加盖“作废”戳记，连同存根一起保存，不得撕毁。发生销货退回时除填制退货发票外，退款时，必须取得对方的收款收据或汇款银行的汇出凭证，不得以退货发票代替收据。职工公出借款收据，必须附在记账凭证上，收回借款时，应另开收据或退还借据副本，不得退还原借款收据。

经有关部门批准办理的某些特殊业务，应将批准的文件作为原始凭证的附件，若批准文件需要单独归档，应在凭证上注明批准机关名称、日期和文件字号。

（4）书写格式要规范。原始凭证要用蓝色或黑色墨水笔书写，字迹清楚、规范，填写支票必须使用碳素笔，属于需要套写的凭证，必须一次套写清楚，合计的小写金额前应加注币值符号，如“￥”、“US$”等。大写金额有分的，后面不加整字，其余一律在末尾加“整”字，大写金额前还应加注币值单位，注明“人民币”、“美元”、“港币”等字样，且币值单位与金额数字之间，以及各金额数字之间不得留有空隙。各种凭证不得随意涂改、刮、擦、挖补，若填写错误，应采用规定方法予以更正。对于重要的原始凭证，如支票以及各种结算凭证，一律不得涂改。对于预先印有编号的各种凭证，在填写错误后，要加盖“作废”戳记，并单独保管。

2. 审核原始凭证。只有经过审核无误的凭证，才能作为记账的依据，为了正确反映并监督各项经济业务，会计部门的经办人员必须严格审核各项原始凭证，以确保会计核算资料的真实、合法、准确。原始凭证的审核，主要包括以下三个方面的内容：

（1）合规性审核。根据有关的法令、制度、政策等，审核原始凭证所记录的经济业务是否合规，合法、有无违反法令、制度的行为；审核经济业务是否按规定的程序予以办理。对于弄虚作假、涂改或经济业务不合法的凭证，应拒绝受理，并报请上级有关人员处理。

（2）完整性审核。根据原始凭证的要素，逐项审核原始凭证的内容是否完整，原始凭证的各项目是否按规定填写齐全，是否按规定手续办理。若原始凭证的内容填写不全，手续不完备，应退经办人员补办完整后，才予受理。

（3）技术性审核。根据原始凭证的填写要求，审核原始凭证的摘要和数字及其他项目是否填写正确，数量、单价、金额、合计是否填写正确，大、小写金额是否相符。若有差错，应退经办人员予以更正。

（三）记账凭证的填制、粘贴、审核及更正

1. 填制记账凭证。真实、完整、准确的记账凭证是保证会计信息质量的根本，因此记账凭证的填制除了严格遵守填制原始单证的基本要求外，还应注意以下几点：

（1）凭证应按顺序编号。记账凭证必须按月分类连续编号，以便分清会计事项处理的先后顺序和日后与账簿记录核对，确保记账凭证完整无缺。单位应根据单位规模、业务量大小对记账凭证进行具体分类。无论哪一类编号，都必须做到按月、分类、依序。即每月第一天从第一号编起，顺序编到每月最后一天，不允许重号和错号。为防止记账凭证丢失，应在填制凭证当天及时编号。

采用复式记账的记账凭证，一般是一张凭证编一个号。如果发生复杂的经济业务，需要连续编制两张或两张以上的记账凭证时，应加编分号，例如 10 号会计分录有两张记账凭证，分别编为 10A 号、10B 号。

（2）凭证的摘要应当明确。摘要应当简洁明了，不能有重大遗漏或故意隐瞒，不得含糊其辞、似是而非，不得有误导性陈述，尽量避免烦琐其词。

（3）会计分录的编制应当正确。应填列会计科目名称，或者科目名称和编号，不能只填科目编号不写科目名称。需要登记明细账的还应注明二级科目和明细科目的名称，据以登账。出纳员一般只涉及收付款凭证，不涉及转账凭证。对于收款凭证，其借方科目为“库存现金”或“银行存款”，其贷方科目则应根据经济业务的内容和本行业会计制度的规定具体确定，如提供劳务取得现金收入，在服务行业贷方科目应为“营业收入”。对于付款凭证，贷方科目为“库存现金”或“银行存款”，其借方科目则应根据经济业务的内容和行业会计制度的规定而具体确定，如工业企业用银行存款采购原材料，则其借方科目应为“原材料”。

（4）凭证的金额必须准确。记账凭证金额填完后应加计金额合计数。记账凭证不论是一个会计科目或若干个会计科目，或一个会计科目下有若干个明细科目都应将一方的金额加计合计数填写在相应的“合计”栏内。合计金额前应加注币值符号，如人民币符号“¥”。

（5）附件原始凭证应当同类。出纳人员可以根据每一张原始凭证单独填制记账凭证，

也可以每天根据若干张同类的原始凭证汇总填制一张记账凭证，或者先将同类的原始凭证编制一张汇总表，再根据该汇总表编制记账凭证。

（6）所附原始凭证的张数。记账凭证所记录的经济业务必须以能证明该项经济业务的原始凭证作为附件。凡是能证明经济业务内容的各种原始凭证，不论张数多少，都应按规定贴在该记账凭证后面。

除结账和更正错误的记账凭证可以不附原始作凭证外，其他记账凭证必须附有原始凭证。如果一份原始凭证涉及几张记账凭证，可以把原始凭证附在一张主要的记账凭证后面，并在其他记账凭证上注明附有该原始凭证的记账凭证的编号或者附有原始凭证复印件。

（7）错误凭证的更正。如果在填制记账凭证时发生错误，应当重新填制。如果是经登记入账的记账凭证在当年内发现错误的，可以用“补充更正法”、“红字更正法”和“划线更正法”等方法更正；如果发现以前年度记账凭证有错误的，应当填制一张更正的记账凭证。

（8）凭证的签章。记账凭证填制完毕后，应由相关部门和人员签名并盖章，如单位核算已实行电算化处理的，也应在已打印好的记账凭证上补齐有关签章。出纳在办理完款项收付后，除了签章明确经济责任外，还应立即加盖“收讫”或“付讫”戳记。

2. 整理粘贴在记账凭证后的附件。

在实际工作中记账凭证所附的原始凭证种类繁多，为了便于日后装订和保管，在填制记账凭证的时候应对附件进行必要的整理和外形加工。

（1）过宽过长的附件。应进行纵向和横向的折叠，折叠后的附件外形尺寸，不应长于或宽于记账凭证，同时还要便于翻阅；附件本身不必保留的部分可以裁掉，但不得因此影响原始凭证内容的完整。

（2）大小适中的附件。主要是进行“毛边”的修理，整齐后用回形针等固定于记账凭证下面。整理保存时尽量不要用胶水，以防日后霉变和给装订带来不便。

（3）过窄过短的附件。不能直接装订时，应进行必要的加工后再粘贴于特制的原始凭证粘贴纸上，然后再装订粘贴纸。原始凭证粘贴纸的外形尺寸应与记账凭证相同，纸上可先印一个合适的方框，各种不能直接装订的原始凭证，如汽车票、地铁车票、市内公共汽车票、火车票、出租车票等，都应按类别整齐地粘贴于粘贴纸的方框之内，不得超出。粘贴时应横向进行，从右至左，并应粘在原始凭证的右边，逐张左移，后一张右边压住前一张的左边，每张附件只粘左边的0.5～1厘米长，粘牢即可。粘好以后要捏住记账凭证的左上角向下抖几下，看是否有未粘住或未粘牢的。最后还要在粘贴单的空白处分别写出每一类原始凭证的张数、单价与总金额。

如某人报销差旅费，报销单后面的粘贴单附有1元市内公共汽车票9张，2元公共汽车票12张，400元火车票1张，900元飞机票1张，就应分别在汽车票一类下面空白处注明 $1 \times 9 = 9$ 元，$2 \times 12 = 24$ 元，在火车票一类下面空白处注明 $400 \times 1 = 400$ 元，在飞机票一类下面空白处注明 $900 \times 1 = 900$ 元。这样，万一将来原始凭证不慎失落，也很容易查明丢的是哪一种票面的原始凭证，而且也为计算附件张数提供了方便。

3. 审核记账凭证。记账凭证是登记账簿、科目汇总的直接依据，只有经过审核无误后的记账凭证，才能作为登记账簿的依据。因此，出纳人员应对记账凭证进行认真的审核，一旦发现填制错误要按照规定的方法进行更正。在审核记账凭证时，要重点注意以下事项：

（1）记账凭证各项目填制是否完整、齐备，摘要是否清晰。

（2）记账凭证是否附有原始凭证。

（3）记账凭证与原始凭证所反映的经济业务内容是否相同。

（4）记账凭证与原始凭证所反映的金额是否一致。

（5）应借应贷的会计账户对应关系是否清晰，金额是否正确，方向是否有误。

（6）记账凭证的填写字迹是否清楚，有关人员是否已签字盖章。

4. 更正错误的记账凭证。出纳人员在编制记账凭证的过程中往往会因工作疏忽、业务不熟等原因发生工作错误，如会计账户借贷方向记反、使用会计科目不当、写错金额等情况的发生。发生上述错误后，如尚未登记账簿的，应重新填制记账凭证，原错误的记账凭证予以作废或撕毁；对于已登记入账的记账凭证，则应根据错误发生的具体情况，相应地采用规定的方法予以更正。更正方法主要有划线更正法、红字更正法和补充登记法。

（1）划线更正法。又称红线更正法。适用条件是：在结账前，若发生账簿记录有误，但其据以入账的记账凭证并无错误，纯属日记账记录时出现的文字或数字的笔误时，可采用划线更正法予以更正；或是在登记账簿以后，发现记账凭证所写部分摘要内容错误，也可采用此法更正。

更正方法：先在错误的文字或数字上划一条红横线，以表示予以注销；然后，将正确的文字或数字用蓝字写在被注销的文字或数字的上方，并由记账人员在更正处盖章。应当注意的是，更正时，必须将错误数字全部划掉，而不能只更正其中个别数码，并应保持原有字迹仍可辨认，以备查考；对于文字错误，可以只划去有错的地方，不必将与错字相关联的其他文字划去。

【例 2－1】 出纳员在按审核无误后的记账凭证登记现金日记账时，将支付现金 845. 00 元错误的登记为 842. 00 元。更正时应将登记错误的数字 842. 00 元全部用红线划去注销，然后在上方写上正确的数字 845. 00 元，并在更正处盖章，同时更正相关账户的余额。

（2）红字更正法。又称红字冲销法，因为在会计处理上，以红字记录表示对记录的冲减。适用条件：记账后，发现记账凭证的借贷方科目错误或记账凭证中实填金额大于应填金额时，应采用红字更正法进行更正，具体可分为以下两种情况：

一种是记账以后，发现记账凭证中的应借、应贷的会计科目错误造成记账方向有误，但记账凭证及账簿记录的金额并未错，可采用红字更正法予以更正。更正的方法：先用红字金额填制一张会计分录与原错误记账凭证完全相同的记账凭证，在摘要栏内注明“冲销某月某日第 × 号凭证的错误”，并据以用红字登记入账，以冲销原有的错误记录；然后用蓝字填制一张正确的记账凭证，并在摘要栏中写明“补记某月某日凭证，原错误凭证编号”，并据以登记入账。

采用红字更正法应注意的问题是：在复式记账的前提下，一个科目运用发生错误，必须根据复式记账的原理，将原有错误的记账凭证全部冲销，以反映更正原错误凭证的内容，不能只用红字填制更正单个会计科目的单式记账凭证。

【例2-2】 出纳人员收到新乔公司交来购买纯棉内衣的预付款9 000元，银行已收讫。填制记账凭证时，误编为如下会计分录，同时据以登记入账。

借：银行存款　　9 000

　　贷：其他应付款——新乔公司　　9 000

发现错误后，先用红字填制一张与原错误记账凭证内容完全一致的记账凭证，并据以用红字金额登记入账，冲销原有的错误记录（以下用方框代表红字），摘要注明"冲销×月×日第×号凭证"。

借：银行存款　　[9 000]

　　贷：其他应付款——新乔公司　　[9 000]

然后，再用蓝字编制一张正确的记账凭证，同时登记入账，摘要注明"补记×月×日凭证，原错误凭证为×号"。

借：银行存款　　9 000

　　贷：预收账款　　9 000

另一种是如果记账以后，发现记账凭证和账簿中所记金额大于实际应记金额而应借、应贷的会计科目并无错误，那么应采用红字更正法予以更正。更正的方法是：按正确数字与错误数字之间的差额，即多出金额，用红字填一张记账凭证，在摘要栏内写明："冲销×月×日×号凭证多记金额"，并据以登记入账，以冲销多记的金额。

【例2-3】 出纳员从银行提取备用金200元，填制凭证时误记为2 000元，错误的会计分录为：

借：库存现金　　2 000

　　贷：银行存款　　2 000

发现后，对记账凭证进行更正，则分录为：

借：库存现金　　[1 800]

　　贷：银行存款　　[1 800]

（3）补充登记法。错记金额时，应借、应贷的会计科目并无错误，则应采用补充登记法予以更正。更正的方法是：将正确的数字与错误数字之差额，用蓝字填制一张与原错误记账凭证所记载的借贷方向相同的凭证，在摘要栏内写明"补记某月某日第×号凭证少记××"，并据以登记入账，予以补充。

【例2-4】 出纳员用现金支付仓库租金3 200元，在填写记账凭证时，误将金额写为2 300元，并据此登记入账。

借：销售费用　　2 300

　　贷：库存现金　　2 300

发现错误后予以更正，少记的900元，用蓝字填写记账凭证，则会计分录为：

借：销售费用　　900

　　贷：库存现金　　900

（4）使用更正方法的注意事项。采用红字更正法进行错账更正时应注意，不得以蓝字金额填制与原错误记账凭证记账方向相反的记账凭证去冲销错误记录或冲销原错误金额，因为蓝字记账凭证反方向记载的会计分录反映特殊经济业务，而不反映错账更正的内容。尽管这样记录也能使记账的结余金额与实际情况相符，但这不能表明更正错误记录的内容，这样的分录也无法附上与分录内容相吻合的原始凭证，很容易使人们产生误解。

发现以前年度的错误后，因错误的账簿记录已经在以前会计年度终了进行结账或决算，不可能再将已决算的金额进行红字冲销，这时只能用蓝字凭证对除文字外的一切错账进行更正，并在更正凭证上，特别注明更正××××年度错账的字样。

本章小结

出纳是会计工作的一个重要岗位，担负着现金收付、银行结算、货币资金的核算和现金及各种有价证券的保管等重要任务。本章主要讲解了出纳人员的职业素养和业务技能。出纳人员应具备严谨的工作作风和安全意识，同时应形成良好的职业道德和修养。出纳人员应熟练掌握计算技能、数码字书写技能、手工点钞技能、真假人民币识别及处理技能和凭证填制审核技能。

☞ 主要概念

职业道德　业务技能

☞ 基本训练

一、知识题

1. 会计人员应遵守的职业道德有哪些？
2. 出纳应掌握哪些点钞方法？
3. 阿拉伯数字及中文大写数字的书写要点主要有哪些？

二、技能题

［目的］熟悉基层单位出纳工作中钞票的选、墩、捆、拆法和各种点钞法。

［技能要求］做到点准、挑净、墩齐、捆紧、签章清楚。

［考核标准］整点时要求同时有两人以上参加（尤其是整点封包款等）。通常要经过初点、复点，发现差错换人复核，准确无误后，即为成绩合格。

第三章

出纳现金业务

【知识目标】 掌握出纳收入、支出业务办理的要点；理解库存现金管理原则和要求；了解出纳现金业务的重要性。

【技能目标】 掌握和提升出纳人员库存现金收入业务的办理程序和核算技能，库存现金支出业务的办理程序和核算技能，现金、票据及印章的管理和使用技能，差错的查找、纠正和防范的技能。

【引导案例】

以下为××公司的现金管理办法。（该办法有助于很好地掌握本章内容，正确开展出纳现金业务活动）

第一条　为加强××公司的现金管理工作，规范现金的使用开支范围，防止坐支现金和现金流失，根据国家及省公司的有关规定，并结合公司的实际情况，特制定本办法。

第二条　本办法所指现金是指存放于公司财务部门，由出纳人员经管的货币。现金是流动性最强的资产，公司的财务人员应严格遵守国家现金管理制度，监督现金使用的合法性、合理性。

第三条　现金的支付范围

1. 职工的工资、各种奖金及工资性津贴；

2. 个人劳务报酬，包括稿费、讲课费及其他专项工作报酬；

3. 各种劳保、福利费用以及国家规定的对个人的其他支出；

4. 出差人员必须随身携带的差旅费；

5. 结算起点在 1 000 元以下的其他支出；

6. 中国人民银行确定需要支付现金的其他支出。如采购地点不确定、交通不便、抢险救灾及其他特殊情况，确实无法办理转账的。

第四条　现金的保管

1. 为确保库存现金的安全，公司财务保管的现金必须使用安全性能有保障的保险柜；

2. 出纳应严格根据银行核定的库存现金定额留存现金，对于超过的部分应及时存入银行。

第五条　现金的提取

1. 从银行提取现金，在银行预留印鉴应为出纳人员和公司总经理印章，且必须由财务人员和出纳分开保管。现金支票由出纳填写，盖章应由出纳和财务人员分开进行；

2. 从银行提取现金，应以审核无误的记账凭证为依据。

第六条　现金收入应于当天送存银行，当天送存确有困难的，应于次日及时送存。

第七条　支付现金应从本单位库存现金中支付，不得坐支现金，因特殊情况必须坐支现金时，应经银行同意。

第八条　出纳应对现金的收支业务根据记账凭证及时进行序时登记，并每天将库存现金和现金日记账核对相符，作到日清月结。

第九条　出纳人员不得有下列行为：

1. 不准用“白条”顶替库存现金；
2. 不准谎报用途套取现金；
3. 不准将库存现金以个人名义存入储蓄；
4. 不准私自借支现金；
5. 不准利用银行账户为他人或其他单位存取现金；
6. 未经财务部门领导批准，不准将现金交他人代管。

第十条　严禁向其他单位或个人借支现金。

第十一条　在经济活动中，不得对现金结算给予优惠待遇。不得拒收支票、银行汇票和银行本票。

第十二条　财务部负责人应不定期地对现金的保管、使用情况进行检查，发现问题，及时向公司领导汇报。

第十三条　本办法由公司财务部负责解释。

第十四条　本办法自发布之日起执行。

第一节　现金收入业务的办理和核算

会计范畴的现金，是流动性最强的一种货币性资产，它是指存放在企业并由出纳人员保管的现钞。它可以随时用来购买所需物资，支付日常零星开支，偿还债务等。在商品经济社会中，商品和劳务的交换都必须通过货币计量来进行。现金的概念有狭义的概念和广义的概念之分。

狭义的现金，是指企业的库存现金，即会计范畴的现金，是指企业所拥有的硬币、纸币，即由企业出纳人员保管作为零星业务开支之用的库存现款，包括人民币现金和外币现金。广义的现金，是指除了库存现金外，还包括银行存款和其他视同现金的有价证券。我们通常所说的是狭义的现金。

正是由于现金是流动性最强的资产，加强现金管理能保证货币发行权集中于中央，这对于保护企业资产安全和完整、维护社会经济秩序具有十分重要的意义。因此，国家对于现金的使用管理有着较为严格的规定，并由国务院颁发了《现金管理暂行条例》。

一、现金收入业务的办理

单位现金收入的来源，主要包括零售产品销售收入、各种业务收入以及其他的零星收入。现金收入的管理就是要求各单位现金收入要合法，而且现金收入都应送存银行，需要的现金支出，一律从银行提取，不得任意“坐支”。

（一）现金的收入范围

各单位现金的收入主要有两条渠道：从银行提取现金和日常业务收入的现金。根据我国现金管理制度的规定，日常业务的现金收入范围有以下几个方面：

1. 出售给国有单位、集体单位或私营单位的产品、材料及其他物资或提供劳务，业务咨询、信息等方面，不能通过转账办理结算手续的收入。

2. 出售给个人的商品的现金收入。

3. 职工借用的备用金报销后退回的余款。

4. 其他应收取的利用现金结算的款项。

（二）现金收入管理的基本规定

1. 现金收入必须合法合理。各单位的现金收入有很多种来源，不管是哪种来源，都必须做到合法合理。从银行提取现金时，应在国家规定的使用范围和限额内开出现金支票，并注明用途，由本单位财务部门负责人签字和盖章，经开户银行审核后，才能支取。任何单位都不得编造用途套取现金。

在日常业务中收入现金时，必须符合国家制定的现金收入范围，不得在出售商品和金额超过结算起点时，拒收银行结算凭证而收取现金，或按一定比例搭配收取现金等。

2. 现金收入手续必须严格。为了防止差错和引起纠纷，收入现金时必须坚持先收款，当面清点现金无误后，再开给交款人“收款收据”，不能先开收据后收款。

一切现金收入都应开具收款依据，即使有些现金收入已有对方付款凭证，也应开出收据给交款人，以明确经济责任；收入现金时，签发收据和经手收款，按要求也应当分开，以防作弊。

3. 现金收入要坚持一笔一清。现金收入时，要清点完一笔，再清点另一笔，几笔收款不能一起办理。以免互相混淆或调换；一笔款项未办理妥当，出纳不得离开座位；收款过程应在同一时间内完成，不准收款后过一段时间再来开收据；对已完成收款的收据应加盖“现金收讫”字样。

4. 现金收入要及时送存银行。根据《现金管理暂行条例》规定：“开户单位现金收入应当于当日送存开户银行，当日送存确有困难的，由开户银行确定送存时间。”因而，各单位收入现金后，都应及时送存银行，不准擅自从收入的现金中坐支现金。

（三）现金收入的处理程序

现金收入的处理程序，指现金收入过程中的处理步骤和规则。

1. 从银行提取现金。各单位应在银行规定的现金使用范围内办理提取现金业务。

2. 出纳向外单位或顾客直接收款。

3. 收款员、营业员收款后交出纳人员。在零售商店、门市部和旅游饮食服务业单位，由于收款业务比较频繁，一般都采取由营业员分散收款或由收款员集中收款后，每日再定时向出纳缴款。

（四）现金收入的审核

现金收款凭证是出纳人员办理现金收入业务的依据。为确保收款凭证的合法、真实和准确，出纳人员在办理每笔现金收入前，都必须首先复核现金收款凭证，要求认真复核以下内容：

1. 现金收款凭证的填写日期是否正确，现金收款凭证的填写日期应为编制收款凭证的当天，不得提前或推后。

2. 现金收款凭证的编号是否正确，有无重号、漏号或不按日期顺序编号等情况。

3. 现金收款凭证记录的内容是否真实、合法、准确，其摘要栏的内容与原始凭证反映的经济业务内容是否相符。

4. 使用的会计科目是否正确。

5. 复核收款凭证的金额与原始凭证的金额是否一致。原始凭证大小写金额是否相同，有无印章。

6. 复核收款凭证“附单据”栏的张数与所附原始凭证张数是否相符。

7. 收款凭证的出纳、制单、复核、财务主管栏目是否签名或盖章。

二、现金送存业务的办理

各单位必须按开户银行核定的库存限额保管、使用现金，收取的现金和超出库存限额的现金，应及时送存银行。

（一）现金送存的一般程序

各单位对当天收入的现金或超过库存限额的现金，应及时送存开户银行。

1. 整点票币。送款前应将送存款清点整理，按币别、币种分开。纸币要平铺整齐，每百元张为一把，50 元张为一捆，以此类推，用纸条在腰中捆扎好，余为零头；硬币每百枚或 50 枚为一卷，十卷为一捆，不足一卷为零头；最后合计出需要存款的金额。

2. 填写现金进账单（缴款单）。根据整点好的存款金额填写进账单，各种币别的金额合计数应与存款金额一致。

3. 向银行提交进账单和整点好的票币。票币要一次性交清，当面清点，如有差异，应当面复核。

4. 开户银行受理后，在现金进账单上加盖“现金收讫”和银行印鉴后退回交款人一联，表示款项已收妥。

5. 根据银行退回盖有“现金收讫”和银行印鉴的一联现金进账单，编制记账凭证。

6. 根据记账凭证登记现金日记账。

（二）现金解款单

现金解款单为一式三联或一式二联。现金解款单三联单的内容包括以下几项：

1. 第一联为回单，此联由银行盖章后退回存款单位。

2. 第二联为收入凭证，此联由收款人开户银行作记账凭证。

3. 第三联为附联，作附件，是银行出纳留底联。

（三）填写现金解款单的注意事项

出纳人员在填写现金解款单时，必须注意以下几点：

1. 要用双面复写纸复写。
2. 交款日期必须填写交款的当日。
3. 收款人名称应填写全称。
4. 款项来源要如实填写。
5. 大小写金额的书写要标准。
6. 券别和数额栏按实际送款时各种券面的张数或券别填写。

（四）现金收支的规定

为了加强现金收支手续，出纳与会计人员必须分清责任，严格执行账、钱、物分管的原则，实行相互制约。

1. 企业应按规定编制现金收付计划，并按计划组织现金收支活动。收入现金要进行防伪检查，支付现金要当面点清。

2. 企业的会计部门，出纳工作和会计工作必须合理分工，现金的收付保管由出纳人员负责办理，非出纳人员不得经管现金。

3. 严格执行现金清查盘点制度，保证现金安全完整。出纳人员每天盘点现金实有数，与现金日记账的账面余额核对，保证账实相符。企业会计部门必须定期或不定期地进行清查盘点，及时发现或防止差错以及挪用、贪污、盗窃等不法行为的发生。如果出现长款、短款，必须及时查找原因。

4. 一切现金收入都应开具收款收据，即使有些现金收入已有对方付款凭证，也应开出收据交付款人，以明确经济职责；收入现金签发收据与经手收款，按要求也应当分开，由两个经办人分工办理，如销货收入应由经销人员负责填制发票单据，出纳人员据以收款，以防差错与作弊。

5. 一切现金收入必须当天入账，当天送存银行，如收进的现金是银行当天停止收款以后发生的，也应在第二天送存银行。当日送存确有困难的，应取得开户银行同意后，按双方协商的时间送存。

6. 不准利用银行存款账户代其他单位或个人存入、支取或汇兑现金。

7. 一切现金支出都要有原始凭证，由经办人签名，经主管和有关人员审核后，出纳人员才能据以付款，在付款后，加盖“现金付讫”戳记，妥善保管。

（五）送存现金时的注意事项

出纳人员在送存现金时应注意以下事项：

1. 交款人最好是现金整理人，这样可以避免发生差错时难以明确责任。

2. 凡经整理好准备送存银行的现金，在填好“现金送款簿”后，一般不宜再调换票面，如确需调换的，应重新复点，同时重新填写“现金送款簿”。

3. 送存途中必须注意安全，当送存金额为较大的款项时，最好有专车，并派人护送。

4. 临柜交款时，交款人必须与银行柜台收款员当面交接清点。做到一次交清，不得边清点边交款。

5. 交款人交款时，如遇到柜台较为拥挤，应按次序等候。等候过程中，应做到钞票不离手，不能置于柜台之上，以防发生意外。

三、现金收入、送存业务的核算

（一）现金收入业务的核算

现金收入核算，是各单位在其生产经营和非生产经营活动中取得现金的业务。其内容包括销售商品、提供劳务而取得现金的业务，提供非经营性服务取得收入的业务以及其他罚没收入等。出纳人员在进行现金收入业务时，一般都要涉及原始凭证的填制和审核，记账凭证的填制和审核，现金收付及现金日记账的登记。

不同的单位在收到现金时，所编制的记账凭证上借方科目同为“现金”，而贷方科目则应根据收入现金业务的性质及会计制度规定来确定。各单位的现金收入按其性质可分为以下几方面：

1. 经营业务收入。如工业企业的产品销售收入中的其他业务收入。发生该业务应作的会计分录为：

借：库存现金

　　贷：主营业务收入（或其他业务收入）

2. 非经营业务收入。如企业的其他业务收入、营业外收入。发生该业务应作的会计分录为：

借：库存现金

　　贷：其他业务收入

或：

借：库存现金

　　贷：营业外收入

3. 预收现金款项。如企事业单位按照合同规定预收的定金等。预收账款可以通过“预收账款”核算，不设该科目的可以并入“应收账款”中核算。收到预收账款的会计分录：

借：库存现金

　　贷：预收账款（应收账款）

4. 其他现金收款业务。主要指企事业单位向有关单位收取的罚款、赔款、押金等。发生该业务应作的会计分录为：

（1）收取个人的罚款、赔款时：

借：库存现金

　　贷：其他应收款

（2）向其他单位或个人收取押金时：

借：库存现金

　　贷：其他应付款

（二）现金送存业务的核算

1. 由出纳人员送存银行的记账。如果现金是由出纳人员汇总后送存银行的，则收到现金时财务部门应根据实际情况编制如下会计科目：

借：库存现金

　　贷：主营业务收入

2. 取回“现金送款簿”后的记账。交款人将现金送存银行并取回“现金送款簿”（回单联）后，财务部门应根据回单联填制现金付款凭证，其贷方科目当然为“现金”，其借方科目则为“银行存款”，其会计分录为：

借：银行存款

　　贷：库存现金

3. 由企业柜台直接送存银行的记账。如果现金不是由出纳人员汇总后送存银行，而是由企业柜台直接送存银行，则财务部门应根据“现金送款簿”（回单联）直接编制银行存款收款凭证，其借方科目当然为“银行存款”，贷方科目则依具体情况而定，会计分录如下：

借：银行存款

　　贷：主营业务收入

四、备用金管理

当从银行取得备用金后，应加强对备用金的管理，备用金管理包括借支管理和保管管理。

（一）备用金借支管理

1. 企业各部门填制“备用金借款单”，以便财务部门核定其零星开支便于管理，并凭此单据支给现金。

2. 各部门零星备用金，一般不得超过规定数额，若遇特殊需要应由企业部门经理核准。

3. 各部门零星备用金借支应将取得的正式发票定期送到财务部门备用金管理人员（出纳人员）手中，冲转借支款或补充备用金。

（二）备用金保管

1. 备用金收支应设置“备用金”账户，并编制“收、支日报表”送交经理。

2. 备用金定期根据取得的发票编制备用金支出一览表，及时反映备用金支出情况。

3. 备用金账户应做到逐月结清。

4. 出纳人员应妥善保管各种与备用金相关的票据。

第二节 现金支出业务的办理和核算

一、现金支出业务的办理

现金支付业务，是指各单位在其生产经营过程和非生产性经营过程中向外支付现金的业务。它包括各单位向外购买货物、接受劳务而支付现金的业务，发放工资业务，费用报销业务，以及向有关部门支付备用金等。现金支出时，一定要有有效的支出凭证，并严格审查支出凭证的审批手续。现金支付业务涉及原始凭证、记账凭证的填制审核。

（一）主动支付现金的程序

主动支付，是指出纳部门主动将现金付给收款单位和个人，如发放工资、奖金、薪金、津贴以及福利等现金支出。

1. 根据有关资料编制付款单，并计算出付款金额。
2. 根据付款金额清点现金（不足应从银行提取），按单位或个人分别装袋。
3. 现金发放时，如果是直接发给收款人的，要当面清点并由收款人签收（签字或盖章）；如果是他人代为收款的，由代收人签收。
4. 根据付款单等资料编制记账凭证。
5. 根据记账凭证登记现金日记账。

（二）被动支付现金的程序

被动支付，是指收款单位或个人持有关凭据到出纳部门领报现金。

1. 受理原始凭证。如报销单据、借据、其他单位和个人的收款收据等。
2. 审核原始凭证。
3. 在审核无误的付款凭证上加盖“现金付讫”印章。
4. 支付现金并进行复点，并要求收款人当面点清。
5. 根据原始凭证编制记账凭证。
6. 根据记账凭证登记现金日记账。

（三）现金支付的原则

出纳人员必须以严肃谨慎的态度处理现金支付业务，因为一旦发生失误，将会造成不可弥补的经济损失。现金支付主要有以下几个原则：

1. 必须以真实、合法、准确的付款凭证为依据。
2. 必须以谨慎严肃的态度来处理支付业务，宁可慢一些，也不能疏忽出错。
3. 必须以手续完备、审核无误的付款凭证为最终付款依据。
4. 现金支付时，当面点清，双方确认无误。

5. 不得套取现金用于支付。

套取现金是指逃避现金审查，采用不正当手段支取现金的违法行为。主要有以下几种表现：

（1）编造合理用途或以支取差旅费、备用金的名义支取现金。

（2）利用私人或其他单位的账户支取现金。

（3）用公款转存个人储蓄账户支取现金。

（4）用转账方式通过银行、邮局汇兑，异地支取现金。

（5）用转账凭证换取现金。

（6）虚报冒领工资、奖金和津贴补助。

（四）现金支付的方式

在出纳工作中，现金支付有以下两种基本方式：

1. 直接支付现金方式。直接支付现金方式，是指出纳人员根据有关支出凭证直接支付现金，减少库存现金的数量。使用这种方式支付现金，出纳部门或人员要事先做好现金储备，在不超过库存现金限额的情况下，保障现金的支付。

2. 支付现金支票方式。支付现金支票方式，是指出纳人员根据审核无误的有关凭证，将填好的现金支票交给收款人，由收款人直接到开户银行提取现金的支付方式。这种支付方式与直接支付现金方式作用相同，主要适用于大宗的现金付款业务。

二、现金支出业务的会计核算

任何单位必须具有一定的库存现金才能开展支出业务，当库存现金小于需用现金时，除按国家规定可以“坐支”外，均应按规定从银行提取现金。用现金支票提取现金，根据支票存根编制银行存款付款凭证。具体现金支付业务主要有以下几项：

（一）工资发放业务

计算好工资后，需从银行提取现金，出纳按每个员工的工资数或集体发放时整个部门的工资总额进行发放，并附以工资发放清单。发放工资的账务处理如下：

借：应付职工薪酬

　　贷：库存现金

（二）费用报销业务

企事业单位在经营活动中将发生各种各样的费用，可持原始凭证到出纳处报销，出纳人员应认真审核这些开支是否符合各种规定，是否经有关人员批准。单位人员因公出差，可预支一些差旅费，其程序为先到财会部门领取并填写借款单，然后送所在部门领导和有关人员审查签字，出纳凭借款单支付现金。支付现金时，应作以下会计分录：

借：其他应收款

　　贷：库存现金

出差人员持各种原始凭证，如车票、住宿费发票到出纳处报销。若事前预借差旅费的，应根据预借金额多退少补；未预借的则根据批准报销金额支付现金。

报销时，实际花费超过预支额的，应作会计分录：

借：管理费用

　　贷：其他应收款

　　　　库存现金

报销时，实际花费少于预支额的，多余部分应退回财务部门，这时应作会计分录：

借：库存现金

　　管理费用

　　贷：其他应收款

三、现金短缺或盈余的办理和核算

（一）查明原因前的账务处理

每日终了结算现金收支、财产清查等发现的有待查明原因的现金短缺或溢余，都必须进行账务处理。

1. 属于现金短缺。

借：待处理财产损溢——待处理流动资产损溢

　　贷：库存现金

2. 属于现金溢余。

借：库存现金

　　贷：待处理财产损溢——待处理流动资产损溢

（二）查明原因后的账务处理

1. 现金短缺。

（1）属于应由责任人赔偿的部分。

借：其他应收款——应收现金短缺款（××个人）

　　贷：待处理财产损溢——待处理流动资产损溢

（2）属于应由保险公司赔偿的部分。

借：其他应收款——应收保险赔款

　　贷：待处理财产损溢——待处理流动资产损溢

（3）属于无法查明的其他原因。

借：管理费用——现金短缺

　　贷：待处理财产损溢——待处理流动资产损溢

2. 现金溢余。

（1）属于应支付给有关人员或单位的。

借：待处理财产损溢——待处理流动资产损溢

贷：其他应付款——应付现金溢余

（2）属于无法查明原因的。

借：待处理财产损溢——待处理流动资产损溢

贷：营业外收入——现金溢余

第三节 库存现金管理

一、库存现金管理的原则

（一）收付合法原则

收付合法原则，是指各单位在收付现金时必须符合国家的有关方针、政策、规章制度的规定。所谓合法就是：（1）现金的来源和使用必须合法；（2）现金收付必须在合法的范围内进行。

（二）钱账分管原则

钱账分管原则，即管钱的不管账，管账的不管钱。企业应配备专职的出纳人员负责办理现金收付业务和现金保管业务，任何非出纳人员均不得经管现金。为保护现金的安全，会计工作岗位要有明确的分工，在财会部门内部建立相互制约和监督机制，便于相互核对账面余额，防止贪污盗窃和错账差款的发生。

1. 经管现金的出纳人员不得兼管收入、支出、债权债务账簿的登记工作、稽核工作和会计档案的保管工作；

2. 经营收入、支出、债权债务登记工作的会计人员，不得兼管出纳账目登记工作、现金的收付工作和现金的保管工作。

（三）收付两清原则

为了避免在现金收付过程中发生差错，防止收付发生长款、短款，现金收付时要做到复核，不论工作多忙、金额大小或对象生熟，出纳人员对收付的现金都要进行复核或由另外一名会计人员复核，切实做到现金收付不出差错；要做到收付款当面点清，对来财会部门取交现金的人员，要督促他们当面点清，如有差错当面解决，以保证收付两清。

（四）日清月结原则

所谓日清月结，就是出纳人员办理现金出纳业务，必须做到按日清理，按月结账。日清月结是出纳人员办理现金出纳工作的基本原则和要求，也是避免长款和短款的重要措施。现金日记账每月至少结一次账，业务多的可10天或半月定期结一次账，并与其他有关账面核对，看账账是否相符。

（五）注意鉴别假钞

人民币是我国唯一合法货币，其正常流通和币值稳定关系到国民经济健康发展和社会经济生活的稳定。然而目前流通领域存在一定数量的假钞，且技术水平之高，可达到以假乱真的地步，严重扰乱了金融秩序。作为与人民币打交道的出纳人员，经常涉及人民币收支业务，更应提高警惕，掌握鉴别人民币真伪的基本技能，增强识别能力，一旦发现假钞便能及时作出处理。

（六）现金的保管

现金的保管，主要是指对每日收取的现金和库存现金的保管。现金保管的责任人是出纳人员及其他所属单位的兼职出纳人员。出纳人员应选聘诚实可靠、工作责任心强、业务熟练的人员担任。出纳人员应当保持相对稳定，以提高他们的业务熟练程度。

现金流动性最强，无须变现即可使用，往往是犯罪分子谋取的最直接目标。因此每个单位应建立健全现金保管制度，做好出纳的保卫管理工作，以免给不法分子可乘之机。这方面一般授权财会部门的出纳负责。加强现金保管一般应包括以下内容：

1. 出纳办公室应该选择坚固实用的房间，能防潮、防火、防盗，通风，墙壁、房顶要牢固，窗户要有铁栏杆和护窗金属板。

2. 限额内的库存现金当日核对清楚后，一律存放在保险柜内；超过库存限额以外的现金应在下班前送存银行。

3. 为保证现金的安全，除工作时需要的少量备用金可放在出纳的抽屉内，其余则应放入出纳专用的保险柜内，不得随意存放。

4. 单位的库存现金不准以个人名义存入银行，以防止有关人员利用公款私存取得利息收入，也防止单位利用公款私存形成账外小金库。

5. 库存现金，包括纸币和铸币，应实行分类保管。

6. 进行现金的保管，单位应配备专用保险柜，专门用于库存现金、有价证券和票据的保管。

7. 保险柜密码应由出纳人员开启，并作好开启记录，严格保密。

8. 出纳人员工作变动时，应及时更换密码，保险柜的钥匙或密码丢失或发生故障，要立即报请领导处理，不得随意找人修理或者配备钥匙。

9. 必须更换保险柜时，要办理以旧换新的批准手续，注明更换情况备查。

二、库存现金管理的要求

按照《现金管理暂行条例》的规定，现金管理要求主要包括以下内容。

（一）现金的使用范围

1. 职工工资、津贴。这里所说的职工工资是指企事业单位和机关、团体、部队支付给职工的工资和工资性津贴。

2. 个人劳务报酬。这是指由于个人向企事业单位和机关、团体、部队等提供劳务而由企事业单位和机关、团体、部队等向个人支付的劳务报酬。它包括新闻出版单位支付给作者的稿费、各种学校和培训机构支付给外聘教师的讲课费，以及设计费、装潢费、安装费、制图费、化验费、测试费、咨询费、医疗费、技术服务费、介绍服务费、经纪服务费、代办服务费、各种演出与表演费，及其他劳务费用。

3. 奖金。根据国家制定的规定、条例，颁发给个人的科学技术、文化艺术、体育等方面的各种奖金。

4. 福利。各种劳保、福利费用以及国家规定的对个人的其他支出，如退休金、抚恤金、学生助学金、职工困难生活补助。

5. 收购单位向个人收购农副产品和其他物资的价款。

6. 出差人员必须随身携带的差旅费。

7. 结算起点（1 000 元）以下的零星支出。超过结算起点的应实行银行转账结算，结算起点的调整由中国人民银行确定报国务院备案。

8. 中国人民银行确定需要现金支付的其他支出。如因采购地点不确定、交换不便、抢险救灾以及其他特殊情况办理转账结算不够方便，必须使用现金的支出。对于这类支出，现金支取单位应向开户银行提出书面申请，由本单位财会部门负责人签字盖章，开户银行审查批准后予以支付现金。

除上述第 5、第 6 两项外，其他各项在支付给个人的款项中，支付现金每人不得超过 1 000元，超过限额的部分根据提款人的要求，在指定的银行转存为储蓄存款或以支票、银行本票予以支付。企业与其他单位的经济往来除规定的范围可以使用现金外，应当通过开户银行进行转账结算。

（二）企事业单位的库存现金限额

1. 库存现金限额。为了加强对现金的管理，既保证各单位现金的安全，又促使货币回笼，及时开支，国家规定由开户银行给各单位核定一个保留现金的最高额度，即库存现金限额。核定单位库存限额的原则是：既要保证单位日常零星现金支付的合理需要，又要尽量减少现金的使用。

2. 库存现金限额的核定管理。为了严格现金管理，保证各单位及时支付日常零星开支，《现金管理暂行条例》及其实施细则规定，库存现金限额由开户银行和开户单位根据具体情况商定，凡在银行开户的单位，银行根据实际需要核定 3 ~ 5 天的日常零星开支数额作为该单位的库存现金限额。边远地区和交通不便地区的开户单位，其库存现金限额的核定天数可适当放宽在 5 天以上，但最多不得超过 15 天的日常零星开支的需要量。库存现金限额每年核定一次，经核定的库存现金限额，开户单位必须严格遵守。其核定具体程序为：

（1）开户单位与开户银行协商核定库存现金限额。公式为：

库存现金限额 = 每日零星支出额 × 核定天数

每日零星支出额 = 月（季）平均现金支出总额 ÷ 月（季）平均天数

（2）由开户单位填写“库存现金限额申请批准书”。开户单位将申请批准书报送单位主管部门，经主管部门签署意见，再报开户银行审查批准，开户单位凭开户银行批准的限额数作为库存现金限额。

（3）各单位实行收支两条线，不准“坐支”现金。所谓“坐支”现金是指企业事业单位和机关、团体、部队从本单位现金收入中直接用于现金支出。

（4）企业送存现金和提取现金，必须注明送存现金的来源和支取的用途。

（5）如何用现金在外地采购。单位的外地采购业务，如因采购地点不固定、交通不便、生产或市场急需、抢险救灾以及其他特殊原因必须使用现金的，应由本单位财会部门负责人签字盖章，向开户银行申请审批，开户银行审查同意并开具有关证明后便可携带现金到外地采购。

（6）企业送存现金和提取现金，必须注明送存现金的来源和支取的用途。

（7）现金管理“八不准”。按照《现金管理暂行条例》及其实施细则规定，企事业单位和机关团体、部队的现金管理应遵循以下“八不准”：

① 不准用不符合财务制度的凭证顶替库存现金。

② 不准单位之间互相借用现金。

③ 不准谎报用途套取现金。

④ 不准利用银行账户代其他单位和个人存入或支取现金。

⑤ 不准将单位收入的现金以个人名义存入储蓄。

⑥ 不准保留账外公款。

⑦ 不准发生变相货币。

⑧ 不准以任何票券代替人民币在市场上流通。

现金库存限额核定表的格式如表 3－1 所示。

表 3－1　　现金库存限额核定表

单位名称：　　员工人数：

开户行：　　账号：　　单位：元

<table>
<tr><th rowspan="2">部　门</th><th colspan="2">库存限额</th><th colspan="2">找零备用金金额</th><th rowspan="2">简要说明</th></tr>
<tr><th>申请数</th><th>核定数</th><th>申请数</th><th>核定数</th></tr>
<tr><td>财务出纳部门</td><td></td><td></td><td></td><td></td><td rowspan="5">财务出纳部门每天平均零星开支的现金　元</td></tr>
<tr><td>各附属单位</td><td></td><td></td><td></td><td></td></tr>
<tr><td></td><td></td><td></td><td></td><td></td></tr>
<tr><td></td><td></td><td></td><td></td><td></td></tr>
<tr><td></td><td></td><td></td><td></td><td></td></tr>
<tr><td colspan="2">核准单位盖章
年　月　日</td><td colspan="3">开户行意见
年　月　日</td><td>申请单位盖章
年　月　日</td></tr>
</table>

三、现金、票据及印章的管理和使用

（一）现金及有价证券的保管

1. 现金的保管。现金的保管，主要是指对每日收取的现金和库存现金的保管。现金是流动性最强的资产，可直接使用，因而现金是犯罪分子谋取的最直接目标。因此，各单位应建立健全现金保管制度，防止由于制度不严、工作疏忽而给犯罪分子可乘之机，给国家和单位造成损失。其保管应主要注意以下几个方面：

（1）要有专人保管库存现金。现金保管的责任人是出纳人员及其他所属单位的兼职出纳人员。出纳人员应选聘诚实可靠、工作责任心强、业务熟练的人员担任。出纳人员应当保持相对稳定，以提高他们的业务熟练程度。

（2）送取现金要有安全措施。向银行送存现金或提取现金时，一般应有两人以上，数额较大的，途中最好用专箱装好，专车运送，必要时可进行武装押运。

（3）库存现金，包括纸币和铸币，应实行分类保管。各单位的出纳人员对库存票币分别按照纸币的票面金额和铸币的票面金额，以及整数（即大数）和零数（即小数）分类保管。纸币一定要打开铺平存放、并按照纸币的票面金额，以每百张为一把，每10把一捆扎好。凡是成把、成捆的纸币即为整数，均应放在保险柜内保管，随用随取；凡不成把的纸币为零数，也要按照票面金额，每10张一扎，分别用曲别针别好，放在传票箱内或抽屉内，一定要存放整齐，秩序井然。铸币也要按照票面金额，以每百枚为一卷，每10卷为一捆，同样将成捆、成卷的铸币放在保险柜内保管，随用随取；不成卷的铸币应按照不同币面金额，分别存放在特别的卡数器内。

（4）库存现金存放的安全措施。现金的保管要有相应的安保措施，安保重点是出纳办公室和保险柜。出纳办公室应该选择坚固的房间，能防潮、防火、防盗、通风，墙壁、房顶要牢固，窗户要有铁栏杆和护窗金属板。出纳人员应配备专用保险柜，保险柜应靠出纳办公室的内墙放置，保险柜钥匙由出纳人员专人保管，不得交由其他人员代管；保险柜密码应由出纳人员开启，并作好开启记录，严格保密；出纳人员工作变动时，应及时更换密码。保险柜的钥匙或密码丢失或发生故障，要立即报请领导处理，不得随意找人修理或重配钥匙。必须更换保险柜时，要办理以旧换新的批准手续，注意更换情况备查。

2. 有价证券的保管。有价证券是一种具有储蓄性质的、可以最终兑换成人民币的票据，种类较多，目前我国发行的有价证券有国债、国家重点建设债券、地方债券、金融债券、企业债券和股票等。有价证券是企业资产的一部分，具有与现金相同的性质和价值。有价证券的保管同现金的保管基本一样，同时要对各种有价证券的票面额和号码保守秘密。为掌握各种债券到期时间，应建立“有价证券保管登记簿”。

（二）空白支票及空白收据的保管

1. 空白支票的保管。在银行存款的额度内，开户单位均可向开户银行领购支票，企业一般都保留一定数量的空白支票以备使用。支票是一种支付凭证，一旦填写了有关内容，并加盖在银行留有印样的图章后，即可成为直接从银行提取现金或与其他单位进行结算的凭证。所以，在空白支票的使用上必须加强管理，同时要采取必要措施，妥善保管，以免发生非法使用和盗用、遗失等情况，给国家和企业造成不必要的经济损失。

存有空白支票的企业，必须明确指定专人妥善保管。要贯彻票、印分管的原则，空白支票和印章不得由一人负责保管。这样，可以明确责任，形成制约机制，防止舞弊行为。

有关部门和人员领用支票一般必须填制专门的“支票领用单”，说明领用支票的用途、日期、金额，由经办人员签章，经有关领导批准。

支票由指定的出纳人员专人签发。出纳员根据领导批准的“支票领用单”按照要求签发支票，并在支票签发登记簿上加以登记。

各单位不准携带盖好印鉴的空白支票外出采购。如果采购金额事先难以确定，实际情况又需用空白转账支票结算时，经单位领导同意后，出纳员可签发具有下列内容的空白支票：定时（填好支票日期）、定点（填写好收款单位）、定用途（填写好支票用途）、定金额（在支票的右上角再加注“限额××元”字样）。各单位签发空白支票要设置“空白支票签发登记簿”，实行空白支票领用销号制度，以严格控制空白支票的签发。“空白支票签发登记簿”一般应包括以下内容：领用日期、支票号码、领用人、用途、收款单位、限额、批准人、销号。

领用人领用支票时要在登记簿“领用人”栏里签名或盖章；领用人将支票的存根或未使用的支票交回时，应在登记簿销号并注明销号日期。

2. 空白收据的保管。空白收据即未填制的收据。空白收据一经填制，并加盖有关印鉴，即可成为办理转账结算和现金支付的一种书面证明，直接关系到资金结算的准确、及时和安全。因此，必须按规定加以保管和使用。

空白收据一般应由主管会计人员保管。要建立“空白收据登记簿”，填写领用日期、单位、起始号码，并由领用人签字，收据使用完后，要及时归还、核销。使用单位不得将收据带出工作单位使用，不得转借、赠送或买卖，不得弄虚作假，开具实物与票面不相符的收据，更不能开具存根联与其他联不符的收据，作废的收据要加盖“作废”章，各联要连同存根一起保管，不得撕毁、丢失。

（三）印章和印鉴的保管

出纳使用的印章必须妥善保管，严格按照规定的用途使用，不得将印章随意存放或带出工作单位。用于签发支票的各种预留银行印鉴章不能由出纳一人保管，一般应由主管会计人员或其他指定人员保管，各种印章的保管应与现金的管理相同，以防违法乱纪人员有机可乘，给国家和单位造成不必要的经济损失。

支票印鉴一般应由会计主管人员或指定专业人员保管，支票和印鉴必须由两人分别保管。负责保管的人员不得将印章随意存放或带出工作单位。各种印鉴应与现金的保管相同。

第四节 日清月结

一、每日工作结束时的盘点工作

（一）检查凭证

凭证是记录经济业务的依据，在涉及现金收支业务按日清理中，要严格凭证审核制度。首先应检查各种现金收款凭证，将其与所附各种原始凭证相核对，看是否与附件的金额、张数一致，以达到单证相符。同时，也应检查每种单证是否已加盖“收讫”、“付讫”戳记。

（二）登记日记账

将当日所发生的现金收、付业务根据收付款凭证过入日记账，并检查日记账的登记内容、金额与收付凭证的内容、金额是否一致，并结出现金日记账当日库存现金账面余额。

（三）盘点库存现金

出纳人员应按人民币的面额分别清点数量，加总后得出当日现金的实存金额。将实存数额与现金账面余额核对，看两者是否相符，有无长款、短款现象。若有此现象，查明后应及时纠正，而更多的情况是由于收付款过程中的失误而造成的，此时应由责任人负责赔偿；难以查明原因的，可报单位批准作为收益或损失处理。

（四）比较库存现金与库存现金限额

检查实际库存现金是否超过库存现金限额。如超过限额，出纳人员应将超过部分及时送存银行，以保证现金的安全性；如实际库存现金低于库存现金限额，则应补足现金。

二、每月末的结账和对账工作

（一）对账

对账是为了保证账簿记账和会计报表的数字真实可靠，每月将各账簿的账户记录进行核对，以保证账账相符、账证相符、账表相符。我们通常所称的对账包括账证核对、账账核对、账实核对和账表核对四种方法。

1. 账证核对。账证核对是指核对出纳账簿记录与原始凭证和记账凭证中的凭证字号、内容、金额是否一致，记账方向是否相符。这种核对主要是在日常的记账和编制凭证时进行。月终，如果发现账账不符，就回过头来对账簿记录与会计凭证进行核对，以保证账证相符。会计凭证是登记账簿的依据，账证核对主要检查登账中的错误。核对时，将凭证和账簿的记录内容、数量、金额和会计科目等相互对比，保证二者相符。

2. 账账核对。账账核对是指各种账簿之间有关数字的核对，以保证账账相符，具体核对内容主要包括以下各项：

（1）总分类账中各账户本期借方发生额合计数与贷方发生额合计数应核对相符；借方期末余额合计数与贷方期末余额合计数核对相符。

（2）总分类账中有关账户发生额和余额与其所属各明细分类账户的发生额之和及余额之和应分别核对相符。

（3）现金日记账和银行存款日记账的发生额和余额与总分类账中各账户的发生额和余额分别核对相符。

（4）会计部门各种财产物资明细分类账的发生额和余额与财产物资保管部门和使用部门的有关财产物资保管账目的发生额和余额核对相符。

3. 账实核对。账实核对是指各种财产物资的账面余额与实存数进行核对，以保证账实相符，具体核对内容包括：

（1）现金日记账的金额与现金实际库存数逐日核对相符。

（2）银行存款日记账的余额应定期与开户银行对账单核对相符。

（3）各种财产物资明细分类账的结存数量定期与实存数量核对相符。

（4）各种债权债务明细分类账的余额应经常或定期与有关的债务人和债权人核对相符。账实核对一般是通过实地盘点的方法来进行的。

4. 账表核对。账表核对是指将每一会计期间的出纳报告表（出纳报告单、银行存款余额调节表等）中的数字，同据以编制出纳报告表的账簿中的有关数字进行核对，要求账表相符。

（二）结账

为了总括一定时期内（如年度、季度、月度）的全部经济业务和相应的财产收支情况，定期进行的汇总、整理、总结工作就是结账。每个单位都必须按照有关规定定期做好结账工作，即要做好以下工作：

1. 要明确结算期内发生的各项经济业务要全部入账，不能提前也不得延时结账。

2. 对企业已实现而尚未获得的利润、应计提的折旧、应摊销的预提费用、应交税费等，应按权责发生制原则进行计算，编制会计记账凭证，记入有关账簿。

3. 对于各种费用、收益账户的余额要在有关账户间进行结转。例如，“制造费用”账户的期末余额，要按一定的比例分配后，转入“生产成本”账户；将“主营业务收入”、“主营业务成本”、“销售费用”、“营业税金及附加”、“管理费用”、“投资收益”、“财务费用”等有关账户的期末余额，转入“本年利润”账户。

4. 对于现金日记账、银行存款日记账、总账以及各明细账户，结出本期发生额和期末余额。结账的方法有以下几种：

（1）日结账。每日业务终了，出纳员逐笔、序时地登记完现金日记账和银行存款日记账后，应结出本日结余额，现金日记账应与当日库存现金核对。在分清“收入日记账”和“支出日记账”的情况下，出纳员在每日终了按规定登记入账后，结出当日收入合计数和当日支出合计数，然后将支出日记账中当日支出合计数转记入收入日记账中的当日支出合计栏内，在此基础上再结出当日账面余额。

（2）月结账。月结账是以一个月为结账周期，每个月末对本月内的经济业务情况进行总结。在每个月月底，要采用划线结账的方法进行结账，即在各账户的最后一笔账的下一行结出“本期发生额”和“期末余额”，在“摘要”栏内注明“本月合计”字样。月末如无余额，应在“借或贷”一栏中注明“平”，并在“余额”栏中记“0”后，划上一条红线。对需逐月结算本年累计发生额的账户，应逐月计算自年初至本月份止的累计发生额，并登记在月结的下一行。在“摘要”栏内注明“本月累计”字样。

（3）季结账。办理季结，应在各账户本季度最后一个月的月结下面划一通栏红线，表示本季结束；当然，在红线下结算出本季发生额和季末余额，并在摘要栏内注明“本季合计”字样，最后，再在摘要栏下面划一通栏红线，表示完成季结工作。

（4）年结账。年结账是以一年为周期，对本年度内各经济业务情况及结果进行总结。在年末，将全年的发生额累计，登记在12月份的合计数的下一行，在“摘要”栏内注明“本年累计”字样，并在下面划双红线。对于有余额账户，应把余额结算下一年，在年结数的下一行的“摘要”栏内注明“结转下年”字样。在下一年的新账页的第一行的“摘要”栏内注明“上年结转”字样，并把上年末余额数填写在“余额”栏内。

三、差错的查找、纠正和防范

（一）错款、失款的含义

1. 错款。错款是指当日终了或经过一段时间，库存现金的实存数和账存数间的差额。如果现金实存数多于账上结存数，就叫“长款”；反之，则称“短款”。长款、短款大都是由于工作差错造成的，故应及时查清原因，正确处理。

2. 失款。失款是指办完收付款后，发现现金实存数少于现金账存数的差额。失款一般属于人为损失或自然损失的款项。

（二）造成错款、失款的原因

1. 收款中造成差错的原因。

（1）一笔款未收完，又接着收第二笔，搞乱缴款者的款项。

（2）收款清点完毕，对券别加总数时不认真复核，发生加错金额、看错券别、看错大数、点错尾数等差错。

（3）把自己的款与他人的款混淆在一起，误作长款退给了他人。

（4）初点不符，复点相符，不再进行第三次核实，实际有误，作无误收下。

（5）缴款者交来的现金零乱，只凭出纳人员初次清查计算的数目为准。

（6）忘记将应找补的现金还给缴款者。

（7）清点10张或20张的折叠钞票时，只点平版的9张或19张，忽视了折起来的那张。

（8）手工清点现金时贪快，有夹杂其中的不同面额的票币未能发现。

（9）用机器点完一把钞票，拿起来捆扎时，没有看清接钞台上是否仍留有人民币，或人民币被卷入输送带未发现，以致产生一把多、一把少的现象。

2. 付款中造成差错的原因。

（1）备用金的放置不定位，配款时取错券别，既不细看，又不复核，随手付出，或者凭证连同款项一起交给收款人。

（2）小沓折叠钞票，每沓不固定，有时10张一沓，有时20张一沓，付出时不复点。

（3）未看清凭证上所列的付款金额数，粗心大意，随手付出。

（4）贪图方便，付款时不用算盘加计券别，单靠心算，以致出错。

3. 现金收付业务容易发生差错的时间。

（1）刚上班时，未做好准备工作就接待职工或客户，手忙脚乱，东找西翻，精力分散，容易出错。

（2）快下班时，急于离岗，思想不集中，未将现金扎结核对就匆忙将其入库上锁。

（3）工作忙时，应接不暇，过分紧张，不按操作程序办事，极易出错。

（4）工作闲时，扯闲话，做私活，看书报、无精打采，注意力分散。

（5）节假日前后精神松懈；节前容易松懈急于等待放假；节后又难于及时平静下来。还有发生突发事件时易出错等。

（三）常见的出纳差错

1. 现金收款、付款中常见的差错。

（1）看错凭证的金额位数，或将金额颠倒看错。如把元看成角、分，把69看成96等。

（2）凭证大、小写金额不一致，未经严格复核，就按大写（或小写）金额收款或付款。

（3）一笔收款（或付款）有若干张凭证，加计总数时没有认真进行复核，为图省事，不使用算盘计总数，总金额计算有误。

（4）在收款、付款中有抵收抵付的现金凭证，在计算扣减时未认真复核，以致计算错误。

（5）违背收款、付款操作规则，没有及时在凭证上加盖“收讫”或“付讫”专用章，以致发生重付、少收。

（6）没有及时登记“现金日记账”不慎将凭证遗失。

（7）去银行提现金或收取外单位（个人）大额款项，未能核对查实，就予以签收，造成错款。

（8）将外币与人民币混放，造成错收错付。

（9）出纳员之间工作移交时未办理交接手续或交接手续不清而发生差错。查找现金差错的方法：

每天工作结束对账时，如出现现金差错，首先要看差数多少及其特点，然后确定查找方法。如当天出纳收付数与记账收付数相符就确定现金保管未出现差错；如数字不符，而差额数字正好是出纳对账时相关的金额，就要确定查账或查凭证。

• 查账方法。首先看有无凭证丢失漏记情况，再看是否有大写小写数错误。如发现现金差数既非大写小写数的差错，又不是颠倒的差错，那就要查是否是由于重记、漏记或误记而引起的差错。

- 查库存现金。必须对所有的票币逐张、逐枚地复点，并加计总数看是否有误。

2. 凭证中常见的差错。

（1）原始凭证中的差错。发生在原始凭证中的错误主要是把原始凭证中各项内容错记。例如：把原始凭证的接受单位和人员弄错；或把日期记错，造成会计分期中出现跨期事项，使得不符合权责发生制原则；或把数量、价格的小数、位数、单价弄错，使得金额出现偏差；或使用不合规定的原始凭证，不按要求使用印鉴，原始凭证编号不连续等。

原始凭证中的错误虽然不是故意行为，但其危害很大，如原始凭证中的印鉴错误会使单位财会人员对其真实性和合法性产生怀疑；原始凭证中的金额、计量单位错误会导致多付或少付货币；错误的日期会影响该项业务的正确归属期。

原始凭证舞弊是指篡改、伪造、窃取、不如实填写原始凭证，或利用旧、废原始凭证将个人所花的费用伪装为单位的日常开支，借以达到损公肥私的目的。例如，某企业领导通过篡改凭证接受人将自己子女上学的费用作为企业的职工培训费入账。再如，某秘书从不法分子手中购得假空白发票填上后到厂里报销入账。又如，在复写纸下垫一张白纸，使原始凭证的正、副联的数字内容不一致，像销售货物开具增值税专用发票时，与客户勾结，将客户持有的抵扣联的数额写大，让其可以抵扣的进项税额变大，而本企业持有的存根联上则据实记录，保持正常的增值税销项税额，客户单位弄虚作假，多抵扣的进项税额的“好处”则与开票单位分享。

（2）记账凭证中的差错。记账凭证的错误主要有以下几个方面：

① 基本要素不全或填写不完整。如日期不写或写错、摘要过于简单或用语不准确。

② 科目运用错误。即没有正确运用有关会计科目，发生了科目运用错误（如将应收与应付、待摊与预提、虚账户与实账户、固定资产与低值易耗品混淆）、内容错误（将科目所包括的业务内容弄错，如混淆了银行支票、汇票和本票的区别，将银行汇票、本票列入其他货币资金之中，将销售费用列入财务费用或管理费用之中等）、对应关系错误（将科目借方与贷方关系列错，出现多借多贷或者其他对应关系不明的现象）等。

③ 记账凭证无编号或者编号错误。记账凭证经常涉及两份及两份以上的原始凭证，此时的编号用序号（三份凭证的情形）1/3、2/3、3/3 等区分表示所附的不同的原始凭证；无编号是指对多份原始凭证没有按序排队编号，使各份凭证难以辨别彼此；编号错误指虽然存在原始凭证编号但所排列的顺序混乱，难以窥视其相互关系。

④ 附件数量和金额错误。记账凭证所附的原始凭证的张数和内容与记账凭证不符，或者各张原始凭证所记金额的合计数与记账凭证记录金额不符。

⑤ 印鉴错误。对已入账记账凭证未加盖有关印章，或者加盖不全，使已入账的凭证与未入账凭证难以区分；有效的记账凭证与出错作废的凭证难以区分；记账凭证中没有记账、审核等人员的签章。

记账凭证中常见的舞弊有以下几种：

①“假账真做”。指无原始凭证而以行为人的意志凭空填制记账凭证，或在填制记账凭证时，让其金额与原始凭证不符，并将原始凭证与记账凭证不符的凭证混杂于众多凭证之

中。例如，某企业为了骗取上市资格，将堆压在仓库中的产品虚列为销售，并授意财务部门凭空填制了收款凭证，煞有其事地将几百万元的“销售收入”登记入账，借以虚增利润。再如，某企业财会人员王某，借工作之便，将许多发票（如出租车收据、餐费发票等）积累起来集中填制一张记账凭证，并使记账凭证中的金额大于原始凭证的汇总数，每次相差数额并不大，但通过多次运用类似的手法，竟从企业倒腾了330 000余元入了自己的腰包。

②“真账假做”。舞弊者故意错用会计科目或忽略某些业务中涉及的中间科目，来混淆记账凭证对应关系，打乱查阅人的视线。例如，某企业财务部会计李某，利用外币汇率频繁变动，将企业需要兑出的5 000美元（当时汇率为1:8）先折为日元，汇率为1:100，然后再将500 000(5 000×100)日元折为人民币50 000元（汇率为1:10），李某做账时“真账假做”，将美元兑换成日元，日元兑换成人民币的两次折换，记作美元兑换成人民币的一次性兑换，两者的差额成为李某的私人收入。这笔业务实际上应做的账面记录为：

借：银行存款——日元户（500 000日元，汇率1:10）　50 000

　　贷：银行存款——美元户（5 000美元按汇率1:8）　40 000

　　　　财务费用——汇兑损益　10 000

借：银行存款　50 000

　　贷：银行存款——日元户　50 000

而李某作的假账为：

借：银行存款　40 000

　　贷：银行存款——美元户　40 000

③“障眼法”。指对记账凭证的摘要栏进行略写或错写，使人看不清经济业务的本来面目。舞弊者采用这种手法使记账凭证的摘要往往与原始凭证所反映的真实经济业务不符，或者摘要空出不写，或粗粗写上让人不得要领的几个字，以达到掩饰和弄虚作假的目的。例如，某企业因私设小金库而被查处，该厂领导吸取“经验教训”，认为以货币形式设置小金库容易引起查账人员的注意，而以实物形式存在的小金库则不那么引人注目，于是自2005年始以购买材料的名义，以乱计成本费用等方式，购买金卡、金币、邮票等有保值和增值潜力的商品70余万元，并将之置于账外。其具体操作过程是：原始凭证不开品名，在填制记账凭证时统称为购料、购买办公用品后计入制造费用、管理费用或营业费用等科目。

（四）账簿中的主要差错

会计账簿中的错误主要存在于启用、设置、登记、结账等环节。

1. 会计账簿启用错误。出现在会计账簿启用中的错误主要有：

（1）在账簿封面上未写明单位名称和账簿名称。

（2）在账簿扉页上未附“启用表”，或虽附有“启用表”，但所列内容不齐全、不完整。

（3）会计人员调动工作时，未按规定在账簿中注明交接人员、监交人员的姓名或未加签章，无法明确有关责任。

（4）启用订本式和活页式账簿时，未按规定对其编订页数等。

2. 会计账簿设置错误。主要表现在以下几个方面：

（1）账簿形式设计不合理。包括装订形式、账页尺寸、账页划线、印刷颜色及账页用纸等不合理。

（2）账簿设计不齐全。任何单位必须设置数量能满足需要的总账，对现金和银行存款必须设置日记账，对需要提供详细经济活动情况的总账，还必须在其下设置能够满足需要的明细账。另外，根据工作需要，还应设置若干备查簿，以反映一些特殊的不能在正规账簿进行反映的经济事项。如对经营租入的固定资产需设置“租入固定资产备查簿”。

在实际工作中存在着账簿设置不齐全的问题。例如：未设置应有的总账；未设置应有的明细账，或明细账的分类不合理；未设置必需的备查簿或设置项目不全。

（3）所设置的账簿未能很好地形成一个账簿体系。所设计或设置的账簿只有相互联系、相互制约、形成一个有机整体，才能使所设置账簿真正发挥出综合、系统、全面、连续反映经济活动情况的作用。如有关总账与所属明细账只有存在合理的统驭与被统驭、补充与被补充的相互关系，才能在反映经济活动情况详细程度上形成一个有机的账簿体系；所设计或设置的所有总账或明细账，只有在其内部各账户之间形成一个相互联系、相互制约的有机整体，才能从账簿体系的分层次角度发挥账簿综合、系统、全面、连续反映经济活动情况的作用。在实际中存在着所设计或所设置的账簿或账户未能很好形成一个有机整体的问题。如有的商业企业对库存商品的明细账实行“三账分设”，即会计、业务与保管部门各设一套库存商品明细账，但三套账对库存商品进销存的详细情况所进行的记录或反映缺乏协调与统一，以致造成互不联系、互不衔接，不但不能提供库存商品进销存的准确信息，反而给库存商品的核算与管理带来混乱和麻烦。

3. 会计账簿登记错误。主要包括以下几个方面：

（1）登记的方式不合理。明细账一般是根据记账凭证和原始凭证登记的，而总账要根据所采用的会计核算形式的不同而选择要根据什么进行登记。在实际中存在着所采用的核算形式、登记总账的依据不合理、不能满足生产经营管理需要的问题。

（2）账簿摘要不合理。一种是摘要过于简略或表达不清，使人不能明白到底是什么业务；另一种是摘要虽然写得很好，但所反映的经济业务不合理、不合法。

（3）登记不及时。

（4）账簿中书写的文字和数字所留空距不合理，容易给舞弊者增加数字或文字留下可乘之机。

（5）登记账簿所用笔墨不合要求。

（6）登记中发生跳行、隔页的情况。

（7）未按规定结出账簿中账户的余额。

（8）账页登记完毕后未按规定结转下页。

（五）出纳差错的防范

1. 错账原因。导致出纳错账的原因是多种多样的，概括起来主要包括如下几种：

（1）记账方向错误。在记账时，在账簿中借方与贷方的记载颠倒，把借方记成贷方或把贷方记成借方。如果把应记为红字的数字误记为蓝字，或把应记为蓝字的数字误记为红字，这也属于记账方向错误。

（2）漏记。在记账时将某一凭证的金额的数字遗漏未记入账簿。

（3）重记。将已经登记入账的金额数字，又重复记入账簿。

（4）记错科目。在记账时张冠李戴，如将现金记入银行存款科目。

（5）数字位数移位。在记账时将数字位数移动，即以大写小（少写1个或几个0）或以小写大（多写1个或几个0）。例如将100写成10，或将10写成100等。

（6）数字位数颠倒。在记账时，将某一数字中相邻的两位颠倒登记入账。如将12写成21，123写成132等。

（7）结账时计算错误。结账时发现数字打错，余额记错，从而导致不符。

（8）其他不规则错误。

2. 错账查找技巧。

（1）顺查法。即按照原来账务处理的顺序从头到尾进行普遍查找的方法。主要用于期末对账簿进行的全面核对和不规则的错误查找。对于查过的账目要在数字旁边打"√"或做其他记号，以免重复查找。

（2）逆查法。即与原来账务处理的顺序相反，从尾到头地普遍检查的方法。如果出纳员认为错误可能出在当天最后几笔业务或者当月最后几天的业务上，那么，按照这样倒过来的顺序查找，可以事半功倍。

（3）抽查法。指抽取账簿记录当中的某些部分进行局部检查的方法。当发现账簿记录有差错，出纳员可根据差错的具体情况从账簿中抽查部分内容，而不必核对全部内容。例如，差错数字只在角位、分位，或者只是整数百位、千位的数字，其他的数字不必一一检查。

除此之外，在出纳错账的查找中，经常使用偶合法。所谓偶合法，即根据账簿记录差错中最常见的规律，根据差错的情况来推测差错原因进而查找差错的一种查找方法。主要用来查找带有规律性原因造成的差错。

如果出纳员推测可能是漏记、重记的差错，可用"差数法"，即根据核对不相符的差额进行查找。如日记账余额比总账余额少300元，出纳员推断可能是漏计了一笔300元的凭证，则可以查找金额为300元的凭证。如多300元，出纳员推测属于重记，则同样可查找是否将金额为300元的凭证重复登记。

如果出纳员推测可能是记反方向的，则账簿中反映的错误差额必定是偶数，可用"二除法"即用不相符的差数除以2，如被除尽，再根据商数从账簿记录中去查找差错。如果发现现金少记了164元，出纳员推测可能是记反方向，则将164除以2得出82，从账簿记录中去找金额为82的账目进行核对即可。

如果出纳员推测可能是数字位置颠倒或数字位数移位造成的差错，可用"九除法"，即用不相符的差数除以9，如被除尽，然后根据商数，检查是否有相同数字移位，如无相同数则考虑为相邻两个数字颠倒。

① 数字移位的查找方法。数字移位是指记账时以小写大或者以大写小造成的错误，如

将 40 元误记为 400 元，错位的差异数为 360，使其原数扩大了 9 倍，将差数除以 9 为 40 就是移位数。计算出移位数后，就要分析：如果是账上多记，则要在凭证上查是否有与移位数相同的数，并看其是否记错；如果是账上少记，则要在账上查是否有与错位数相同的数，并看其是否记错。

如果推测可能是移动两位数字造成的差错，比如将 10 写成了 1 000 或者将 1 000 写成 10，可用“九九除法”，即以不相符的差数除以 99，如能除尽，则根据商数去查找。

② 数字颠倒的查找方法。记账时往往会将某一组数字的几个数字颠倒，如将 12 345 误记为 12 354，差额为 9，或将 12 345 误记为 12 435，差额为 90。数字错误的特征是：差数是 9 的倍数；差额数码相加之和是 9；被颠倒的两个数码之差，是差额除以 9 所得的商。

如果发现上述情况，说明数字可能颠倒。再根据差额数字分析数字颠倒的可能性，有目的地对某些数字进行重点查对。两位数字颠倒只有 45 种情况，见表 3－2。

表 3－2　　数字颠倒差异数对照表

差额数	数字颠倒错误类型对照
9	01—10　12—21　23—32　34—43　45—54　56—65　67—76　78—87
18	02—20　13—31　24—42　35—53　46—64　57—75　68—86　79—97
27	03—30　14—41　25—52　36—63　47—74　58—85　69—96
36	04—40　15—51　26—62　37—73　48—84　59—95
45	05—50　16—61　27—72　38—83　49—94
54	06—60　17—71　28—82　39—93
63	07—70　18—81　29—92
72	08—80　19—91
81	09—90

如果差额数是 10 倍，即 90，则数字颠倒错误发生在百位和十位之间，只要在数字的百位和十位之间检查有无颠倒即可，并以此类推。

（六）避免差错的防范措施

为了避免出纳员在工作中出现差错，可采取以下几种防范措施：

1. 严格执行钱账分管制度，出纳人员不得进行会计记录，非现金出纳人员一律不得经手现金。建立健全现金收支和票证管理制度，现金收取使用统一规定的收款凭证，并及时全额入账，严禁收入不上账或截留收入，私设“小金库”；现金开支要由分管财务的领导审批，严禁坐支、挪用、公款私存，库存现金不得超过规定限额；加强票证管理，严禁“出卖”账户、出借支票和擅自签发空白转账支票。

2. 出纳人员填写支票要认真，做到字迹清晰，书写规范，大写前不留空，小写前注明人民币币值符号“￥”，避免给坏人以可乘之机；编制记账凭证，要按原始单据的自然张数填写附件张数，并用胶水粘牢，以防脱落和避免原始单据被别有用心的人抽掉销毁、嫁祸于人；领款、借款要严格履行手续，领款必须有领款人签字盖章，借款必须由借款人立据、签字盖章并经分管财务领导审批。

3. 由于出纳工作是一项繁忙而又细致的工作，出纳人员要真正做好这一工作，必须做到“三勤、三心”。“三勤”就是：业务生疏要勤问，重要业务工作勤向领导汇报；经办业务要手勤，做到填单认真、点钞准确、记账及时、手续清楚，尤其对每一笔收付业务，要按照时间先后逐笔记好现金日记账和银行存款日记账，并及时盘点现金，做到日清月结，账款相符；联系银行要腿勤，每天超过规定限额的结存现金要及时送存银行，经常与银行核对存款账目，一旦发现错账，应及时弄清情况，迅速更正。“三心”就是：学习业务要虚心，不懂的问题要虚心请教，不要不懂装懂；办理业务要细心，每一笔收付业务都要亲自过手、过目，辨别真伪，严格把关，避免粗心大意造成差错；日常工作要有责任心，任何时候都要保持高度警惕、谨慎从事，尤其对现金、凭证、支票、存折、印鉴等要妥善保管，防止遗失、被盗、被骗而酿成大祸。

4. 出纳人员要主动接受会计人员的监督，主动为现金盘存提供条件，对账时主动为会计人员报出现金库存数，只有这样，才能检查出账款是否真正相符以及避免不必要的失误。另外，各单位要加强审计监督，平时对财务收支要进行定期或不定期的检查、审计，年终进行全面清理审计，对检查、审计中发现的问题，要区别情况，及时处理。

5. 由于出纳人员经常与金钱打交道，因此，出纳人员一定要做到廉洁正直，一尘不染，绝不能心存一丝一毫的侥幸心理，绝不能动用和侵占单位的一分一厘，否则，一失足成千古恨，钱迷心窍只会自毁人生。

本章小结

库存现金是企业流动性最强的资产，无须变现就可流通使用，因而它是不法分子谋取的直接对象。出纳人员在办理各种现金收付业务的时候，应该时刻注意保管好自己手中的现金，保证企业和国家财产的安全。本章主要讲述了现金收入业务、现金支出业务的办理和核算，库存现金管理的要求和原则，以及错账的查找、纠正和防范。

☞ **主要概念**

库存现金收入业务　库存现金支出业务　库存现金管理　错账查找、纠正和防范

☞ 基本训练

一、知识题

1. 出纳人员应如何办理库存现金的收入和支出业务？

2. 库存现金管理应坚持哪些原则？

二、技能题

［目的］练习编制银行存款余额调节表，掌握银行存款清查的方法。

［资料］中兴公司20××年11月有关银行存款的资料如表1和表2所示。

表1 银行存款日记账 单位：元

20××年		凭证号数	摘　要	结算凭证		借方	贷方	余额
月	日			种类	号数			
11	20		结　余	略	略			250 000
	22	银付461#	支付购货款	略	略		41 800	208 200
	24	银付462#	支付运费	略	略		300	207 900
	25	银收301#	收销货款	略	略	72 000		279 900
	27	银付463#	支付购货款	略	略		3 850	276 050
	28	银付464#	支付维修费	略	略		3 150	272 900
	30	银收302#	收回货款	略	略	4 380		277 280

表2 银行对账单 单位：元

20××年		摘　要	结算凭证		借方	贷方	余额
月	日		种类	号数			
11	20	结余					250 000
	24	支付运费	略	略	300		249 700
	25	代收销货款	略	略		72 000	321 700
	26	支付电费	略	略	4 200		317 500
	27	支付购货款	略	略	41 800		275 700
	28	存款利息	略	略		1 300	277 000
	29	代收销货款	略	略		6 400	283 400
	30	支付购货款	略	略	3 850		279 550

［技能要求］

（1）将银行存款日记账与银行对账单进行核对，确定未达账项；

（2）根据有关资料，编制银行存款余额调节表；

（3）计算月末企业可以动用的银行存款实有数额。

［考核标准］能准确确定未达账项，编制银行存款余额调节表，以及计算月末企业可以动用的银行存款实有数额，即为合格。

第四章

出纳银行业务

【知识目标】掌握八种结算方式使用范围、结算程序和账务处理，掌握人民币银行结算账户的管理规定；理解八种结算方式基本规定及受理时注意事项；了解银行结算账户的分类和管理。

【技能目标】掌握单位账户开户、使用、变更和撤销的技能，掌握八种结算方式的结算流程和账务处理的技能。

【引导案例】

小张即将大专毕业，到宁波鑫源公司出纳岗位实习，公司20××年5月份发生如下银行业务：

（1）本公司提交转账支票及进账单申请进账，金额8万元，支票的付款人为另一银行，银行经审无误办理；

（2）本公司提交跨系统银行出票的银行本票及进账单，要求进账，金额5万元，银行经审无误办理；

（3）本公司向基本存款账户开户行工行东门支行提交盖有“请将票款划付交通银行××（行号）行”戳记的银行汇票及进账单，要求进账，金额10万元，经审无误办理；

（4）本公司开出商业承兑汇票并承兑，开户行接到持票人开户寄来的有关结算凭证及汇票，金额10万元，即通知承兑人（鑫源公司）付款，承兑人（鑫源公司）立即通知银行付款；

（5）本公司到期承认支付异地某收款单位的托收承付款项9万元，但承付人（鑫源公司）账户余额只有8万元，银行审查办理。

（6）本公司在建行宁燕支行新开一个一般存款账户，并向该行申请50万元贷款。

（7）本公司因在上海业务较多，在上海设立负责采购和销售的机构，并在上海银行开设账户，并从本公司银行汇款30万元到上海银行的账户。

作为出纳的小张对本公司发生的这些业务如何办理？需要进行哪些账务处理？

资料来源：根据有关资料整理。

第一节 银行结算账户管理

一、银行结算账户

银行结算账户，是指银行为存款人开立的办理资金收付结算的人民币活期存款账户。

这里的存款人，是指在中国境内开立银行结算账户的机关、团体、部队、企业、事业单位、其他组织（以下统称单位）、个体工商户和自然人。

这里的银行，是指在中国境内经中国人民银行批准经营支付结算业务的政策性银行、商业银行（含外资独资银行、中外合资银行、外国银行分行）、城市信用合作社、农村信用合作社。

银行结算账户的开立和使用应当遵守法律、行政法规，不得利用银行结算账户进行偷逃税款、逃废债务、套取现金及其他违法犯罪活动。同时银行也应依法为存款人的银行结算账户信息保密：对单位银行结算账户的存款和有关资料，除国家法律、行政法规另有规定外，银行有权拒绝任何单位或个人查询；对个人银行结算账户的存款和有关资料，除国家法律另有规定外，银行有权拒绝任何单位或个人查询。

二、银行结算账户的分类

银行结算账户按存款人不同分为单位银行结算账户和个人银行结算账户。

1. 存款人以单位名称开立的银行结算账户为单位银行结算账户。个体工商户凭营业执照以字号或经营者姓名开立的银行结算账户纳入单位银行结算账户管理。

2. 存款人凭个人身份证件以自然人名称开立的银行结算账户为个人银行结算账户。

三、银行结算账户的管理体系

中国人民银行负责监督、检查银行结算账户的开立和使用，对存款人或银行违反银行结算账户管理规定的行为予以处罚；对银行结算账户的开立和使用实施监控和管理；负责基本存款账户、临时存款账户和预算单位专用存款账户开户登记证的管理。

银行负责所属营业机构银行结算账户开立和使用的管理，纠正违规开立和使用银行结算账户的行为。银行应明确专人负责银行结算账户的开立、使用和撤销的审查和管理，负责对存款人开户申请资料的审查，并按照《人民币银行结算账户管理办法》的规定及时报送存款人开销户信息资料，建立健全开销户登记制度，建立银行结算账户管理档案，按会计档案进行管理。

银行应对已开立的单位银行结算账户实行年检制度，检查开立的银行结算账户的合规性，核实开户资料的真实性；对不符合《人民币银行结算账户管理办法》规定开立的单位银行结算账户，应予以撤销；对经核实的各类银行结算账户的资料变动情况，应及时报告中国人民银行当地分支行。

银行应对存款人使用银行结算账户的情况进行监督，对存款人的可疑支付应按照中国人民银行规定的程序及时报告。

存款人应加强对预留银行签章的管理。单位遗失预留公章或财务专用章的，应向开户银行出具书面申请、开户登记证、营业执照等相关证明文件；更换预留公章或财务专用章时，应向开户银行出具书面申请、原预留签章的式样等相关证明文件。个人遗失或更换预留个人印章或更换签字人时，应向开户银行出具经签名确认的书面申请，以及原预留印章或签字人的个人身份证件。银行应留存相应的复印件，并凭此办理预留银行签章的变更。

任何单位及个人不得伪造、变造及私自印制开户登记证。银行结算账户管理档案的保管期限为银行结算账户撤销后10年。

第二节 人民币银行结算账户的开立

一、选择开户银行的规定

存款人可以自主选择银行开立银行结算账户。除国家法律、行政法规和国务院规定外，任何单位和个人不得强令存款人到指定银行开立银行结算账户。

存款人应在注册地或住所地开立银行结算账户。符合《人民币银行结算账户管理办法》规定可以在异地（跨省、市、县）开立银行结算账户的除外。

二、单位银行结算账户的种类和开户条件

单位银行结算账户按用途分为基本存款账户、一般存款账户、专用存款账户、临时存款账户。

（一）基本存款账户

基本存款账户是单位因办理日常转账结算和现金收付需要开立的银行结算账户。单位的工资、奖金等现金的支取，只能通过该账户办理。

基本存款账户的开户程序如下：

（1）填制申请书。单位申请开立基本存款账户的，应填制开户申请书。开户申请书一般应包括申请开户单位、名称地址、主管部门、上级主管部门、账户资金来源性质、已开立账户情况、上级管理部门意见、申请开户单位盖章及其他应由银行填写的内容等，如表4－1所示。

表4－1 中国××银行开户申请书

<table>
<tr><td rowspan="2">申请开户单位全称</td><td rowspan="2" colspan="2"></td><td>地址</td><td></td></tr>
<tr><td>电话</td><td></td></tr>
<tr><td>主管部门名称</td><td colspan="2"></td><td>上级管理部门意见</td><td></td></tr>
<tr><td>账户资金来源性质</td><td colspan="4"></td></tr>
<tr><td rowspan="2">已开立账户情况</td><td>开户银行</td><td colspan="2">账户</td><td>账户名称</td></tr>
<tr><td></td><td colspan="2"></td><td></td></tr>
<tr><td>上级管理部门意见</td><td>（签章）
年 月 日</td><td colspan="2">开户单位公章</td><td>（签章）
年 月 日</td></tr>
<tr><td colspan="5">以下各栏由银行填写</td></tr>
<tr><td>科目</td><td>账户名称</td><td></td><td>账号</td><td></td></tr>
<tr><td rowspan="2">营业执照</td><td>发证机关</td><td colspan="2"></td><td>开户日期</td></tr>
<tr><td>编号</td><td colspan="2"></td><td>年 月 日</td></tr>
</table>

（2）提供相关证件。

① 企业法人，应出具企业法人营业执照正本。

② 非法人企业，应出具企业营业执照正本。

③ 机关和实行预算管理的事业单位，应出具政府人事部门或编制委员会的批文或登记证书和财政部门同意其开户的证明；非预算管理的事业单位，应出具政府人事部门或编制委员会的批文或登记证书。

④ 军队、武警团级（含）以上单位以及分散执勤的支（分）队，应出具军队军级以上单位财务部门、武警总队财务部门的开户证明。

⑤ 社会团体，应出具社会团体登记证书，宗教组织还应出具宗教事务管理部门的批文或证明。

⑥ 民办非企业组织，应出具民办非企业登记证书。

⑦ 外地常设机构，应出具其驻在地政府主管部门的批文。

⑧ 外国驻华机构，应出具国家有关主管部门的批文或证明；外资企业驻华代表处、办事处应出具国家登记机关颁发的登记证。

⑨ 个体工商户，应出具个体工商户营业执照正本。

⑩ 居民委员会、村民委员会、社区委员会，应出具其主管部门的批文或证明。

⑪ 独立核算的附属机构，应出具其主管部门的基本存款账户开户登记证和批文。

⑫ 其他组织，应出具政府主管部门的批文或证明。

单位申请开立单位银行结算账户时，可由法定代表人或单位负责人直接办理，也可授权他人办理。

由法定代表人或单位负责人直接办理的，除出具相应的证明文件外，还应出具法定代表人或单位负责人的身份证件；授权他人办理的，除出具相应的证明文件外，还应出具其法定代表人或单位负责人的授权书及其身份证件，以及被授权人的身份证件。

（3）送交印鉴卡片。银行为单位开立银行结算账户，应与单位签订银行结算账户管理协议，明确双方的权利与义务。中国人民银行另有规定的除外，应建立单位预留签章卡片，并将签章式样和有关证明文件的原件或复印件留存归档。

印鉴卡是由银行签发的、单位财务盖章的卡片，应包括户名、地址、电话、启用日期、申请开户单位印鉴、银行印鉴及印鉴使用说明等内容。如表 4－2 所示。

（4）银行审核。银行对报送的开户资料进行审核，符合开户条件的，予以核准并打印银行开户许可证，由开户银行交给企业；不符合条件的，出具审核意见，连同开户资料一并退回。

银行应对单位开户申请书填写的事项和证明文件的真实性、完整性、合规性进行认真审查。

开户申请书填写的事项齐全，符合开立基本存款账户、临时存款账户和预算单位专用存款账户条件的，银行应将单位的开户申请书、相关的证明文件和银行审核意见等开户资料报送中国人民银行当地分支行，经其核准后办理开户手续；符合开立一般存款账户、其他专用存款账户和个人银行结算账户条件的，银行应办理开户手续，并于开户之日起 5 个工作日内向中国人民银行当地分支行备案。

表 4－2　　中国××银行印鉴卡

户名	账号
地址	电话
启用日期	年　月　日
开户单位预留印鉴	银行盖章
印鉴使用说明	

中国人民银行应于 2 个工作日内对银行报送的基本存款账户、临时存款账户和预算单位专用存款账户的开户资料的合规性予以审核，符合开户条件的，予以核准；不符合开户条件的，应在开户申请书上签署意见，连同有关证明文件一并退回报送银行。

（5）领取银行开户许可证。根据《人民币银行结算账户管理办法》的规定，下列单位可以申请开立基本存款账户：

① 企业法人。

② 非法人企业。

③ 机关、事业单位。

④ 团级（含）以上军队、武警部队及分散执勤的支（分）队。

⑤ 社会团体。

⑥ 民办非企业组织。

⑦ 异地常设机构。

⑧ 外国驻华机构。

⑨ 个体工商户。

⑩ 居民委员会、村民委员会、社区委员会。

⑪ 单位设立的独立核算的附属机构。

⑫ 其他组织。

单位为从事生产、经营活动纳税人的，还应出具税务部门颁发的税务登记证。

（6）开立账户。一般来讲，单位只能开立一个基本存款账户。

经过银行审核同意，并颁发银行开户许可证，申请开户单位就可以在银行开立基本存款账户，进行日常转账结算和现金收付等业务。

（二）一般存款账户

一般存款账户是单位因借款或其他结算需要，在基本存款账户开户银行以外的银行营业机构开立的银行结算账户。

单位一般在基本存款账户以外的银行取得借款，或与基本存款账户的单位不在同一地点的附属非独立核算单位，方可申请开立一般存款账户。但随着市场经济体制改革的深化和竞争的加剧，一方面，单位为规避集中存放资金于一家银行可能带来的风险，希望根据自身经营特点，自主选择方便银企合作的开户银行，以接受更好的支付结算服务，需要开立多个银行结算账户；另一方面，银行的生存和发展，需要稳定的客户群作为保障，通过改进服务和业务创新，以优质、高效的服务吸引客户，因此，现实生活中只要单位具有借款或其他结算需要，都可以申请开立一般存款账户。单位开立一般存款账户在现实中也没有数量限制，单位可自主选择不同经营理念的银行，既能充分享受多家银行的特色服务，又能适应不同的经济往来对象，更为方便地使用不同银行提供的支付结算工具和手段。同时，通过现代化管理手段和实施有效的管理，既可满足单位办理支付结算、管理资金的多种需要，为银行公平竞争创造条件，又能做到放而不乱，促进商业银行开展业务创新，改进服务水平，提高中国银行业的整体竞争实力。

开立一般存款账户的程序，可以参照开立基本存款账户的程序，只是开户条件有所不同。

根据我国《人民币银行结算账户管理办法》的规定，下列情况的当事人可以申请开立一般存款账户：

（1）在基本存款账户以外的银行取得借款的单位和个人。

（2）与基本存款账户的单位不在同一地点的附属非独立核算企业可以申请开立该账户。

单位申请开立一般存款账户，应向银行出具其开立基本存款账户规定的证明文件、基本存款账户开户登记证和下列证明文件：

（1）单位因向银行借款需要，应出具借款合同。

（2）单位因其他结算需要，应出具有关证明。

（三）临时存款账户

临时存款账户是单位因临时需要并在规定期限内使用而开立的银行结算账户。开立临时存款账户的程序，可以参照开立基本存款账户的程序，只是开户条件有所不同。

有下列情况的，单位可以申请开立临时存款账户：

（1）设立临时机构。

（2）异地临时经营活动。

（3）注册验资。

（四）专用存款账户

专用存款账户是单位按照法律、行政法规和规章，对其特定用途资金进行专项管理和使用而开立的银行结算账户。开立专用存款账户的程序，可以参照开立基本存款账户的程序，只是开户条件有所不同。

对下列资金的管理与使用，单位可以申请开立专用存款账户：

（1）基本建设资金。

（2）更新改造资金。

（3）财政预算外资金。

（4）粮、棉、油收购资金。

（5）证券交易结算资金。

（6）期货交易保证金。

（7）信托基金。

（8）金融机构存放同业资金。

（9）政策性房地产开发资金。

（10）单位银行卡备用金。

（11）住房基金。

（12）社会保障基金。

（13）收入汇缴资金和业务支出资金。

（14）党、团、工会设在单位的组织机构经费。

（15）其他需要专项管理和使用的资金。

收入汇缴资金和业务支出资金，是指基本存款账户单位附属的非独立核算单位或派出机构发生的收入和支出资金。

因收入汇缴资金和业务支出资金开立的专用存款账户，应使用隶属单位的名称。

单位申请开立专用存款账户，应向银行出具其开立基本存款账户规定的证明文件、基本存款账户开户登记证和下列证明文件：

（1）基本建设资金、更新改造资金、政策性房地产开发资金、住房基金、社会保障基金，应出具主管部门批文。

（2）财政预算外资金，应出具财政部门的证明。

（3）粮、棉、油收购资金，应出具主管部门批文。

（4）单位银行卡备用金，应按照中国人民银行批准的银行卡章程的规定出具有关证明和资料。

（5）证券交易结算资金，应出具证券公司或证券管理部门的证明。

（6）期货交易保证金，应出具期货公司或期货管理部门的证明。

（7）金融机构存放同业资金，应出具其证明。

（8）收入汇缴资金和业务支出资金，应出具基本存款账户单位有关的证明。

（9）党、团、工会设在单位的组织机构经费，应出具该单位或有关部门的批文或证明。

（10）其他按规定需要专项管理和使用的资金，应出具有关法规、规章或政府部门的有关文件。

三、个人银行结算账户的开户条件

允许个人开立银行结算账户，一是为适应个人因投资、消费等产生的各种转账结算需要，进一步扩大转账结算范围。随着我国经济的发展、人们生活水平的提高和消费方式的多样化，个人金融业务迅速发展，个人转账支付需求不断增长，越来越多的人需要通过银行办理结算，如支付水、电、话、气等费用，归还住房信贷款项、证券投资、购物消费等，单纯的个人储蓄账户的功能显然不能满足上述需求。二是有利于对个人银行结算账户的管理。单设个人银行结算账户，并将个体工商户的银行结算账户纳入单位银行结算账户管理，可以将个体工商户的生产经营性资金和消费资金分别核算，有利于其规范资金管理，促进个体经济发展。并且，通过划分单位银行结算账户和个人银行结算账户，对从单位银行结算账户向个人银行结算账户支付款项进行控制管理，可以在一定程度上防止公款私存、套取现金等行为。三是有利于银行提高服务水平。单设个人银行结算账户后，可以促使商业银行更加重视个人零售业务的发展，大力推广个人支票、网上支付等便捷的支付手段和支付工具，改善服务水平，并能够激发商业银行开展业务创新的积极性，根据不同客户群体的投资、理财需要提供个性化服务，提高盈利能力。四是有利于节约银行管理成本。个人银行结算账户与个人储蓄账户在功能与服务对象方面存在较大差异，个人因办理人民币现金存取开立的储蓄账户数量庞大，而因转账结算需要开立的个人银行结算账户数量相对较少，客户群体相对集中。《人民币银行结算账户管理办法》单设个人银行结算账户，将其同储蓄账户相分离，区别管理，降低了银行的管理成本，符合现代银行的成本效益原则。

个人银行结算账户是自然人因投资、消费、结算等而开立的可办理支付结算业务的存款账户。有下列情况的，可以申请开立个人银行结算账户：

（1）使用支票、信用卡等信用支付工具的。

（2）办理汇兑、定期借记、定期贷记、借记卡等结算业务的。

自然人可根据需要申请开立个人银行结算账户，也可以在已开立的储蓄账户中选择并向开户银行申请确认为个人银行结算账户。

存款人申请开立个人银行结算账户，应向银行出具下列证明文件：

（1）中国居民，应出具居民身份证或临时身份证。

（2）中国人民解放军军人，应出具军人身份证件。

（3）中国人民武装警察，应出具武警身份证件。

（4）香港、澳门居民，应出具港澳居民往来内地通行证；台湾居民，应出具台湾居民来往大陆通行证或者其他有效旅行证件。

（5）外国公民，应出具护照。

（6）法律、法规和国家有关文件规定的其他有效证件。

银行为个人开立银行结算账户时，根据需要还可要求申请人出具户口簿、驾驶执照、护照等有效证件。

四、异地银行结算账户

1. 存款人有下列情形之一的，可以在异地开立有关银行结算账户：

（1）营业执照注册地与经营地不在同一行政区域（跨省、市、县）需要开立基本存款账户的。

（2）办理异地借款和其他结算需要开立一般存款账户的。

（3）存款人因附属的非独立核算单位或派出机构发生的收入汇缴或业务支出需要开立专用存款账户的。

（4）异地临时经营活动需要开立临时存款账户的。

（5）自然人根据需要在异地开立个人银行结算账户的。

2. 存款人需要在异地开立单位银行结算账户，除出具存款人申请开立基本存款账户、一般存款账户、专用存款账户、临时存款账户规定的有关证明文件外，应出具下列相应的证明文件：

（1）经营地与注册地不在同一行政区域的存款人，在异地开立基本存款账户的，应出具注册地中国人民银行分支行的未开立基本存款账户的证明。

（2）异地借款的存款人，在异地开立一般存款账户的，应出具在异地取得贷款的借款合同。

（3）因经营需要在异地办理收入汇缴和业务支出的存款人，在异地开立专用存款账户的，应出具隶属单位的证明。

属本条第（2）、（3）项情况的，还应出具其基本存款账户开户登记证。

存款人需要在异地开立个人银行结算账户，应出具申请开立个人银行结算账户规定的证明文件。

五、名称确定的规定

单位开立银行结算账户的名称应与其提供的申请开户的证明文件的名称全称相一致。有字号的个体工商户开立银行结算账户的名称应与其营业执照的字号相一致；无字号的个体工商户开立银行结算账户的名称，由“个体户”字样和营业执照记载的经营者姓名组成。自然人开立银行结算账户的名称应与其提供的有效身份证件中的名称全称相一致。

第三节 人民币银行结算账户的使用

一、单位银行结算账户的使用

存款人开立单位银行结算账户，自正式开立之日起3个工作日后，方可办理付款业务。但注册验资的临时存款账户转为基本存款账户和因借款转存开立的一般存款账户除外。

（一）基本存款账户的使用

基本存款账户是单位的主办账户。单位日常经营活动的资金收付及其工资、奖金和现金的支取，应通过该账户办理。

（二）一般存款账户的使用

一般存款账户用于办理单位借款转存、借款归还和其他结算的资金收付。该账户可以办理现金缴存，但不得办理现金支取。

（三）专用存款账户的使用

专用存款账户用于办理各项专用资金的收付。单位银行卡账户的资金必须由其基本存款账户转账存入。该账户不得办理现金收付业务。

1. 财政预算外资金、证券交易结算资金、期货交易保证金和信托基金专用存款账户不得支取现金。

2. 基本建设资金、更新改造资金、政策性房地产开发资金、金融机构存放同业资金账户需要支取现金的，应在开户时报中国人民银行当地分支行批准。中国人民银行当地分支行应根据国家现金管理的规定审查批准。

3. 粮、棉、油收购资金、社会保障基金、住房基金和党、团、工会经费等专用存款账户支取现金应按照国家现金管理的规定办理。

4. 收入汇缴账户除向其基本存款账户或预算外资金财政专用存款户划缴款项外，只收不付，不得支取现金。业务支出账户除从其基本存款账户拨入款项外，只付不收，其现金支取必须按照国家现金管理的规定办理。

5. 银行应按照各项规定和国家对粮、棉、油收购资金使用管理规定加强监督，对不符合规定的资金收付和现金支取，不得办理。但对其他专用资金的使用不负监督责任。

（四）临时存款账户的使用

临时存款账户用于办理临时机构以及单位临时经营活动发生的资金收付。

1. 临时存款账户应根据有关开户证明文件确定的期限或单位的需要确定其有效期限。单位在账户的使用中需要延长期限的，应在有效期限内向开户银行提出申请，并由开户银行报中国人民银行当地分支行核准后办理展期。临时存款账户的有效期最长不得超过2年。

2. 临时存款账户支取现金，应按照国家现金管理的规定办理。

3. 注册验资的临时存款账户在验资期间只收不付，注册验资资金的汇缴人应与出资人的名称一致。

二、个人银行结算账户的使用

1. 个人银行结算账户用于办理个人转账收付和现金存取。下列款项可以转入个人银行结算账户：

（1）工资、奖金收入。

（2）稿费、演出费等劳务收入。

（3）债券、期货、信托等投资的本金和收益。

（4）个人债权或产权转让收益。

（5）个人贷款转存。

（6）证券交易结算资金和期货交易保证金。

（7）继承、赠与款项。

（8）保险理赔、保费退还等款项。

（9）纳税退还。

（10）农、副、矿产品销售收入。

（11）其他合法款项。

2. 单位从其银行结算账户支付给个人银行结算账户的款项，每笔超过5万元的，应向其开户银行提供下列付款依据：

（1）代发工资协议和收款人清单。

（2）奖励证明。

（3）新闻出版、演出主办等单位与收款人签订的劳务合同或支付给个人款项的证明。

（4）证券公司、期货公司、信托投资公司、奖券发行或承销部门支付或退还给自然人款项的证明。

（5）债权或产权转让协议。

（6）借款合同。

（7）保险公司的证明。

（8）税收征管部门的证明。

（9）农、副、矿产品购销合同。

（10）其他合法款项的证明。

从单位银行结算账户支付给个人银行结算账户的款项应纳税的，税收代扣单位付款时应向其开户银行提供完税证明。

3. 有下列情形之一的，个人应出具以上十项的有关收款依据：

（1）个人持出票人为单位的支票向开户银行委托收款，将款项转入其个人银行结算账户的。

（2）个人持申请人为单位的银行汇票和银行本票向开户银行提示付款，将款项转入其个人银行结算账户的。

单位银行结算账户支付给个人银行结算账户款项的，银行应按上述规定认真审查付款依据或收款依据的原件，并留存复印件，按会计档案保管。未提供相关依据或相关依据不符合规定的，银行应拒绝办理。

三、网上银行的使用

网上银行又称网络银行、在线银行，是金融机构利用Internet技术，通过建立自己的Internet站点和www主页，向客户提供开户、销户、查询、行内转账、跨行转账、网上证券、投资理财等服务项目。这是一种全新的银行客户服务提交渠道，使得客户可以不受上网方式和时空的限制，只要能够上网，无论在家里、办公室，还是在旅途中，都能够安全便捷地管理自己的资产和享受银行的服务。

1. 个人网上银行：余额查询、明细查询、转账、网上支付、银行卡无证书支付、证券保证金自动转账、网上外汇买卖等特色功能，为个人客户提供多元化、全方位的理财服务。

2. 企业网上银行：以遍布全国的城综网（城市综合金融网络）为基础，以实时到账的资金清算、全国大中城市联网的银行卡系统为依托，集成多项高科技的信息技术和网络技术，不仅可为企业客户提供各种查询服务，还可以提供企业集团内部和企业之间的同城、异地、本行、他行的转账、在线支付等结算业务。

四、银行结算账户的定期核对

银行应按规定与存款人核对账务。银行结算账户的存款人收到对账单或对账信息后，应及时核对账务并在规定期限内向银行发出对账回单或确认信息。

具体方法是：不同于现金、实物清查核对，而是与银行定期送来的对账单进行核对。在双方都无记账错误的情况下，也可能出现不一致，即存在未达账项。

1. 未达账项是指截至某一时一方已入账，而另一方尚未接到有关凭证而未入账。

2. 未达账项的四种情况：

（1）银行已收账，而企业尚未入账。如外地汇来货款；银行存款利息；其他单位通过委托付款转来款项。

（2）银行已付账，而企业尚未入账。如收到单位委托银行向本单位收款；银行借款利息已付入企业存款户。

（3）企业已收账，而银行尚未入账。如企业解入其他企业所开的转账支票，银行尚未办妥转账手续或因故退票等情况。

（4）企业已付账，而银行尚未入账。如企业开出转账支票，其他企业尚未解入银行；企业开出现金支票，持票企业或个人未及时向银行提现。

3. 未达账项的调整——在实际工作中是通过编制“银行存款余额调节表”来进行的。依据公式：

企业的银行日记账余额＋银行已入账但企业未入账的收款款项－银行已入账但企业未入账的付款款项＝银行对账单上的存款余额＋企业已入账但银行未入账的收款款项－企业已入账但银行未入账的付款款项

【例4－1】 20××年5月31日，企业的银行存款日记账余额为60 000元，银行对账单为62 000元，未达账项如下：

（1）5月31日，企业开出转账支票2 000元，支付供货方账款，支票尚未到达银行，银行未入账。

（2）5月30日企业存入转账支票一张计3 200元，银行未入账。

（3）5月30日企业委托银行代收的款项4 000元，银行已收到入账，但企业尚未收到通知入账。

（4）5月31日银行代收水电费500元，企业尚未收到通知入账。

（5）5月31日企业存入现金支票一张300元，银行尚未入账。

根据上述资料编制“银行存款余额调节表”见表4－3。

表 4-3　　银行存款余额调节表

20××年5月31日

项　目	金额（元）	项　目	金额（元）
企业的银行存款日记账余额	60 000	银行对账单余额	62 000
加：企业未入账的收入款		加：银行未入账的收入款	
（3）收回代收款	4 000	（2）存入转账支票	3 200
		（5）存入现金支票	300
减：企业未入账的支付款		减：银行未入账的支付款	
（4）银行代付水电费	500	（1）开出转账支票	2 000
调节后的余额	63 500	调节后的余额	63 500

需要注意的是：银行存款余额调节表不是原始凭证，不能作为记账的依据。

五、人民币银行结算账户的管理罚则

1. 存款人开立、撤销银行结算账户，不得有下列行为：

（1）违反《人民币银行结算管理办法》规定开立银行结算账户。

（2）伪造、变造证明文件欺骗银行开立银行结算账户。

（3）违反《人民币银行结算管理办法》规定不及时撤销银行结算账户。

非经营性的存款人，有上述所列行为之一的，给予警告并处以1 000元的罚款；经营性的存款人有上述所列行为之一的，给予警告并处以1万元以上3万元以下的罚款；构成犯罪的，移交司法机关依法追究刑事责任。

2. 存款人使用银行结算账户，不得有下列行为：

（1）违反本办法规定将单位款项转入个人银行结算账户。

（2）违反本办法规定支取现金。

（3）利用开立银行结算账户逃废银行债务。

（4）出租、出借银行结算账户。

（5）从基本存款账户之外的银行结算账户转账存入、将销货收入存入或现金存入单位信用卡账户。

（6）法定代表人或主要负责人、存款人地址以及其他开户资料的变更事项未在规定期限内通知银行。

非经营性的存款人有上述所列（1）~（5）项行为的，给予警告并处以1 000元罚款；经营性的存款人有上述所列（1）~（5）项行为的，给予警告并处以5 000元以上3万元以下的罚款；存款人有上述所列第（6）项行为的，给予警告并处以1 000元的罚款。

3. 银行在银行结算账户的开立中，不得有下列行为：

（1）违反本办法规定为存款人多头开立银行结算账户。

（2）明知或应知是单位资金，而允许以自然人名称开立账户存储。

银行有上述所列行为之一的，给予警告，并处以5万元以上30万元以下的罚款；对该银行直接负责的高级管理人员、其他直接负责的主管人员、直接责任人员按规定给予纪律处分；情节严重的，中国人民银行有权停止对其开立基本存款账户的核准，责令该银行停业整顿或者吊销经营金融业务许可证；构成犯罪的，移交司法机关依法追究刑事责任。

4. 银行在银行结算账户的使用中，不得有下列行为：

（1）提供虚假开户申请资料欺骗中国人民银行许可开立基本存款账户、临时存款账户、预算单位专用存款账户。

（2）开立或撤销单位银行结算账户，未按《人民币银行结算管理办法》规定在其基本存款账户开户登记证上予以登记、签章或通知相关开户银行。

（3）违反《人民币银行结算管理办法》第四十二条规定办理个人银行结算账户转账结算。

（4）为储蓄账户办理转账结算。

（5）违反规定为存款人支付现金或办理现金存入。

（6）超过期限或未向中国人民银行报送账户开立、变更、撤销等资料。

银行有上述所列行为之一的，给予警告，并处以5 000元以上3万元以下的罚款；对该银行直接负责的高级管理人员、其他直接负责的主管人员、直接责任人员按规定给予纪律处分；情节严重的，中国人民银行有权停止对其开立基本存款账户的核准，构成犯罪的，移交司法机关依法追究刑事责任。

5. 违反《人民币银行结算账户管理办法》规定，伪造、变造、私自印制开户登记证的存款人，属非经营性的处以1 000元罚款；属经营性的处以1万元以上3万元以下的罚款；构成犯罪的，移交司法机关依法追究刑事责任。

第四节 人民币银行结算账户的变更和撤销

一、单位银行结算账户的变更

单位更改名称，但不改变开户银行及账号的，应于5个工作日内向开户银行提出银行结算账户的变更申请，并出具有关部门的证明文件。单位的法定代表人或主要负责人、住址以及其他开户资料发生变更时，应于5个工作日内书面通知开户银行并提供有关证明。银行接到存款人的变更通知后，应及时办理变更手续，并于2个工作日内向中国人民银行报告。

二、单位银行结算账户的撤销

银行结算账户的撤销是指单位因开户资格或其他原因终止银行结算账户使用的行为。单位尚未清偿其开户银行债务的，不得申请撤销该账户。单位撤销银行结算账户，必须与开户银行核对银行结算账户存款余额，交回各种重要空白票据及结算凭证和开户登记证，银行核对无误后方可办理销户手续。单位未按规定交回各种重要空白票据及结算凭证的，应出具有关证明，造成损失的，由其自行承担。

银行撤销单位银行结算账户时应在其基本存款账户开户登记证上注明销户日期并签章，同时于撤销银行结算账户之日起2个工作日内，向中国人民银行报告。

银行对一年未发生收付活动且未欠开户银行债务的单位银行结算账户，应通知单位自发出通知之日起30日内办理销户手续，逾期视同自愿销户，未划转款项列入久悬未取专户管理。

有下列情形之一的，单位应向开户银行提出撤销银行结算账户的申请：

（1）被撤并、解散、宣告破产或关闭的。

（2）注销、被吊销营业执照的。

（3）因迁址需要变更开户银行的。

（4）其他原因需要撤销银行结算账户的。

单位有上述第（1）、（2）项情形的，应于5个工作日内向开户银行提出撤销银行结算账户的申请。

单位因上述第（1）、（2）项原因撤销基本存款账户的，基本存款账户的开户银行应自撤销银行结算账户之日起2个工作日内将撤销该基本存款账户的情况书面通知该单位其他银行结算账户的开户银行；单位其他银行结算账户的开户银行，应自收到通知之日起2个工作日内通知单位撤销有关银行结算账户；单位应自收到通知之日起3个工作日内办理其他银行结算账户的撤销。

银行得知存款人有上述第（1）、（2）项情况，单位超过规定期限未主动办理撤销银行结算账户手续的，银行有权停止其银行结算账户的对外支付。

未获得工商行政管理部门核准登记的单位，在验资期满后，应向银行申请撤销注册验资临时存款账户，其账户资金应退还给原汇款人账户。注册验资资金以现金方式存入，出资人需提取现金的，应出具缴存现金时的现金缴款单原件及其有效身份证件。

第五节 支票结算方式

一、支票适用范围与分类

（一）支票的概念和分类

支票是出票人签发的，委托办理支票存款业务的银行在见票时无条件支付确定的金额给收款人或者持票人的票据。

支票上印有“现金”字样的为现金支票。现金支票只能用于支取现金。现金支票的样式见图4－1。

中国××银行现金支票存根

支票号码

科目

对方科目

签发日期　　年　月　日

收款人	
金额	
用途	
备注	

单位主管　　会计

复核　　记账

本支票付款期十天，可以流通转让

支票号码

中国××银行现金支票

签发日期：　　年　月　日

开户银行名称：

收款人：

签发人账号：

人民币

（大写）

千	百	十	万	千	百	十	元	角	分

用途

上列款项请从我账户内支付

签发人盖章

科目（付）

对方科目（收）

付讫日期　　年　月　日

出纳　　复核　　记账

贴对账单处

出　纳

对号单

图4－1　现金支票

支票上印有“转账”字样的为转账支票。转账支票只能用于转账。转账支票样式见图4－2。

支票上未印有“现金”或“转账”字样的为普通支票。普通支票可以用于支取现金，也可以用于转账。在普通支票的左上角划两条平行线的，为划线支票，划线支票只能用于转账，不支取现金。

中国××银行转账支票存根

支票号码

科目

对方科目

签发日期　　年　月　日

收款人	
金额	
用途	
备注	

单位主管　　会计

复核　　记账

本支票付款期十天，可以流通转让

支票号码

中国××银行转账支票

签发日期：　　年　月　日

开户银行名称：

收款人：

签发人账号：

人民币

（大写）

千	百	十	万	千	百	十	元	角	分

用途

上列款项请从我账户内支付

签发人盖章

科目（付）

对方科目（收）

付讫日期　　年　月　日

出纳　　复核　　记账

图4－2　转账支票

(二) 支票的适用范围

单位和个人在同一票据交换区域的各种款项的结算，均可以使用支票。

二、支票结算的基本规定

1. 支票一律记名。即签发的支票必须注明收款人的名称，并只准收款人或签发人向银行办理转账或提取现金。在中国人民银行总行批准的地区，转账支票可以背书转让。

2. 支票的有效期为10天。有效期从签发的次日算起，到期日遇节假日顺延。过期支票银行不予受理，支票自行作废。

3. 支票金额起点为100元。起点以下的款项结算一般不使用支票，解交公用事业费、缴拨基本养老保险基金、建房公积金等，可不受金额起点限制。

4. 签发支票应使用墨汁、碳素墨水或蓝黑墨水填写，未按照规定填写，被涂改冒领的，由签发人负责。支票上各项内容要填写齐全，内容要真实，字迹要清晰，数字要标准，大小写金额要一致。支票大小写金额、签发日期和收款人不得更改，其他内容如有更改，必须由签发人加盖预留银行印鉴证明。

5. 签发人必须在银行账户余额内按照规定向收款人签发支票。不准签发空头支票、印章与预留银行印鉴不符和支付密码不正确的支票，否则，银行除退票外还要按票面金额处以5%但不低于1 000元的罚款，另收2%的赔偿金给收款人。对屡次签发空头支票的，银行将根据情节给予警告、通报批评，直至停止其向收款人签发支票。

6. 已签发的现金支票遗失，可以向银行申请挂失。挂失前已经支付的，银行不予受理。已签发的转账支票遗失，银行不受理挂失，可请求收款人协助防范。

三、支票结算程序

支票一般的结算程序如图4-3所示。

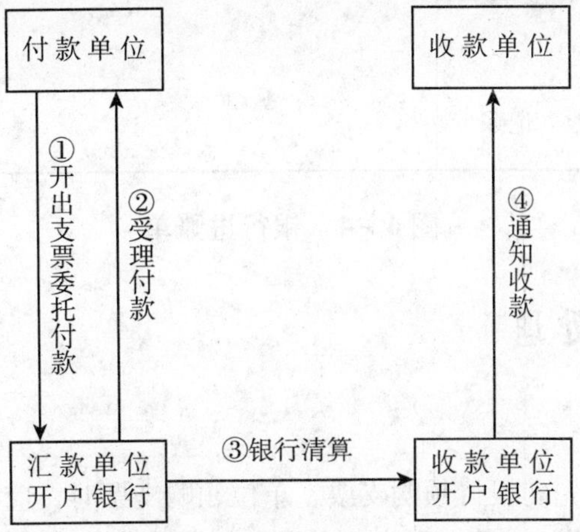

图4-3 支票结算程序

（一）现金支票结算程序

开户单位用现金支票提取现金时，由本单位出纳人员签发现金支票并加盖银行预留印鉴后，到开户银行提取现金；开户单位用现金支票向外单位或个人支付现金时，由付款单位出纳人员签发现金支票并加盖银行预留印鉴和注明收款人后交付收款人，收款人持现金支票到付款单位开户银行提取现金，并按照银行的要求交验有关证件。

（二）转账支票结算程序

付款人按应支付的款项签发转账支票后交收款人，凭支票存根贷记“银行存款”账户，借记对应账户。收款人审查无误后，填制一式两联进账单（进账单格式见图4－4）连同支票一并送交本单位开户银行，经银行审查无误后，在进账单回单上加盖银行印章，退回收款人，作为收款人入账的凭据，收款人据此借记“银行存款”，贷记对应账户。另一联和支票银行留存，作为划转款项的记账凭据。

××银行进账单（收款通知）　**3**

年　月　日　　　　　　　　　　　　第　号

<table>
<tr><td rowspan="3">出票人</td><td>全称</td><td></td><td rowspan="3">持票人</td><td>全称</td><td colspan="10"></td></tr>
<tr><td>账号</td><td></td><td>账号</td><td colspan="10"></td></tr>
<tr><td>开户银行</td><td></td><td>开户银行</td><td colspan="10"></td></tr>
<tr><td colspan="5" rowspan="2">人民币
（大写）</td><td>千</td><td>百</td><td>十</td><td>万</td><td>千</td><td>百</td><td>十</td><td>元</td><td>角</td><td>分</td></tr>
<tr><td></td><td></td><td></td><td></td><td></td><td></td><td></td><td></td><td></td><td></td></tr>
<tr><td colspan="2">票据种类</td><td></td><td colspan="12" rowspan="3">收款人开户银行盖章</td></tr>
<tr><td colspan="2">票据张数</td><td></td></tr>
<tr><td colspan="3">单位主管　会计　复核　记账</td></tr>
</table>

图4－4　银行进账单

四、支票结算账务处理

（一）支票的领购

签发支票的前提就是先向银行领购支票。单位领购支票时，应由出纳人员填制一式三联的“重要空白凭证领用单”，在第一联上加盖预留银行印鉴，送交银行办理。银行经核对印鉴相符后，在“重要空白凭证登记簿”上注明领购日期、领购单位、支票起讫号码、密码号码等，出售支票，同时按规定收取一定的工本费和手续费。银行在出售支票的同时，还要打印支票的密码号两张，一张给领购单位，另一张留银行备查，以便办理结算时核对。

按规定，每个账户一次只准购买一本支票，业务量大的可适当放宽。出售时每张支票上要加盖银行的名称和签发人的账号。

单位撤销、合并或因其他原因结清账户时，应将剩余未用的空白支票交回银行，切角作废。

单位领购支票时缴纳的工本费、手续费，应根据银行收费收据进行会计核算，其会计分录为：

借：财务费用

　　贷：银行存款（或库存现金）

（二）支票的签发

1. 现金支票的签发。根据国家有关现金管理的规定，凡在银行和其他金融机构开立账户的机关、团体、部队、企事业单位和其他单位及个人，只能在允许使用现金的范围内签发现金支票。

出纳人员在签发现金支票时，应对签发日期、收款人、大小写金额以及支票号码、密码号码、款项用途等内容逐项认真地填写。其中，签发日期应为支票的实际签发日，不得漏填或预填日期。“收款人”栏一定要写明收款单位或收款人，收款人可以是本单位、外单位、本单位的附属机构或个人。收款人应在支票存根联签名或盖章。“密码号”栏应按银行提供的密码单填写。“签发人盖章”处应加盖银行的印鉴。

单位签发现金支票，若提取现金自己使用的，只需在支票的“收款人”栏内填上本单位的名称，并在现金支票背面加盖预留银行的印鉴，即可到银行提款。其会计分录为：

借：库存现金

　　贷：银行存款

若签发现金支票给其他单位或个人，则要在“收款人”栏填写收款人的名称，并要求其在现金支票存根联上签字或盖章。其会计分录为：

借：材料采购、管理费用等

　　贷：库存现金

2. 转账支票的签发。付款单位购买商品或接受劳务时，可以签发转账支票进行结算。转账支票由出纳人员签发。出纳人员在签发转账支票时，应首先查验本单位银行存款账户中是否有足够的余额，以免签发空头支票，然后再按要求逐项填写支票的内容。

付款单位签发转账支票后，其财务部门根据支票存根和发票等有关原始凭证，编制银行存款付款凭证，其会计分录为：

借：材料采购等

　　贷：银行存款

【例4-2】 甲企业向本市乙企业购买某材料20吨，每吨单价300元，增值税1 020元。甲公司签发转账支票给乙企业进行结算。甲企业财会部门根据支票存根和乙企业的发票等原始凭证，编制银行存款付款凭证，其会计分录为：

借：材料采购　　6 000

　　应交税费——应交增值税（进项税额）　　1 020

　　贷：银行存款　　7 020

【例4-3】 甲企业又开出一张面额为2 300元的转账支票支付广告费。其会计分录为：

借：销售费用　　2 300

　　贷：银行存款　　2 300

（三）支票的使用

1. 现金支票的使用。付款单位签发现金支票后，根据交易，可以直接把支票交给收款单位，由其自行到其开户银行提取现金；也可以自己持本票到本单位开户银行提取现金，再支付给收款单位。收款单位在收到现金支票后，应首先对支票进行审查，以免收进无效支票或假支票。审查的内容包括：

（1）支票的收款单位是否为本单位。

（2）支票的各项内容是否填写齐全，在签发单位盖章处是否加盖了单位印章。

（3）大小写金额和收款有无涂改，其他内容如有涂改是否加盖了预留银行印鉴以示对涂改负责。

（4）支票大小写金额填写是否正确、相符。

（5）支票是否在付款期内。

（6）背书转让支票其背书是否正确、连续。

（7）支票书写是否用墨汁或碳素墨水，填写是否清晰。

收款单位的出纳人员对现金支票审查无误后，即可在支票背面签字或加盖本单位印章（如收款人为个人还需携带本人身份证件），直接到其开户银行提取现金。

对于收入现金支票的核算，借记“库存现金”或“银行存款”账户，贷记相关账户。

2. 转账支票的使用。付款单位用支票结算进行交易。收款单位收到转账支票后首先对支票进行审查，审查内容同现金支票相同。收款单位出纳人员对转账支票审查无误后，填制一式两联的进账单，连同支票一起交到其开户行办理票款入账。开户银行对送来的支票、进账单进行审查，审查无误后在进账单第一联上加盖“转讫”章退回给收款单位，通知其票款已进账。收款单位根据其开户行盖章退回的进账单第一联编制银行存款收款凭证。其会计分录为：

借：银行存款

　　贷：主营业务收入

【例4-4】 承上例。乙企业收到甲企业的转账支票后，审查无误，连同进账单一并送交其开户银行，并根据开户银行盖“转讫”章退回的进账单第一联编制收款凭证。其会计分录为：

借：银行存款　　7 020

　　贷：主营业务收入　　6 000

　　　　应交税费——应交增值税（销项税额）　　1 020

【例4-5】 丙企业出售报废固定资产一台，价款为4 000元，应缴营业税80元。收到购货方相等金额转账支票一张。丙企业编制收款凭证，其会计分录为：

借：银行存款　　4 080

　　贷：其他业务收入　　4 000

　　　　应交税费——应交营业税　　80

如果付款单位签发转账支票后，直接送交其开户银行办理款项拨给收款人业务的，付款单位财务部门填制一式两联进账单。在进账单上，本单位为付款人，交易对方单位为收款人，之后把填好的进账单连同支票一起送交本单位开户银行。银行审查无误后，在支票和两联进账单上加盖“转讫”章，并把第一联进账单作为收款通知送交收款单位。收款单位据此进行会计核算，会计分录同上。

（四）支票的付款

支票的付款，是指开户银行受出票人的委托和授权，从其存款中支付支票票款的行为。

1. 支票的验付。银行收到收款人或持票人提交的支票后应首先根据《支付结算办法》等规定对支票进行审核，审核的内容如下：

（1）支票和进账单填写的内容是否一致，金额是否相符。

（2）支票上的大小写金额是否一致。

（3）支票上的金额是否超过结存余额。

（4）支票是否在付款期内。

（5）支票上的签名和印鉴是否与其预留银行印鉴相符。

（6）支票上记载的内容如有更改，有无签发人签字或盖章。

（7）支票上的记名及背书是否符合规定。

如果发现支票上的各项内容有不符规定之处，银行即不予支付支票票款。

2. 支票的退票。如果支票上记载的各项内容有不符或票件不完备时，银行不能支付，将支票退还持票人，由持票人向其签发支票人追索，这个过程叫退票。银行退票时，出具“退票理由书”，填明退票原因，并将之与支票进账单一起退回给持票人（可以是收款人，也可以是付款人）。“退票理由书”的基本格式见表4-4。

如果是由于签发人签发空头支票或者签发不规范而引起银行退票的，银行按规定要对签发人给予处罚。对于这种处罚的罚款，签发人（付款单位）作为营业外支出处理。其会计分录为：

借：营业外支出

　　贷：银行存款

表 4-4　退票理由书

出票单位:　　　　　　　　　　　　年　月　日

票据号码

项目	内　容	退票理由
账户款项不足	1. 存款不足	
	2. 超过放款批准额度或经费限额	
内容填写	3. 非用墨汁或碳素墨水填写	
	4. 金额大小写得不全，不清楚	
	5. 未填写收款单位或收款人	
	6. 未填写款项用途或用途填写不明	
	7. 按照国家政策规定不能支付的款项	
日期	8. 出票日期已过有效期限	
	9. 非即期支票	
背书签字	10. 背书人签章不清、不全、空白	
	11. 背书人签章与预留银行印鉴不符	
涂改	12. 支票大小写金额和收款人名称涂改	
	13. 日期、账号等涂改处未盖预留银行印鉴证明	
其他	14. 此户已结清，无此账户	
	15. 已经出票人申请止付	
	16. 非本行承付支票	
	17. 非该户领购此支票	

3. 支票的止付。支票的止付，是指支票的持票人遗失支票后，以书面形式通知银行停止支付支票票款。但是，银行在接到支票持有人通知前已经支付票款而造成持有人损失的，由其自行负责。按照规定:

第一，已签发的现金支票遗失，可以向银行申请挂失。申请挂失时，签发人应出具公函或有关证明，并加盖预留银行印鉴，同时交付一定的挂失手续费。银行收取挂失手续费，受理申请单位挂失后，在签发人账户明显处用红笔注明“×年×月×日第×号支票挂失支付”字样，并将公函或有关证明一并保管。

第二，已签发的转账支票遗失，银行不予挂失，但付款单位可以请求收款单位协助防范。

4. 印章遗失及更换的处理。存款单位或者个人将预留银行印鉴的印章遗失时，应立即出具正式公函并填写“更换印鉴申请书”，说明遗失情况、日期及遗失前最后签发的支票号码等内容，向银行挂失，办理更换印鉴手续。经银行审查后，由挂失单位填具新印鉴卡、更换印鉴，并注明新印鉴启用日期。印鉴遗失前签发的支票，在支票有效期内仍属有效。如在挂失前，单位的印鉴被盗用，签发支票发生冒领款项的，由单位自行负责。

单位若要更换印鉴时，同时也要填制“更换印鉴申请书”，向银行办理印鉴更换手续。

第六节 银行本票结算方式

一、银行本票结算适用范围与分类

银行本票是申请人将款项交存银行，由银行签发给其凭以办理转账结算或支取现金的票据。银行本票适用于单位和个人，在同一票据交换区域需要支付的各种款项，均可使用银行本票。申请人或收款人为单位的，不得申请签发现金银行本票。

银行本票分为定额和不定额两种。定额银行本票的面额有500元、1 000元、5 000元和10 000元。不定额银行本票的金额起点为100元。银行本票一律记名，并允许背书转让。

定额银行本票一式两联，格式见图4－5，第一联在签发银行结算本票时，作付出传票；第二联由签发银行留存，结算本票时作传票附件。

中国××银行		
付款期 壹个月	本票	本票号码 ¥1 000
收款人： 凭票即付人民币	签发日期（大写）贰零　　年　月　日 壹仟元整	
转账　现金	签发银行盖章	

图4－5　定额银行本票

不定额银行本票格式见图4－6。

二、银行本票结算的基本规定

1. 银行本票一律记名，不准涂改，但可以背书转让。

2. 银行本票的付款期限为1个月（不分大月、小月，统按次月对日计算，到期日遇例假日顺延）。逾期的银行本票，兑付银行不予受理。在付款期内银行见票即付，不能挂失。超过付款期限的银行本票，不能再向银行转账或支取现金，但可以由申请的单位到签发本票的银行办理退款手续。

3. 遗失的不定额银行本票，在付款期满后1个月，确认未被冒领后可以办理退款手续。

中国××银行宁波市分行

付款期
壹个月

本　票　1

本票号码 XI
第　　号

签发日期
（大写）贰零　　年　月　日

此联签发行结清本票时作付出传票

收款人	
凭票即付　　人民币 （大写）	
转账 | 现金	科目（付） 对方科目（付） 兑付日期　　年　月　日 出纳　　复核　　经办

图 4-6　不定额银行本票

4. 银行本票需要支取现金的，付款人应在“银行本票申请书”上填明“现金”字样，银行受理签发“本票”时，在本票上划去“转账”字样并盖章，收款人凭此本票即可支取现金。

5. 银行本票的出票人，为经中国人民银行当地分支行批准办理银行本票业务的银行机构。签发银行本票必须记载下列事项：

（1）表明银行本票字样。

（2）无条件支付的承诺。

（3）确定的金额。

（4）收款人名称。

（5）出票日期。

（6）出票人签章。

欠缺上列事项之一的，银行本票无效。

6. 不允许签发定日银行本票等远期本票。

三、银行本票结算程序

第一，申请人办理银行本票，应向银行填写“银行本票申请书”，详细填明收款人名称、金额、日期等内容，并加盖预留银行印鉴，如个体经营户和个人需支取现金的，还应填明“现金”字样。然后送本单位开户银行（未在银行开户的个人办理银行本票时，应先将现金交银行出纳部门，办理领取银行本票手续）。

银行本票申请书一式三联，如图 4-7 所示。第一联由签发单位或个人留存，第二联由签发行办理本票的付款凭证，第三联由签发行办理本票的收款凭证。

中国××银行签发本票

申 请 书（存根）

申请日期　　年　月　日①

受款单位或个人名称________________

申请

本票金额（大写）________________

签发

申请单位或个人名称________________

申请单位或个人地址（或账号）________________　本票号码________________

申请单位或个人（签章或预留印鉴）　银行出纳　复核　经办

此联出申请签发单位或个人留存，代替记账凭证。

图 4－7　银行本票申请书

银行本票一般的结算程序如图 4－8 所示。

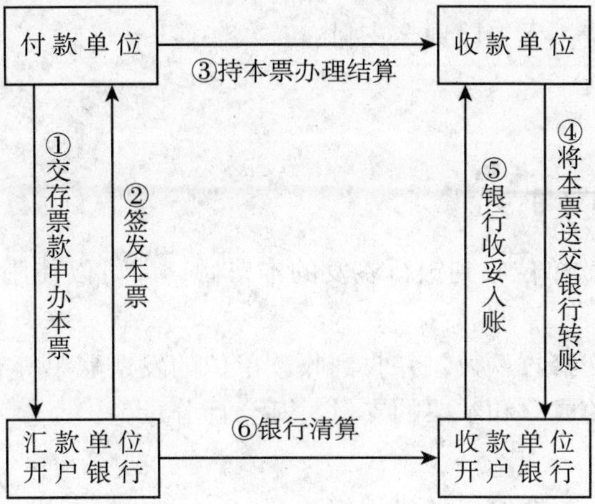

图 4－8　银行本票结算程序

第二，银行受理银行本票申请书，在收妥款项后，据以签发银行本票。申请人取回本票后应借记“其他货币资金——银行本票”，贷记“银行存款”。需支付现金的，在银行本票上划去“转账”字样，加盖印章，不定额银行本票要用压数机压印金额后，再将银行本票交给申请人。

第三，申请人持银行本票可以向填明的收款单位或个体经营户办理结算，收款人收到付款人交来的银行本票，经审查后，填写一式两联进账单，连同收到的银行本票，交本单位开户银行办理收款入账手续。收款人为个人的也可以持转账的银行本票经背书向被背书人的单位或个体经营户办理结算，具有“现金”字样的银行本票可以向银行支取现金。

四、银行本票结算账务处理

（一）本票的签发

付款单位在收到银行退回的本票第一联和“银行本票申请书”存根联后，据申请书的存根联编制会计分录：

借：其他货币资金——银行本票

　　贷：银行存款

根据银行的收据，把办理本票时银行收取的手续费用入账：

借：财务费用

　　贷：库存现金或银行存款

【例4-6】 甲企业准备向本市钢铁厂购买钢材10吨，每吨单价8 000元，决定采用本票方式进行结算。于是出纳人员填写“银行本票申请书”向银行转账交款，申请办理本票。收到银行签发的本票后，根据“银行本票申请书”存根联，编制会计分录为：

借：其他货币资金——银行本票	80 000	
贷：银行存款		80 000

另外支付银行手续费4元，以现金支付：

借：财务费用	4	
贷：库存现金		4

（二）本票的使用和兑付

1. 本票的使用。付款单位收到银行签发的本票后，即可以使用它向其他单位购买货物，办理款项结算。

当付款单位将本票交给收款人，并收到收款单位的发票账单等有关凭证时，应作一笔转账凭证，表明材料采购的成立和本票的支付。其会计分录为：

借：材料采购

　　应交税费——应交增值税（进项税额）

　　贷：其他货币资金——银行本票

如果实际的货款大于本票金额，付款单位可以用现金或支票予以补足，其会计分录为：

借：材料采购

　　应交税费——应交增值税（进项税额）

　　贷：其他货币资金——银行本票

　　　　库存现金或银行存款（实际货款大于本票票款的差额）

若不足的款项尚未支付，可先贷记“应付账款”账户，待实际支付时再转入“现金”或“银行存款”账户。

如果实际的货款小于本票金额，收款单位可以用现金或支票退回多余款项。其会计分录为：

借：材料采购

　　应交税费——应交增值税（进项税额）

　　库存现金或银行存款（实际货款小于本票票款的差额）

　　贷：其他货币资金——银行本票

若收款单位退回的多余款尚未收到，可先挂在“应收账款”账户内。

【例4-7】 承前例，甲企业持票面金额为80 000元的本票到本市钢铁厂购买钢材10吨，每吨单价8 000元，增值税13 600元。不足的货款甲企业以银行存款补充。甲企业根据发票等原始凭证作会计分录为：

借：材料采购	80 000	
应交税费——应交增值税（进项税额）	13 600	
贷：其他货币资金——银行本票		80 000
银行存款		13 600

假如甲企业购买钢材5吨，其余条件不变，则甲企业应编制的会计分录为：

借：材料采购	40 000	
应交税费——应交增值税（进项税额）	6 800	
应收账款——钢铁厂（若款项收到，用“银行存款”账户）	33 200	
贷：其他货币资金——银行本票		80 000

2. 本票的兑付。收款单位收到付款单位交来的本票后，在向银行兑付前，应对本票进行认真的审查。审查的内容包括：

（1）本票的收款人或被背书人是否确为本收款人或被背书人。

（2）本票是否在付款期内。

（3）本票上签发的内容是否符合规定。

（4）本票上的印章是否清晰，不定额本票上是否有压数机压印的金额。

（5）背书是否连续。

上述内容经审查无误后，收款单位可在本票背面加盖预留银行的印鉴，连同一式两联的进账单一起送交银行办理票款入账业务。如果收款人未在银行开户，那么其凭具有“现金”字样的本票向银行支取现金时，应在本票背面签章或盖章，并向银行交验有关证件。

兑付行接到收款人交来的本票和进账单后，对有关本票是否真实、填写是否规范、有无涂改、付款期限是否超过、本票上的收款人或被背书人是否为本收款人、印章是否有效、背书是否连续等内容进行审查。审查无误后，办理兑付手续，在第一联进账单上加盖“转讫”章退回给收款单位作为收账通知。

收款单位从收到本票到向银行兑付这整个过程用会计核算反映为：

① 销售实现，收到本票时：

借：其他货币资金——银行本票

　　贷：主营业务收入

　　　　应交税费——应交增值税（销项税额）

② 收到银行兑付收账后：

借：银行存款

　　贷：其他货币资金——银行本票

【例4－8】 承上例，钢铁业务的核算应为：

① 销售钢材10吨，收到本票和补付货款的支票时：

借：其他货币资金——银行本票	80 000	
银行存款	13 600	
贷：主营业务收入		80 000
应交税费——应交增值税（销项税额）		13 600

② 销售钢材5吨，收到本票：

借：其他货币资金——银行本票	80 000	
贷：主营业务收入		40 000
应交税费——应交增值税（销项税额）		6 800
应付账款——甲企业		33 200

用支票退回多余的本票票款：

借：应付账款——甲企业	33 200	
贷：银行存款		33 200

③ 将本票送交银行，办理进账手续后，据银行退回的进项单第一联：

借：银行存款	80 000	
贷：其他货币资金——银行本票		80 000

（三）本票的背书转让

本票一律记名，允许背书转让。本票持有人转让本票时，应在本票后面“背书”栏内背书，并加盖本单位预留银行的印鉴，注明背书日期，在“被背书人”栏内填写受款人的名称，之后将本票交给被背书人，同时向被背书人交验有关证件，以便被背书单位查验。被背书人接受背书的本票时，也应对其进行认真的检查，检验其内容是否合法、正确、完整。

本票背书必须连续。若本票签发人在本票正面注有“不准转让”字样的，则该本票不得背书转让；背书人也可以在背书时注明“不准转让”字样，禁止该本票以后再转让。

（四）本票的保管和退款

本票见票即付，不予挂失。一旦被遗失，将给汇票人造成极大的经济损失，所以，持票人必须对本票认真、妥善地进行保管，防止遗失被窃等事故发生。

按照现行规定，只有不定额的本票在符合条件时才能办理退款作为补救。这里，符合的“条件”主要包括以下几项：

（1）该本票由签发行签发后未曾背书转让。

（2）持票人为本票的收款单位。付款单位因本票超期等原因而要求退款，应填制一式两联的进账单，连同本票一起送交签发银行，签发银行经审查同意退款后，在进账单第一联上加盖“转让”章退给付款单位作为收账通知。付款单位据银行退回的进账单第一联编制银行存款收款凭证。其会计分录如下：

借：银行存款

　　贷：其他货币资金——银行本票

对于遗失的不定额本票，在付款期满 1 个月后确未被冒领的，也可以到签发银行办理退款手续。在办理退款手续时，原本票申请人应首先向签发银行说明情况，出具盖有公章的遗失本票退款申请书，连同填制好的一式两联进账单一并交给签发银行办理退款。之后，再根据银行退回的进账单第一联编制银行存款的收款凭证，其会计分录同上。

五、受理银行本票应审查事项

收款人在受理银行本票时应注意审查以下内容：

（1）收款人或被背书人是否确为本收款人。

（2）背书是否连续。

（3）银行本票付款期是否在规定的付款期内。

（4）签发的内容是否符合规定，有无涂改，印章是否清晰、有效。

（5）不定额银行本票是否有压数机压印的金额。

（6）持票人身份查验，摘录身份证号码。

六、银行本票的退款规定

申请人因银行本票超过付款期或因其他原因未使用要求退款时，可持银行本票到签发银行办理退款手续。在银行开立存款账户的持票人，还应填写一式两联进账单，一并交银行，待银行办妥退款手续后，凭银行退回的进账单进行账务处理。未在银行开立账户的持票人，应在未用的银行本票背面签章，并交有关证件，经银行审核方予退款。

第七节　汇兑结算方式

一、汇兑结算适用范围与分类

汇兑是汇款人委托银行将款项汇给外地收款人的结算方式。根据凭证传递方式不同，可分为信汇和电汇两种。汇款人可根据需要选择使用，随着银行清算系统的完善，速度较快的电汇业务已被银行和单位普遍采纳。

汇兑适用于异地单位、个体经营户和个人各种款项的结算。

二、汇兑结算的基本规定

（一）汇兑结算的起点

汇兑结算没有起点限制，即不论汇款金额多少均可以办理信汇和电汇结算。

（二）支取现金的规定

收款人要在汇入银行支取现金，付款人在填制信汇或电汇凭证时，需在凭证“汇款金额”大写金额栏中填写“现金”字样。款项汇入异地后，收款人需携带本人的身份证件或汇入地有关单位足以证实收款人身份的证明，到银行办理现金支付手续。信汇或电汇凭证上未注明“现金”字样而需要支取现金的，由汇入银行按现金管理规定审查支付；需部分支取现金的，收款人应填写取款凭证送交汇入银行，办理部分支取现金和转账手续。

（三）留行待取的规定

汇款人将款项汇往异地需派人领取的，在办理汇款时，应在签发的汇兑凭证各联的“收款人账号或地址”栏注明“留行待取”字样。留行待取的汇款，需要指定单位的收款人领取汇款的，应注明收款人的单位名称；信汇凭印鉴支取的，应在第四联凭证上加盖预留的收款人印鉴。款项汇入异地后，收款人需携带足以证明本人身份的证件，或汇入地有关单位足以证实收款人身份的证明向银行支取款项。如信汇凭印鉴支取的，收款人必须持有与预留印鉴相符的印章，经银行验对无误后，方可办理支款手续。

（四）分次支取的规定

收款人接到汇入银行的取款通知后，若收款人需要分次支取的，要向汇入银行说明分次支取的原因，经汇入银行同意，以收款人名义设立临时存款账户，该账户只付不收，结清为止，不计利息。

（五）转汇的规定

收款人如需将汇款转到另一地点，应在汇入银行重新办理汇款手续。转汇时，收款人和用途不得更改，汇入银行必须在信汇或电汇凭证上加盖“转汇”戳记。

（六）退汇的规定

汇款人对汇出的款项申请退汇时，应出具正式函件，说明要求退汇的理由或本人身份证明和原信、电汇凭证回单，向汇出银行办理退汇。汇出银行审查后，通知汇入银行，经汇入银行回复款项已经解付或已直接汇入收款人账户的，则不能办理退汇。此外，汇入银行对于收款人拒绝接受的汇款，应当办理退汇。汇入银行对从发出取款通知之日起，两个月内仍无法交付的款项，可主动办理退汇。

三、汇兑结算程序

（一）信汇结算程序

汇款人办理信汇时应填写信汇凭证一式四联，送交本单位开户银行办理信汇。银行受理后，将第一联回单退回给汇款人记账，汇款人据此借记“应付账款”等账户，贷记“银行存款”账户。银行留下第二联支款凭证用于银行记账，将第三联和第四联传给收款银行。收款银行收到凭证后，留下第三联收款凭证用于记账，将第四联传给收款人，收款人收到第四联收账通知后，进行账务处理，借记“银行存款”账户，贷记“应收账款”等账户。

（二）电汇结算程序

汇款人办理电汇时应填写电汇凭证一式三联（格式见图4－9），送交本单位开户银行办理电汇。银行受理后，将第一联回单退给汇款人记账，留下第二联支款凭证用于银行记账，依据第三联编制电划代收报单向收款银行拍发电报。收款银行收到电报后，签发电划代收补充报单一式三联，将第三联传给收款人。收款人凭代收报单第三联进行账务处理。账务处理方法同信汇结算。

中国××银行电汇凭证（回单） **1**

委托日期　　　　年　月　日　　　　第　号

<table>
<tr><td rowspan="3">收款单位</td><td>全称</td><td></td><td rowspan="3">汇款单位</td><td>全称</td><td colspan="4"></td><td rowspan="7">此联是开户银行给委托单位的回单</td></tr>
<tr><td>账号或住址</td><td></td><td>账号或住址</td><td colspan="4"></td></tr>
<tr><td>汇入地点</td><td></td><td>汇出地点</td><td>省</td><td>市
县</td><td>汇出行
名称</td><td></td></tr>
<tr><td>金额</td><td colspan="4">人民币：
（大写）</td><td colspan="4">千 百 十 万 千 百 十 元 角 分</td></tr>
<tr><td colspan="5">汇款用途：</td><td colspan="4" rowspan="2">科目（付）
对方科目（收）
汇邮行汇出日期
年　月　日
复核员　　记账员</td></tr>
<tr><td colspan="5">上列款项请在本单位账户内支付，并按照汇兑结算方式规定拨给收款单位。

（汇款单位盖章）</td></tr>
</table>

图4－9　银行电汇凭证

汇兑一般的结算程序如图4－10所示。

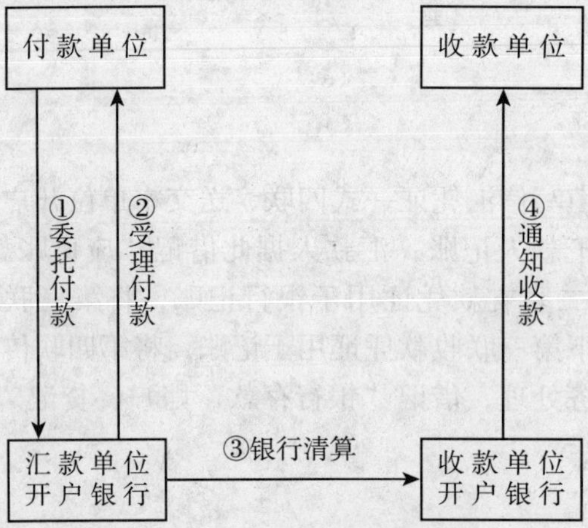

图 4-10　汇兑结算程序

四、汇兑结算的账务处理

(一) 委托银行办理汇款

汇款单位根据银行退回的回单，编制银行存款付款凭证。其会计分录为：

借：应付账款（偿还前欠货款）

或：

借：预付账款（预付购货款）

或：

借：其他货币资金——外埠存款（在异地设临时采购账户）等

　　贷：银行存款

同时，根据银行开具的手续费和邮电费收据编制付款凭证。其会计分录为：

借：财务费用

　　贷：库存现金或银行存款

【例 4-9】 甲公司委托其开户银行以信汇方式向外地的丁公司汇款 12 800 元，偿还前欠的购货款。另外以现金支付手续费 3.84 元。据此，甲公司进行会计核算。其会计分录为：

借：应付账款——丁公司　　12 800

　　贷：银行存款　　12 800

借：财务费用　　3.84

　　贷：库存现金　　3.84

【例 4-10】 甲公司以电汇的方式向外地某市汇款 380 000 元设立临时采购账户，同时向银行缴纳手续费 11.4 元，从账户中扣收。甲公司进行会计核算，其会计分录为：

借：其他货币资金——外埠存款　　380 000

　　贷：银行存款　　380 000

借：财务费用　　11.4

　　贷：银行存款　　11.4

（二）收取款项

汇入行接到汇出行寄来的有关信汇、电汇凭证后，首先审查凭证上的联行专用章与联行报单印章是否一致。审查一致后，再根据不同情况进行处理。

对于在银行内开户的收款人，汇入行将汇入款项直接转入其银行存款账户内，同时将信汇凭证第四联或电汇凭证第三联加盖“转讫”章后交给收款人，表明银行已将汇款收进账内。收款人根据银行转来的收账通知，借记“银行存款”账户，贷方科目根据汇款性质而定。其会计分录为：

借：银行存款

　　贷：应收账款

或：

　　贷：预收账款

或：

　　贷：主营业务收入

【例4-11】 承前例。丁公司收到其开户行转来的甲公司的信汇凭证第四联，连同发票存根等原始凭证，编制银行存款收款凭证，其会计分录为：

借：银行存款　　12 800

　　贷：应收账款——甲公司　　12 800

【例4-12】 乙公司销售产品一批，价款共计780 000元，增值税为132 600元。产品已发运。同时收到银行转来的购方电汇凭证第三联，据此编制银行存款收款凭证。其会计分录为：

借：银行存款　　912 600

　　贷：主营业务收入　　780 000

　　　　应交税费——应交增值税（销项税额）　　132 600

对于未在银行开户的收款人，领取汇款时，需填制一联支款单连同信汇凭证第四联或电汇凭证第三联，并携带有关身份证件到汇入行领款。信汇凭印鉴支取的，收款人盖章必须与预留印鉴相符。审核无误后，即办理一次性现金支付手续。其中：

（1）若收款人以转账方式取款的，银行将汇款一次性转入收款人在当地其他银行账户内。

（2）若收款人分次取款的，可以收款人的名义在收汇银行开立临时账户，汇款暂存入该账户，凭存单分次支取。临时账户只取不存，付清销户，不计利息。

（3）若收款人支取现金的，如果信汇、电汇凭证大写金额栏内填有“现金”字样的，汇入行即可支付现金，否则，由汇入行按照现金管理的规定来决定是否付现和付现的金额。

（三）转汇和退汇

汇款人因汇入地没有所需商品等原因需要转汇时，可以持取款通知和有关证件请求汇入银行重新办理信汇、电汇手续，将款项汇往其他地方。转汇时，收款人和用途必须与原来汇款单上一致。银行在发出的转汇凭证上要加盖“转汇”戳记。注明“不得转汇”字样的，汇入银行不予办理转汇。

汇款单位收到汇出银行寄来的注有“汇款退回已代进账”字样的退汇通知书第四联（适用于汇款人申请退汇）或者由汇入银行加盖了“退汇”字样、汇出银行加盖了“转讫”章的特种转账贷方凭证（适用于银行主动退汇）后，即表明汇款已退回本单位账户，财务部门即可据此编制银行存款收款凭证。其会计分录与汇出款项时会计分录正好相反。

五、汇兑结算应注意事项

1. 汇款人办理异地汇款时，可根据款项汇入地点的远近和时间的要求，选择信汇或电汇结算方式。填写汇款凭证时，要按照凭证各栏要求，详细填明汇入地点、行名、收款人及汇款用途等内容并在第二联上加盖预留银行印鉴章。

2. 根据结算规定，信汇汇款可附带与汇款有关的少量单证，如向外地订购书刊的订购单、商品订购单以及向外地人员汇付工资时的工资发放表等。电汇款项不允许附带单证。

3. 收款人收到银行转来的收款通知或电划代收报单时，要认真地对凭证的内容进行审查，主要查看凭证收款人全称和账号是否与本单位的全称和账号一致、汇款用途是否与本单位有关、汇入银行是否加盖了“转讫”印章。在确认属于本单位款项，但用途不明的情况下，应及时与本单位有关部门联系，尽快查明款项用途，从而准确归属有关核算账户。

六、同城汇兑结算

前述汇兑结算仅限于异地结算，为了方便同城主动汇付款项，银行特制了一种叫“贷记凭证”的结算凭证来办理同城汇兑。

贷记凭证由付款人签发并送交银行转付款项。该凭证一式四联，一次填写。其中第一联由付款人留存作记账依据，借记有关账户，贷记“银行存款”账户；第二联给付款人开户银行作为划付款项的依据和借记凭证，付款人在此联加盖预留银行印鉴章；第三联给收款人开户银行作为划转款项的依据和贷方凭证；第四联则作收款人收账通知，收款人开户银行应在此联盖章后再传给收款人，收款人则据此借记“银行存款”账户，贷记有关账户。

贷记凭证式样见图4－11。

①此联作付款人回单

贷记凭证(回单联)

AB827548

1

签发日期：　年　月　日

付款人	全称	
	账号	
	开户银行	
人民币		
收款人	全称	
	账号	
	开户银行	

用途：

单位主管　会计　复核　记账

交通银行上海分行贷记凭证

凭证
号码 AB827548

2

签发日期(大写)贰零　年　月　日

付款人	全称		收款人	全称	
	账号			账号	
	开户银行			开户银行	

人民币（大写）	千	百	十	万	千	百	十	元	角	分

用途＿＿＿＿＿＿　复核

上列款项请从
我账户内支付　记账
验印

签发人盖章　转账日期　年　月　日

②此联作付款人开户行借方凭证

图 4－11　贷记凭证

第八节 银行汇票结算方式

一、银行汇票结算适用范围与分类

银行汇票是汇款人将款项交存当地银行，由银行签发给汇款人持往异地办理转换结算或支取现金的票据。

银行汇票适用于异地单位、个体经营户、个人之间需要支付的各种款项。凡在银行开立账户的单位、个体经营户和未在银行开立账户的个人，都可以向银行申请办理银行汇票，而且也都可以受理银行汇票。

二、银行汇票结算的基本规定

1. 银行汇票一律记名。汇款人申请办理银行汇票时，应在填写的“银行汇票申请书”上详细填明兑付地点、收款人名称、账户、用途等项内容。能确定收款人的，需详细填明兑付地点、收款人名称、账号、用途等项内容；确定不了的，应填写汇款人指定人员的姓名。

2. 银行汇票金额起点为500元。

3. 银行汇票的付款期为1个月（不分大月、小月，统按次月对日计算，到期日遇例假日顺延）。逾期的银行汇票，兑付银行不予受理。

4. 汇款人持银行汇票可以向填明的收款单位或个体经营户直接办理结算，收款人为个人的也可以将转账的银行汇票经背书向兑付地的单位或个体经营户办理结算。

5. 在银行开立账户的收款人或被背书人受理银行汇票后，在汇票背面加盖预留银行印鉴章，连同解讫通知、进账单，送交开户银行办理转账。未在银行开立账户的收款人持银行汇票向银行支取款项时，必须交验本人身份证或兑付地有关单位足以证实收款人身份的证明，并在银行汇票背面盖章或签字，注明证件名称、号码及发证机关后，才能办理支取手续。

6. 支取现金的规定。收款人如需要在兑付地支取现金的，汇款人在填写“银行汇票申请书”时，需在“汇款金额”大写金额栏先填写“现金”字样，后填写汇款金额。

7. 分次支取的规定。收款人持银行汇票向银行支取款项时，如需分次支取，应以收款人的姓名开立临时存款户办理支付，临时存款户只付不收，付完清户，不计利息。

8. 转汇的规定。银行汇票可以转汇，可委托兑付银行重新签发银行汇票，但转汇的收款人和用途必须是原收款人和用途，兑付银行必须在银行汇票上加盖“转汇”戳记，已转汇的银行汇票，必须全额兑付。

9. 退汇的规定。汇款人因在银行汇票超过付款期或因其他原因要求退款时，可持银行汇票和解讫通知到签发银行办理退汇。

10. 挂失的规定。持票人如果遗失了填明“现金”字样的银行汇票，持票人应当立即向兑付银行请求挂失。在银行受理挂失前（包括对方行收到挂失通知前）被冒领，银行概不予挂失，可通知收款单位或个体经营户、兑付银行、签发银行请求协助防范。遗失的银行汇票在付款期满后 1 个月内，未冒领的，可以办理退汇手续。

三、银行汇票结算程序

（一）签发银行汇票

汇款人需要办理银行汇票时，应先填写“银行汇票申请书”一式三联（格式见图 4－12），送本单位开户银行申请签发银行汇票（本单位开户银行不能办理银行汇票的，应将款项转交附近签发银行汇票的银行办理，没有在该银行开户的应同时交付现金）。银行受理后，根据“银行汇票申请书”第二、第三联办理银行收款手续，然后签发银行汇票一式四联（格式见图 4－13），留下第一联和第四联，将第二联汇票、第三联解讫通知和加盖印章后的银行汇票申请书第一联交给汇款人。汇款人对银行给其签发的银行汇票要通过“其他货币资金——银行汇票”账户核算。

中国××银行汇票申请书（存根）　1

委托日期　　年　月　日

收款人				
账号或住址				
兑付地点	省　市/县	兑付行	汇款用途	
汇款金额	人民币（大写）			千 百 十 万 千 百 十 元 角 分
备　注			科　目： 对方科目： 财务主管　复核　经办	

此联由汇款人留存作记账传票

图 4－12　银行汇票申请书

（二）兑付

汇款人取得签发银行签发的银行汇票以后，即可到异地向收款人办理结算。对已注明收款人的银行汇票，可直接将汇票交予收款人，到兑付银行办理兑付；对收款人为持票人的银行汇票，可由持票人到兑付银行办理兑付手续，也可将银行汇票背书转让给收款人，由收款人到兑付银行办理兑付。收款人向银行兑付时，应将实际结算金额填入第二联汇票和第三联解讫通知，并填写进账单一式二联，一并送开户银行办理入账手续。

解讫 通知 **3**

Ⅸ

中国××银行

银行汇票（　）

付款期
壹个月

签发日期：贰零　年　月　月
（大写）

第　号

兑付地点：　兑付行　行号：

收款人：　账号或地址：

汇款金额	人民币（大写）	
实际结算金额	人民币（大写）	千 百 十 万 千 百 十 元 角 分

汇款人：

签发行：　行号：　账号或住址：

汇款用途：

兑付行盖章

多余金额									科目（收）
百	十	万	千	百	十	元	角	分	对方科目（付） 转账日期　年　月　日
									复核　记账

复核　经办

图4－13　银行汇票

（三）结算余额

兑付银行按实际结算金额办理入账后，将银行汇票第三联解讫通知传递给汇票签发银行，签发银行核对后将余款转入汇款人账户，并将银行汇票第三联多余款收账通知转给汇款人，汇款人据此办理余款入账手续。汇款人根据收到的多余款收账通知借记“银行存款”账户，贷记“其他货币资金——银行汇票”账户。

银行汇票一般的结算程序如图4－14所示。

四、银行汇票结算账务处理

（一）银行汇票的签发

1. 汇款单位的财会部门收到银行签发的“银行汇款联”和“解讫通知联”后，根据银行盖章退回的“银行汇票申请书”第一联，编制会计分录为：

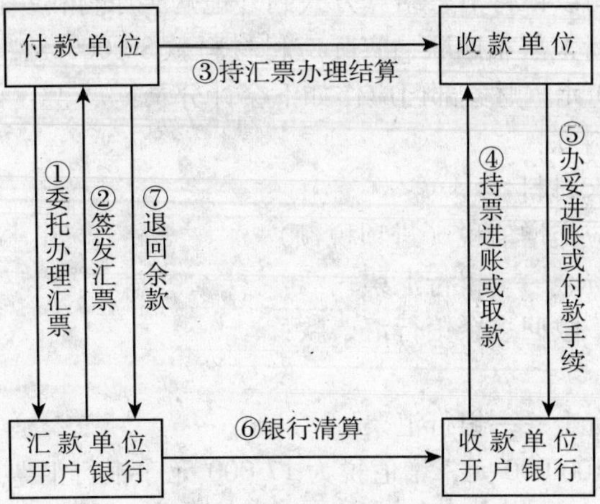

图4－14　银行汇票结算程序

借：其他货币资金——银行汇票

　　贷：银行存款

如果汇款单位用现金办理银行汇票，则其会计分录为：

借：其他货币资金——银行汇票

　　贷：库存现金

2. 对于银行按规定收取的手续费、邮电费，汇款单位根据银行出具的收费收据，编制会计分录为：

借：财务费用

　　贷：银行存款或库存现金

（二）银行汇票的使用

汇款单位使用银行汇票购货或付款后，等到签发银行转来银行汇票第四联，即可根据该联中“实际结算金额”栏的实际结算金额及供应部门转来的发票等原始凭证，编制会计分录：

（1）企业以银行汇票购买材料，根据对方的销货发票等凭证及签发行退回的银行汇票第四联：

借：材料采购

　　应交税费——应交增值税（进项税额）

　　贷：其他货币资金——银行汇票

（2）银行汇票金额若大于实际结算金额，出现多余款时，汇款单位的财务部门根据银行转来的银行汇票第四联中所列的“多余金额”数：

借：银行存款

　　贷：其他货币资金——银行汇票

【例4－13】 某公司以银行汇票结算方式到外地购买原材料一批，根据核对相符的对方发票和开户行转来的银行汇票第四联，实际应付材料款80 000元，增值税13 600元。银行汇票票面金额为100 000元。财务部门应作如下会计分录：

采购材料，支付材料款：

借：材料采购——×材料　　80 000

　　应交税费——应交增值税（进项税额）　　13 600

　　贷：其他货币资金——银行汇票　　93 600

接到开户银行通知，收回多余银行汇票款：

借：银行存款　　6 400

　　贷：其他货币资金——银行汇票　　6 400

若材料实际价款为100 000元，增值税为17 000元，银行汇票款同前，应补交材料款，会计分录如下：

借：材料采购——×材料　　100 000

　　应交税费——应交增值税（进项税额）　　17 000

　　贷：其他货币资金——银行汇票　　100 000

　　　　银行存款　　17 000

以银行汇票偿还前欠货款38 600元：

借：应付账款——××　　38 600

　　贷：其他货币资金——银行汇票　　38 600

收款单位根据银行退回的进账单第一联所列的实际结算金额和发票存根等原始凭证，编制银行存款收款凭证。会计分录为：

借：银行存款

　　贷：主营业务收入

　　　　应交税费——应交增值税（销项税额）

（三）银行汇票的退款

汇款人因银行汇票超过付款期或其他原因没有使用银行汇票而要求退款时，可持银行汇票和解讫通知到签发银行办理。汇款单位办理退款手续后，待收到银行转回的银行汇票第四联“多余款收账通知联”时，财务部门据此联中“多余金额”栏进行会计核算，编制银行存款收款凭证，其会计分录为：

借：银行存款

　　贷：其他货币资金——银行汇票

五、银行汇票结算应注意事项

1. 汇款人申请办理银行汇票时，应根据需要确定是否支付现金和允许转汇，如需支付现金，可在填写“银行汇票申请书”大写金额前注明“现金”字样，银行受理后签发带有“现金”字样的银行汇票；如明确不得转汇的，可在“银行汇票申请书”备注栏注明“不得转汇”字样，银行将根据要求在签发银行汇票用途栏注明“不得转汇”字样，这样汇票就不能再办理转汇。

2. 收款人为个人的银行汇票，如需背书转让给兑付地点的单位或个体经营户，则可办理背书转让手续。先由持票人（或汇票的收款人）在银行汇票的背面“背书人”栏加盖汇票原收款人的名章，再在“被背书人”栏加盖预留银行印鉴中财务专用章后，就可以到银行办理收款入账手续。

3. 收款人受理银行汇票时，要注意审查如下内容：

（1）收款人或被背书人是否确为收款人。

（2）银行汇票在付款期内，日期、金额等内容填写是否正确无误。

（3）印章是否清晰，是否有用压数机压印的金额。

（4）银行汇票与解讫通知是否齐全，是否相符。

（5）汇款人与背书人的证明或证件是否真实，是否与其背书相符。

4. 收款人在受理银行汇票办理转账时，如果将实际结算金额或多余金额填错，可用红线划去金额，在其上方重新填上正确的数字并加盖印章，但只限更改一次。

六、银行汇票的特点

1. 票随人到，用款及时。银行汇票可由付款人携带至异地办理付款，有利于单位和个人的急需用款。

2. 付款有保证。由于银行汇票是以银行信用作保证的，所以在使用银行汇票进行结算时，一般不会出现“空头”和无款支付的情况。

3. 使用灵活。持票人既可一笔转账，也可分次付款，还可根据需要通过银行办理转汇，持票人也可将银行汇票背书转让。

4. 兑现性强。异地付款需支付现金时，只要在汇款时向银行说明用途或以现金交汇，由汇出银行在签发银行汇票“汇款金额”栏大写金额前注明“现金”字样，就可以在兑付银行支取现金，这样，既可以避免长途携带现金的不便，又可以保证现金的安全。

5. 购物方便。持票人可以持票购物，收款人可见票发货，按货收款，余款退回，做到钱货两清。从而避免了不合理的预付款，做到了款项一次结清。

第九节 商业汇票结算方式

一、商业汇票结算适用范围与分类

商业汇票是收款人或付款人（或承兑申请人）签发，由承兑人承兑，并于到期日向收款人或被背书人支付款项的票据。

商业汇票按其承兑人的不同，分为商业承兑汇票和银行承兑汇票两种。商业承兑汇票按双方约定签发。由收款人签发的商业承兑汇票，应交付款人承兑；由付款人签发的商业承兑汇票，应经本人承兑。银行承兑汇票是由收款人或承兑申请人签发，并由承兑申请人向开户银行申请，经银行审查同意承兑的票据。

商业汇票适用于在银行开立账户的法人之间根据购销合同先发货后收款或延期付款的商品交易，无论是同城还是异地，其款项结算均可使用商业汇票结算方式。

二、商业汇票结算的基本规定

1. 商业汇票一律记名，允许背书转让。

2. 商业汇票承兑期限由交易双方商定，一般为 3～6 个月，特殊情况可以适当延长，但最长不超过 9 个月。商业汇票到期后，承兑人（即付款人）负有无条件支付票款的责任。需要分期付款时，应一次签发若干张不同期限的汇票。

3. 无款支付的规定。商业承兑汇票到期，付款人账户存款不足而不能支付票款时，如果属于异地办理委托收款的，由付款人开户银行在委托收款凭证备注栏注明付款人"无款支付"字样，按照委托收款结算无款支付手续处理，将委托收款凭证和商业承兑汇票退回收款人开户银行。如果属于同城用进账单划款的，比照空头支票退票处理，将委托收款凭证和商业承兑汇票退回收款人开户银行。同时，银行按照商业承兑汇票的票面金额处以 5% 但不低于 1 000 元的罚款，同时处以 2% 赔偿金给收款人。银行承兑汇票到期，付款人账户无款支付或不足支付时，银行除凭票向收款人无条件支付款项外，还将根据承兑协议对付款人执行扣款。对尚未收回款项转入付款人的逾期贷款户，并每日按 5‰ 计收罚息。

三、商业汇票结算程序

（一）商业承兑汇票结算程序

商业承兑汇票结算一般可分为三个步骤进行。

1. 签发和承兑商业承兑汇票。商业承兑汇票一式三联（格式见图 4－15）可由收款人签发，也可由付款人签发，汇票签发后，第一联由付款人（即承兑人）留存，付款人据此借记有关账户，贷记"应付票据"账户；第二联汇票由付款人（即承兑人）在承兑栏加盖预留银行印鉴章，并在商业承兑汇票证明签署"承兑"字样，以示承兑后，将商业承兑汇票交给收款人，收款人据此借记"应收票据"账户，贷记有关账户；第三联由签发人留存备查。

2. 委托收款。收款人或被背书人将要到期的商业承兑汇票送交开户银行办理收款手续，收款一般采取的是委托收款方式。

3. 到期兑付。付款人应于商业承兑汇票到期日前积极筹措款项，于到期日前将票款足额交存其开户银行，付款人开户银行收到传来的委托收款凭证和商业承兑汇票后，将款项划给收款人或被背书人。付款方借记"应付票据"账户，贷记"银行存款"账户；收款方借记"银行存款"账户，贷记"应收票据"账户。

商业承兑汇票一般的结算程序如图 4－16 所示。

商业承兑汇票　**2**　XI0630351

签发日期　　年　月　日　　　　　　　　　　　　第　号

收款人	全称			付款人	全称		
	账号				账号		
	开户银行		行号		开户银行		行号
汇票金额	人民币：（大写）					千 百 十 万 千 百 十 元 角 分	
汇票到日期	年　月　日			交易合同号码			
本汇票已经本单位承兑，到期日无条件支付票款。此致 收款人 付款人盖章 负责　　年　月　日				汇款签发人盖章 负责　　经办			

此联收款人开户银行随结算凭证寄付款人开户行作付出传票附件

图4-15　商业承兑汇票

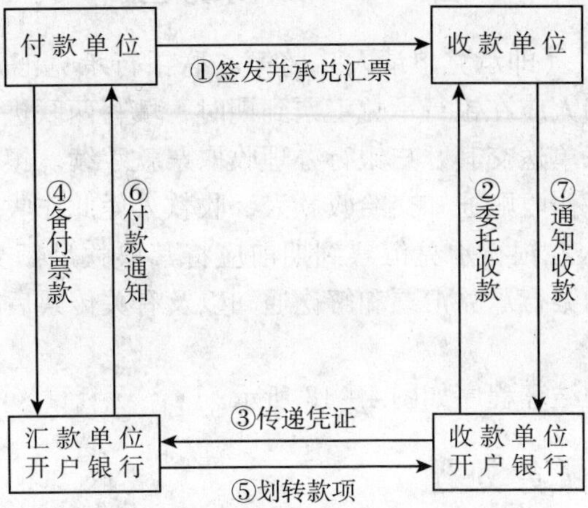

图4-16　商业承兑汇票结算程序

（二）银行承兑汇票结算程序

银行承兑汇票结算一般也可分为三个步骤进行：

1. 申请承兑。承兑申请人（即付款人）持银行承兑汇票（格式见图4-17）和购销合同，向其开户银行申请承兑。银行按有关规定审查同意后，与承兑申请人签订承兑协议一式三联，并在银行承兑汇票上注明承兑协议编号，加盖银行印章，用压数机压印汇票金额后，将第二联银行承兑汇票和第三联解讫通知交给承兑申请人。

银行承兑汇票　　**2**　　　　Ⅸ

签发日期　　年　月　日　　　　第　号

收款人	全称			付款人	全称		
	账号				账号		
	开户银行		行号		开户银行		行号
汇票金额	人民币：（大写）						千 百 十 万 千 百 十 元 角 分
汇票到日期	年　月　日						
本汇票送请你行承兑，并确认《银行结算法》和承兑协议的各项规定。 此致 承兑银行 承兑申请人盖章 年　月　日				承兑协议编号		交易合同号码	
				汇票人签发盖章 负责　经办		科目（付） 对方科目（付） 转账 日期　年　月 复核　记账	

此联收款人开户银行随结算凭证寄付款人开户行作付出传票附件

图 4－17　银行承兑汇票

2. 兑取票款。付款人（即承兑申请人）将第二联银行承兑汇票和第三联解讫通知交给收款人。收款人或被背书人应在银行承兑汇票到期时，填写两联进账单，然后将银行承兑汇票、解讫通知，连同进账单送交其开户银行办理收取票款手续。银行按规定审查无误后，在第一联进账单加盖转讫章作收账通知交给收款人，收款人凭此作收入入账手续。

3. 支付票款。付款人在银行承兑汇票到期前应将其票款足额交存其开户银行，承兑银行在收到承付银行转来的银行承兑汇票和解讫通知以及有关传票后，于银行承兑汇票到期日将付款人款项划出。

银行承兑汇票一般的结算程序如图 4－18 所示。

四、商业汇票结算账务处理

（一）商业承兑汇票的签发与兑付

1. 商业承兑汇票的签发。商业承兑汇票是在商品交易基础上，表明购货方和供货方双方债权、债务关系的票据。所以，当付款单位把经过其承兑的商业承兑汇票交给收款方后，应编制会计分录对该笔业务进行反映。其会计分录如下：

借：材料采购等

　　应交税费——应交增值税（进项税额）

　　贷：应付票据

当收款单位收到经付款单位承兑的商业承兑汇票后，应对此编制转账凭证进行反映，其

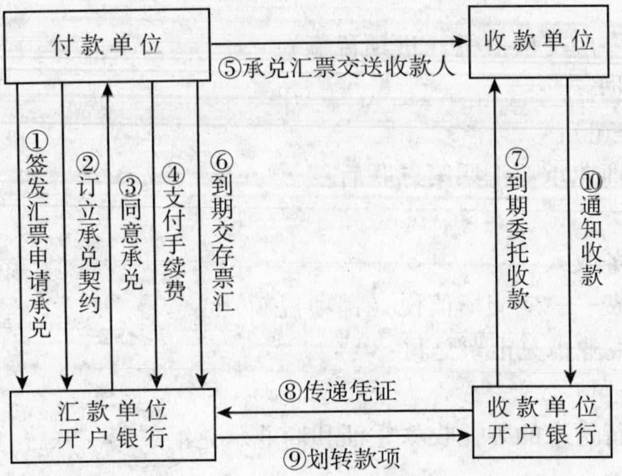

图 4－18　银行承兑汇票结算程序

会计分录为：

借：应收票据

　　贷：主营业务收入

　　　　应交税费——应交增值税（销项税额）

同时，出纳人员据此登记"应收票据登记簿"，逐项填写备查簿中汇票的种类、交易合同号、签发日期、到期日期、汇票金额、承兑人等内容。

2. 商业承兑汇票的兑付。付款单位签发了商业承兑汇票以后，应据汇票第一联（卡片）进行登记的情况，在汇票到期日前备足票款，交存开户银行。待商业承兑汇票到期，其开户行将票款划拨给收款人、被背书人或贴现银行，同时通知其该商业承兑汇票款已付。

付款单位根据其开户行的收账通知，编制银行存款付款凭证，其会计分录如下：

借：应付票据

　　贷：银行存款

同时在"应付票据备查簿"上登记到期付款的日期、金额，并在注销栏内予以注销。

相应地，收款单位根据其开户行的收账通知，编制银行存款收款凭证，会计分录如下：

借：银行存款

　　贷：应收票据

同时，在"应收票据备查簿"上登记收款日期和金额情况，并在注销栏内予以注销。

【例 4－14】 2008 年 3 月 20 日甲公司和乙公司签订一份原材料购货合同，双方商定以商业承兑汇票进行结算，当即由购货方（甲公司）开出并承兑商业承兑汇票一张，期限为 2 个月，票面上的价款为 40 000 元，应付增值税为 6 800 元。

（1）签订购销合同，签发商业汇票时：

① 付款方（甲公司）：

开出商业承兑汇票，并凭汇票第一联作会计分录：

借：材料采购　　40 000
　　应交税费——应交增值税（进项税额）　　6 800
　　贷：应付票据　　46 800

② 收款方（乙公司）：

销售商品，收到商业承兑汇票第二联后：

借：应收票据　　46 800
　　贷：主营业务收入　　40 000
　　　　应交税费——应交增值税（销项税额）　　6 800

（2）2 个月后，商业承兑汇票兑付：

① 付款方（甲公司）：

到期根据开户银行送来的委托收款凭证和商业承兑汇票第二联：

借：应付票据　　46 800
　　贷：银行存款　　46 800

② 收款方（乙公司）：

到期将商业承兑汇票第二联送缴其开户行委托银行收款后，根据银行的收账通知：

借：银行存款　　46 800
　　贷：应收票据　　46 800

付款单位因无力支付商业承兑汇票款时，应编制转账凭证，把应付票据转为应付账款，并同时在“应付票据备查簿”中进行登记。其结转应付票据的会计分录为：

借：应付票据
　　贷：应付账款

相应地，收款单位收到其开户行转来的付款单位退回的商业承兑汇票后，也应编制一笔转账凭证，把应收票据转到应收账款中。其会计分录为：

借：应收账款
　　贷：应收票据

同时，也在“应收票据备查簿”中对之加以记录。

如果收、付款单位经协商，继续采用商业承兑汇票方式进行转算，则需开出新的商业承兑汇票，并编制分录，把应收、应付票据转回。

收款单位：

借：应收票据
　　贷：应收账款

付款单位：

借：应付账款
　　贷：应付票据

如果付款单位确实无法支付该笔账款时，收款单位只有把该笔账款作为坏账损失。其会计分录为：

借：坏账准备或管理费用

　　贷：应收账款

另外，付款单位对于其无力支付票据的罚款，应根据其开户银行转来的罚款凭证，作营业外支出处理。其会计分录为：

借：营业外支出

　　贷：银行存款

（二）银行承兑汇票的签发与兑付

1. 银行承兑汇票的签发。银行承兑汇票是在交易合同的基础上由交易双方协商签发。银行承兑汇票的主要内容同商业承兑汇票基本相似。但银行承兑汇票是一式四联：第一联为卡片，由承兑银行支付票款时作付出传票；第二联由收款人开户行向承兑银行支付票款时作联行往来账付出传票；第三联为解讫通知联，由收款人开户银行收取票款时随报单寄给承兑行，承兑行做付出传票附件；第四联为存根联，由签发单位编制有关凭证。

银行承兑汇票由出纳人员填制。

2. 银行承兑汇票的承兑。银行承兑汇票可以由收款人签发，也可以由付款人签发。由收款人签发的银行承兑汇票，由承兑申请人持汇票和购销合同向其开户银行申请承兑；由承兑申请人签发的银行承兑汇票，由本人持汇票和购销合同向其开户银行申请承兑。

其具体操作为：付款单位的出纳人员把填制好的银行承兑汇票的有关内容同购销合同相核对，核对无误后填制一式三联的“银行承兑协议”，并在“承兑申请人”处加盖单位公章。“银行承兑协议”的内容主要是汇票的主要内容及汇票经银行承兑后，承兑申请人应遵守的基本条款等。银行承兑协议的基本格式如下：

银行承兑协议

银行承兑汇票的内容：

收款人全称________________　　付款人全称________________

开户银行________________　　开户银行________________

账　　号________________　　账号________________

汇票号码________________　　汇票金额（大写）________________

签发日期______年____月____日　　到期日期______年____月____日

以上汇票经承兑银行承兑，承兑申请人（下称申请人）愿遵守《银行结算办法》的规定及下列条款：

一、申请人于汇票到期日前将应付票款足额交存承兑银行。

二、承兑手续费按票面金额千分之一计算，在银行承兑时一次付清。

三、承兑汇票如发生任何纠纷，均由收付双方自行处理，票款于到期前仍按第一条办理不误。

四、承兑汇票到期日，承兑银行凭票无条件支付票款。如到期日之前申请人不能足额交付票款时，承兑银行对不足支付部分的票款转作承兑申请人逾期贷款，并按有关规定计收罚息。

五、承兑汇票款付清后，本协议自动失效。

本协议第一、第二联分别由承兑银行信贷部门和承兑申请人存执，协议副本由银行会计部门存查。

承兑银行__________________（盖章）　　承兑申请人 ____________（盖章）

订立承兑协议日期______年__月__日

银行承兑协议填写完成后，在银行承兑汇票的第一、第二联中“承兑申请人盖章”栏内加盖预留银行的印鉴，之后将银行承兑汇票的第一、第二、第三联连同交易合同以及银行承兑协议的第一、第二、第三联一并送交开户银行信贷部门申请承兑。银行的信贷部门对申请承兑单位的资信情况、商品交易情况进行审查。经审查符合办理承兑条件的银行按有关审批权限报经批准后，与申请承兑单位签署承兑协议，在协议上“承兑银行”栏内盖章，并将“银行承兑协议”的第二、第三联退回给承兑申请单位（第一联留存在银行信贷部门）。同时，银行会计部门审核后在银行承兑汇票的前三联上分别注明承兑协议编号，并在第二联的承兑银行盖章栏加盖银行承兑汇票专用章，用总行统一定制的压数机在“汇票金额”栏小写金额的下端压印汇票金额；之后将银行承兑汇票第一联和承兑协议第三联留行备查，其余退给承兑申请单位。付款单位收到银行会计部门退回的银行承兑汇票第二、第三联和银行承兑协议第二联后，将银行承兑汇票和解讫通知交给收款人。

承兑申请单位向银行办理承兑，需要缴纳银行承兑手续费。按照现行规定，银行承兑手续费按银行承兑汇票票面金额的0.1%计收，每笔手续费不足10元的，按10元计收。

3. 银行承兑汇票的寄交。付款单位向收款单位购货，将已经过银行承兑的商业汇票第二联、第三联寄交给收款单位，以便收款单位到期收款或背书转让。付款单位寄交汇票后，编制转账凭证予以反映，其会计分录为：

借：材料采购

　　应交税费——应交增值税（进项税额）

　　贷：应付票据

同时出纳员登记“应付票据备查簿”。

4. 银行承兑汇票票款交存。付款单位签发了银行承兑汇票后，根据银行承兑协议的规定，应于汇票到期前将票款足额地交存其开户银行（即承兑银行），以便承兑银行于汇票到期时将款项划拨给收款单位或贴现银行。

5. 收款单位委托银行收款。在汇票到期日，收款单位应填制一式两联的进账单，并在银行承兑汇票第二联、第三联背面加盖预留银行印鉴，之后将它们一起送交其开户银行，委托银行收款。开户银行的会计部门按规定对银行承兑汇票进行审查，无误后，将第一联进账单加盖“转讫”章交收款单位作为收账通知，同时将款项划归收款单位银行存款账内。

如果汇票到期，而承兑申请人（即付款人）无款支付或不足支付的，首先，承兑银行将按承兑协议约定继续把款项划归收款人账上；同时，将不足支付的票款转作付款单位的逾期贷款，每天计收罚息。按规定，付款人无款支付，其承兑银行将开出一张特种转账传票，在传票的“转账原因”栏中说明“××汇票无款支付转让逾期贷款户”字样并加盖银行业务章。付款人不足支付，其承兑银行将开出两张这种特种传票，在其中一张的“转账原因”栏内写明“××汇票因存款不足，未付部分转让逾期贷款户”，另一张的“转账原因”栏中写明“××汇票已支付部分款项”。

五、商业汇票结算应注意事项

1. 使用商业汇票的单位必须是在银行开立账户的企业法人。

2. 签发商业汇票必须以合法的商品交易为基础，禁止签发无商品交易的汇票。

第十节 委托收款结算方式

一、委托收款结算适用范围与分类

委托收款是收款人向银行提供收款依据，委托银行向付款人收取款项的结算方式。根据凭证传递方式的不同，可分为委邮和委电两种，由收款人选用。

凡在银行和其他金融机构开立账户的单位和个体经营户的商品交易，公用事业单位向用户收取水电费、邮电费、煤气费、公房租金等劳务款项以及其他应收款项，无论是在同城还是在异地，均可使用委托收款的结算方式。

二、委托收款结算的基本规定

1. 委托收款不受金额起点限制，均可采用委邮或委电结算方式。

2. 委托收款的付款期为3天，从付款人开户银行发出付款通知的次日算起，付款期内遇例假日顺延。付款人在付款期内未向银行提出异议，银行视作同意付款，并在付款期满的次日开始营业时，将款项主动划给收款人。如在付款期满前，付款人通知银行提前付款，银行将即刻划款。

3. 拒绝付款的规定。付款人收到银行转来的付款通知后，如发现款项有误，对收款人委托收取的款项需要全部拒绝付款的，应在付款期内填制“委托收款结算全部拒绝付款理由书”（格式见表4-5），并加盖银行预留印章，连同有关单证送交开户银行，银行不负责审查拒付理由，将拒绝付款理由书和有关凭证及单证寄给收款人开户银行转交收款人。需要部分拒绝付款的，应在付款期内出具“委托收款结算部分拒绝付款理由书”，并加盖银行预留印鉴章，送交开户银行，银行办理部分划款，并将部分拒绝付款理由书寄给收款人开户银行转交收款人。

表4－5　　委托收款结算全部（部分）拒绝付款理由书

拒付日期　　　　　年　月　日　　　　原委收号码

收款人	全称			付款人	全称											
	账号				账号											
	开户银行		行号		开户银行		行号									
委收金额		拒付金额		部分付款金额		千	百	十	万	千	百	十	元	角	分	
附寄单证	张	部分付款金额（大写）														
拒付理由： 付款人盖章																

4. 无款支付的规定。付款人在付款期满日，银行营业终了前如无足够资金支付全部款项，即为无款支付。银行于次日上午开始营业时，通知付款人将有关单证（单证已作账务处理的，付款人可填制“应付款项证明书”（格式见表4－6），在两天内退回开户银行，银行将有关结算凭证连同单证或应付款项证明书退回收款人开户银行转交收款人。

付款人逾期不退回单证的，开户银行应按照委托收款的金额自发出通知的第3天起，每天处以5‰但不低于50元的罚金，并暂停付款人委托银行向外办理结算业务，直到退回单证为止。

表4－6　　应付款项证明书

年　月　日　　　　第　号

收款人名称		付款人名称	
单证名称		单证编号	
单证日期		单证内容	
单证未退回原因：	我单位应付款项： 人民币（大写） 付款人盖章		

三、委托收款结算程序

（一）委邮结算程序

收款人委托本单位开户银行收款时，应填写委托收款凭证，一式五联（格式如图4－19），连同有关收款单据送交开户银行。开户银行审查无误后，将第一联回单加盖印章后退给收款人，留下第二联收款凭证，将第三、第四、第五联传给付款人。当付款人同意付款或付款期满后，付款银行根据三联支款凭证作付款处理，并编制邮划代收报单，连同第四联邮给收款人开户银行。此时付款人借记“应付账款”等账户，贷记“银行存款”账户。收款人开户银行收到付款银行邮来的第四联凭证和代收报单后，经核实予以转账，并将第四联收款通知传给收款人。收款人根据收款通知进行收款入账，借记“银行存款”等账户，贷记对应账户。

委邮　　**委托收款** 凭证（回单）　**1**

委托日期　　年　月　日

第　号

<table>
<tr><td rowspan="3">收款人</td><td>全称</td><td colspan="2"></td><td rowspan="3">付款人</td><td>全称</td><td colspan="10"></td></tr>
<tr><td>账号</td><td colspan="2"></td><td>账号</td><td colspan="10"></td></tr>
<tr><td>开户银行</td><td colspan="2"></td><td>开户银行</td><td colspan="4"></td><td colspan="3">行号</td><td colspan="3"></td></tr>
<tr><td rowspan="2">金额</td><td colspan="5" rowspan="2">人民币：
（大写）</td><td>千</td><td>百</td><td>十</td><td>万</td><td>千</td><td>百</td><td>十</td><td>元</td><td>角</td><td>分</td></tr>
<tr><td></td><td></td><td></td><td></td><td></td><td></td><td></td><td></td><td></td><td></td></tr>
<tr><td>款项内容</td><td colspan="2"></td><td>委托收款凭据名称</td><td colspan="2"></td><td colspan="3">附寄单证张数</td><td colspan="7"></td></tr>
<tr><td colspan="3">备注：</td><td colspan="4">款项收妥日期

年　月　日</td><td colspan="9">收款人开户行
盖章　月　日</td></tr>
</table>

此联为收款人开户行给收款人的回单

单位主管　　会计　　复核　　记账

图 4－19　委托收款凭证

（二）委电结算程序

委电结算程序与委邮结算基本相同，其区别在于收款通知传递的方式不同，当付款人同意付款后，付款银行将编制电划代收报单，采用发报的方式，通知收款银行收款。委电凭证格式与委邮凭证相同，只是具有“委电”字样。

委托收款一般的结算程序如图 4－20 所示。

四、委托收款结算账务处理

（一）委托

收款单位的出纳人员在认真、逐项地填制好委托收款凭证后在凭证第二联上加盖单位印章，连同委托收款的依据（如发票、运单等）一并送交其开户银行。

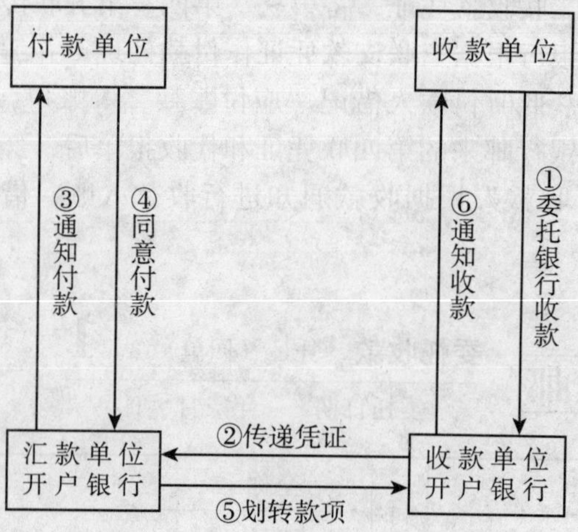

图 4－20　委托收款结算程序

收款单位的开户银行在收到收款单位送交的有关单证后，按照委托收款的有关规定和凭证填写的有关要求进行认真的审查。审查无误后，受理委托收款业务，在委托收款凭证第一联上加盖业务用公章后退给收款单位，并收取一定的手续费和邮电费。

收款单位财务部门根据其开户银行盖章退回的委托收款凭证第一联和发票、装运单据等有关原始凭证编制记账凭证。其会计分录为：

借：应收账款——××单位

　　贷：主营业务收入

　　　　应交税费——应交增值税（销项税额）

有关提供劳务的业务，在委托收款时，根据银行盖章退回的委托收款凭证第一联，同样借记"应收账款——××单位"账户，贷方则记在"其他业务收入"等账户中。

【例 4－15】 甲公司向乙公司销售一批产品，价款为 300 000 元，应交增值税为 51 000 元，采用委托收款的方式结算。其会计核算为：

（1）甲公司发运产品后，提供发票、发运单等凭证向银行办理委托收款手续，收到银行盖章退回的委托收款凭证第一联，并据有关原始凭证编制转账凭证。其会计分录为：

借：应收账款——乙公司	351 000	
贷：主营业务收入		300 000
应交税费——应交增值税（销项税额）		51 000

（2）用现金缴纳银行手续费 5 元。其会计分录为：

借：财务费用	5	
贷：库存现金		5

（二）付款

付款单位根据银行转来的委托收款凭证第五联及有关单证编制银行存款付款凭证，贷记

"银行存款"账户，借方根据业务性质而定。其会计分录为：

借：材料采购等

　　贷：银行存款

【例4-16】 承前例，乙公司付款时编制会计分录为：

借：材料采购　　300 000

　　应交税费——应交增值税（进项税额）　　51 000

　　贷：银行存款　　351 000

（三）拒绝付款

付款单位收到银行盖章退回的"拒绝付款理由书"第一联后，对于全部拒绝付款的，因未引起资金增减变动，不必编制会计凭证和登记账簿，只需将"拒绝付款理由书"妥善保管以备查，并在"委托收款登记簿"上登记全部拒付情况。如果在拒付时，收款方的货物已收到，则应在"代管物资登记簿"中进行登记，并标明拒付情况。对于部分拒付的，根据银行盖章退回的拒付理由书第一联，按照实际支付金额编制银行存款付款凭证，其会计分录与全部付款的会计分录相同。

【例4-17】 承前例。若乙公司收到银行转来的甲公司委托收款凭证及有关单证后，经审查发现多出货款50 000元，相应的增值税多计8 500元。填写拒绝付款理由书，对多计部分拒付。根据银行盖章退回的拒绝付款理由书第一联，按实际支付货款编制会计分录为：

借：材料采购　　250 000

　　应交税费——应交增值税（进项税额）　　42 500

　　贷：银行存款　　292 500

收款单位收到开户银行转来的付款单位的拒绝付款理由书和委托收款凭证第四联等单证，应立即与付款单位取得联系，协商解决办法。同时，对已确定的拒付部分，应作销售收入减少和银行存款减少的会计核算：

借：主营业务收入

　　应交税费——应交增值税（销项税额）

　　贷：应收账款

【例4-18】 承前例。若乙公司认为甲公司委托收款上记载的产品单价与合同记载不同，全部拒付，则甲公司根据其开户银行转来的拒付理由书及有关凭证，作会计分录为：

借：主营业务收入　　300 000

　　应交税费——应交增值税（销项税额）　　51 000

　　贷：应收账款——乙公司　　351 000

若甲公司对该项销售业务已结转了成本，还应对已结转的成本进行冲回。

（1）甲公司结转成本分录，若成本为200 000元，则：

借：主营业务成本　　200 000

　　贷：库存商品　　200 000

（2）已结转成本转汇分录，与（1）正相反。

如果经过协商，收款单位可以用其他产品替换原产品，或者给予对方一定的销售折让，则收款单位冲减原有销售收入。重新办理托收手续，按照新的托收收款凭证进行会计处理。对于给予销售折让的情况，也可在原有会计处理的基础上进行会计处理，减少销售收入。

【例4-19】 承前例。对于乙公司全部拒付的情况下，甲公司与之协商，同意给乙公司10%的销售折让，乙公司收下货物。这时，甲公司应重新办理委托收款手续，并对以前的会计核算进行修正。甲公司根据新的委托收款凭证及有关折让的规定，在保持原有销售记录的基础上，冲减折让部分的销售收入及增值税，其会计分录为：

借：主营业务收入　30 000
　　应交税费——应交增值税（销项税额）　5 100
　　贷：应收账款——乙公司　35 100

（四）无款支付

如果付款单位无款支付，而货物已到，则财会部门编制有关会计分录为：

借：材料采购等
　　贷：应付账款——××单位

如果付款单位银行存款账户内款项不足，但已支付部分货款，则财会部门根据已付款的金额作会计分录为：

借：物资采购等
　　贷：银行存款

按未付款金额作会计分录为：

借：材料采购
　　贷：应付账款——××单位

收款单位收到开户银行转来的委托收款凭证、无款支付通知书等有关单证后，应立即与付款单位取得联系，协商解决办法。对于部分付款的应于收到款项时作银行存款的收款记录，对于收到的部分暂时保存在应收账款中，对于无款支付的，也暂时保存在应收账款中。

五、委托收款结算应注意事项

1. 收款人委托银行收款时，应根据划款快慢的需要选择委电或委邮结算方式。凭证的付款人全称、账号或地址、开户银行等内容要填写清楚，连同有关收款凭证向本单位开户银行办理托收手续。

2. 付款人收到银行传来的付款通知后，应及时查明是否为本单位应付款项，款项的金额是否有误，并在付款期内决定是否予以承付。对应拒付的款项，要在付款期内及时填制拒绝付款理由书，连同付款通知一起交开户银行办理拒付手续。

3. 收付双方在结算过程中发生纠纷时，应由收付双方共同协商解决，或申请仲裁机关裁决，银行不负责监督扣款和监督拒绝付款。

第十一节 托收承付结算方式

一、托收承付结算适用范围与分类

托收承付结算，是销货单位根据合同发货后，委托银行向购货单位收取的货款，购货单位根据合同核对单证或验货后，向银行承认付款的一种结算方式。

托收承付结算方式只适用于异地订有经济合同的商品交易及相关劳务款项的结算。代销、寄销、赊销商品的款项，不得办理异地托收承付。

托收承付结算的凭证格式见图 4－21。

中国××银行托收承付凭证（回单）　1

委托日期：　年　月　日　　　　托收号码：

收款人	全称		付款人	全称		
	账号			账号		
	开户银行			开户银行	行号	
金额	人民币：（大写）				千 百 十 万 千 百 十 元 角 分	
附件		商品发运情况		合同名称号码		
附寄单证张数或册数						
备注：		款项收妥日期　年　月　日		（收款人开户银行盖章）　月　日		

此联是收款人开户银行给收款人的回单

单位主管　　会计　　复核　　记账

图 4－21　银行托收承付凭证

二、托收承付结算的基本规定

托收承付结算方式分托收与承付两个阶段。

托收是指销货单位（即收款单位）委托其开户银行收取款项的行为。办理托收时，必须具有符合合同法规定的经济合同，并在经济合同上注明使用托收承付结算方式和遵守“发货结算”的原则。所谓“发货结算”是指收款方按照合同发货，并取得货物发运证明后，方可向开户银行办理托收手续。

托收金额起点为 10 000 元。款项划转方式有邮划和电划两种，电划比邮划速度快，托收方可以根据缓急程度选用。

承付是指购货单位（即付款单位）在承付期限内，向银行承认付款的行为。承付方式有两种，即验单承付和验货承付。验单承付是指付款方接到其开户银行转来的承付通知和相关凭证，并与合同核对相符后，就必须承认付款的结算方式。验单承付的承付期为3天，从付款人开户银行发出承付通知的次日算起，例假日顺延。验货承付是指付款单位除了验单外，还要等商品全部运达并验收入库后才承付货款的结算方式。验货承付的承付期为10天，从承运单位发出提货通知的次日算起，例假日顺延。

付款方若在验单或验货时发现货物的品种、规格、数量、质量、价格等与合同规定不符，可在承付期内提出全部或部分拒付的意见。拒付款项要填写“拒绝承付理由书”送交其开户银行审查并办理拒付手续。应注意，拒付货款的商品是对方所有，必须妥善为其保管。付款人在承付期内未向开户银行提出异议，银行作默认承付处理，在承付期满的次日上午将款项主动从付款方账户划转到收款方账户。

付款方在承付期满后，如果其银行账内没有足够的承付货款，其不足部分作延期付款处理。延期付款部分要按一定比例支付给收款方赔偿金。待付款方账内有款支付时，由付款方开户银行将欠款及赔偿金一并划转给收款人。

三、托收承付结算程序

托收承付结算方式的结算程序与委托收款结算方式基本相同，这里不再复述。

托收承付一般的结算程序如图4－22所示。

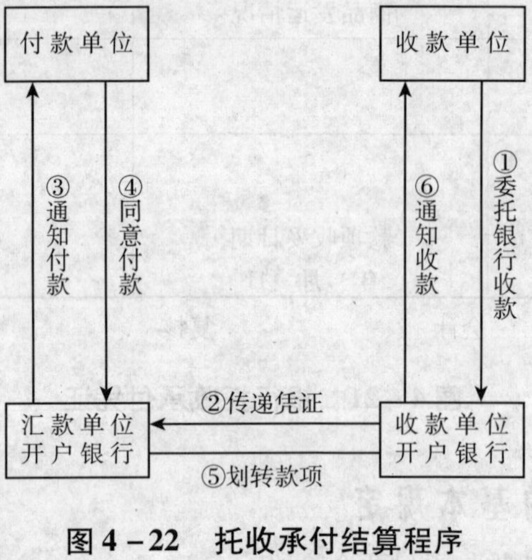

图4－22　托收承付结算程序

四、托收承付结算账务处理

（一）收款单位托收货款时的账务处理

收款单位在收到银行盖章退回的托收承付结算凭证第一联后，应根据托收承付结算凭证第一联和有关单证编制转账凭证，其会计分录为：

借：应收账款——××单位

贷：主营业务收入

应交税费——应交增值税（销项税额）

对于收款单位在发运货物时代付款单位垫付的运杂费，应在垫付后凭运杂费单据复印件编制银行存款或现金付款凭证，其会计分录为：

借：应收账款——××单位

贷：银行存款或库存现金

（二）付款单位承付货款后的账务处理

付款单位承付托收款项后，应当根据托收承付结算凭证第五联及有关交易单证编制银行存款付款凭证，其会计分录如下：

借：材料采购

贷：银行存款

（三）逾期付款时的账务处理

银行扣付赔偿金时，应填制特种转账凭证，其中一联特种转账借方凭证加盖业务用公章后送交付款单位，付款单位据此编制银行存款付款凭证，其会计分录为：

借：营业外支出

贷：银行存款

另外，银行单独扣划逾期付款赔偿金的手续费按每笔1元，邮电费普通件每笔1元，快件每笔5元，由付款单位开户银行向付款单位收取。付款单位据此编制银行存款付款凭证，其会计分录为：

借：财务费用

贷：银行存款或库存现金

收款单位收到银行盖章后转来的特种转账贷方凭证后，按照付款单位转来的滞纳金额，编制银行存款收款凭证，其会计分录为：

借：银行存款

贷：营业外收入

（四）部分付款和无款支付的账务处理

付款单位在承付期满日银行营业终了时，其银行账户内无足够资金支付托收款项，只能部分支付时，银行将填制特种转账凭证，将一联特种转账借方凭证加盖业务公章后交给付款单位作为支款通知，同时通知收款单位开户银行由其通知收款单位。付款单位收到银行转来的特种转账凭证，按照部分支付款项，编制银行存款付款凭证，其会计分录为：

借：材料采购等

贷：应付账款——××单位

收款单位收到开户银行盖章后转来的作为收款通知的特种转账贷方凭证，按照部分划回款项金额编制银行存款收款凭证，其会计分录为：

借：银行存款

　　贷：应收账款——××单位

付款期满付款单位银行账户无款支付时，银行填制“到期未收通知书”一式三联，加盖业务用公章后寄收款单位开户银行由其通知收款单位。

付款单位则根据承付通知和有关凭证编制转账凭证，其会计分录为：

借：材料采购等

　　贷：应付账款——××单位

（五）拒付的账务处理

付款单位收到银行盖章退回的“拒绝承付理由书”后如果是全部拒付的，由于没有引起其资金的增减变动，因而无须进行会计处理，如果付款单位实行部分拒付，应根据银行盖章退回的“拒绝承付理由书”，按照部分承付金额编制银行存款付款凭证，其会计分录为：

借：材料采购等

　　贷：银行存款

对于收款单位来说，如果经过协商由付款方退回所购货物的，财务部分编制转账凭证，冲销退回货物已入账的销售收入，其会计分录为：

借：主营业务收入

　　贷：应收账款——××单位

同时对于已退回货物发运时和退回时所承担的运杂费等，也应编制记账凭证，其会计分录为：

借：销售费用

　　贷：应收账款（发货时代垫）

　　　　银行存款（退货时应付）

如果经过协商由收款单位给予付款单位一定的销售折扣，则可以重新办理托收承付手续，冲减原有销售收入，按照新的托收凭证重新确立销售收入，也可以在原有销售收入基础上进行会计处理。

第十二节　信用卡结算方式

一、信用卡结算适用范围与分类

信用卡是指商业银行向个人和单位发行的凭以向特约单位购物、消费、存取现金且具有消费信用的特制载体卡片。

信用卡按使用对象分为单位卡和个人卡，按信誉等级分为金卡和普通卡。

凡在中国境内金融机构（经中国人民银行批准发卡）开立基本存款账户的单位，可以申请单位卡。单位卡可申请若干张，持卡人资格由申请单位法定代表人或其委托的代理人书面指定或注销。

二、信用卡结算的基本规定

1. 单位申请信用卡，应按规定填写申请表，经发卡银行核准，持支票和“进账单”及手续费按要求交存一定金额的备用金后，银行为申请单位开户信用卡账户，并发给信用卡。

单位信用卡账户的资金一律从基本存款账户存入。不得交存现金和销货收入的款项。严禁将单位的款项存入个人卡账户。

2. 信用卡只能用于10万元以下的商品交易、劳务供应的款项结算，但不得支取现金。

发卡银行应建立审批制度，信用卡结算超过规定限额的必须取得发卡银行的授权。

3. 信用卡透支额，金卡最高不得超过10 000元，普通卡最高不得超过5 000元。透支期限最长为60天，但不得发生恶意透支。关于信用卡透支的利息，依《支付结算办法》的规定，自签单日或银行记账日起15日内按日息0.05%计算。超过15日按日息0.1%计算，超过30日或透支金额超过规定限额的，按日息1.5‰计算，透支计息不分段，按最后期限或最高透支额的最高利率档次计算。

信用卡透支额，要按规定计算，支付利息。

4. 特约单位受理信用卡时，应审查下列事项：确为本单位可受理的信用卡；信用卡在有效期内，未列入“止付名单”；签名条上没有“样卡”或“专用卡”等非正常签名的字样；信用卡无打孔、剪角、毁坏或涂改的痕迹；持卡人身份证件或卡片上的照片与持卡人相符，但使用IC卡、照片卡或持卡人凭密码在销售点终端上消费、购物，可检验身份证件；卡片正面的拼音姓名与卡片背面的签名和身份证上的姓名一致；特约单位不得拒绝受理持卡人合法持有、签约银行发行的有效信用卡。

5. 信用卡仅限于合法持卡人本人使用，不得出租或转借。发卡银行收到代理银行通过回城票据交换或本系统联行划转的各种单据审核无误后，为持卡人办理付款或收款。

6. 持卡人不需要继续使用信用卡的，应持信用卡主动到发卡银行办理销户。持卡人办理销户时，如果账户内还有余额，属单位卡的，则应将该账户内的余额转入其基本存款账户，不得提取现金；个人卡账户可以转账结清，也可以提取现金。

持卡人透支之后，只有在还清透支本息后，在下列情况下，可以办理销户：

（1）信用卡有效期满45天后，持卡人不更换新卡的。

（2）信用卡挂失满45天后，没有附属卡不更换新卡的。

（3）信用卡被列入止付名单，发卡银行已收回其信用卡45天的。

（4）持卡人死亡，发卡银行已收回其信用卡45天的。

（5）持卡人要求销户或担保人撤销担保，并已交回全部信用卡45天的。

（6）信用卡账户两年以上未发生交易的。

（7）持卡人违反其他规定，发卡银行认为应该取消资格的。发卡银行办理销户，应当收回信用卡，有效信用卡无法收回的，应当将其止付。

三、信用卡在消费中的结算程序

持卡人持信用卡消费时，应按以下程序进行。

1. 持卡人将信用卡和身份证件一并交特约单位。如果信用卡属智能卡、照片卡，可免验身份证件。特约单位不得拒绝受理持卡人合法持有的、签约银行发行的有效信用卡，不得因持卡人使用信用卡而向其收取附加费用。

2. 特约单位应审查信用卡。特约单位受理信用卡时，应审查下列事项：

（1）确为本单位受理信用卡；

（2）信用卡在有效期内，未列入“止付名单”等非正常签名的字样；

（3）签名条上没有“样卡”或“专用卡”等非正常签名的字样；

（4）信用卡无打孔、剪角、毁坏或涂改的痕迹；

（5）持卡人身份证或卡片的照片与持卡人相符，但使用智能卡、照片卡或持卡人凭密码在销售终端上消费、购物，可免验身份证；

（6）卡片正面的拼音姓名与卡片背面的签名、身份证件上的姓名一致。

3. 办理结算手续。特约单位受理信用卡审查无误的，在签购单上压卡，填写实际结算金额、用途、持卡人身份证件号码、特约单位名称和编号。如超过支付限额的，应向发卡银行索取并填写授权号码，交持卡人签名确认，同时核对其签名与卡片背面签名是否一致。经审查无误后，对同意按经办人填写的金额和用途付款的，由持卡人在签购单上签名确认并将信用卡、身份证件和第一联签购单交还给持卡人。特约单位在每日营业终了，应将当日受理的信用卡签购单汇总，计算手续费和净计金额，并填写汇计单和进账单，连同签购单一并送交收单银行办理进账。收单银行接到特约单位送交的各种单据，经审查无误后，为特约单位办理进账。

信用卡一般的结算程序如图 4－23 所示。

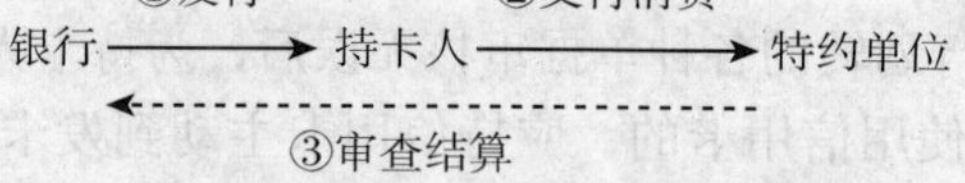

图 4－23　信用卡结算程序

四、信用卡结算账务处理

（一）申领单位卡的核算

单位卡对在金融机构开立基本存款账户的单位发行。单位卡可申领若干张，持卡人的资格由申领单位法定代表人或其委托的代理人书面指定。单位卡账户的资金一律从其基本存款账户转入，不得支取现金，也不得将销货收入款存入个人信用卡账户。单位卡一律不得支取现金。

单位向银行申领信用卡时，应填写申请书，同时应缴存起存金额的备用金，经审阅同意后，办理发卡和开户手续。

申领信用卡的单位在发卡行有账户的，在申领信用卡时，应签发基本存款账户的转账支票和三联进账单，发卡行填制特种转账贷方凭证。支票作为基本存款账户的支出凭证，进账单作为信用卡存款户的入账凭证，特种转账贷方凭证作手续费的凭证，据以办理转账。其会计分录为：

借：其他货币资金——信用卡存款

　　财务费用

　　贷：银行存款

（二）凭信用卡购物或消费的核算

单位持卡人在取得信用卡后，可用于支付差旅费和采购零星物品，可在发卡银行在各地约定的饭店、宾馆、商店等特约单位记账付款。

持卡人持卡在特约单位购物或直接消费时，应向特约单位收款员出示本人身份证和信用卡。特约单位在销货或提供服务时，填制一式四联直接购货签购单，第一联为持卡人存根；第二联为发卡银行信用卡部存根；第三联为代理存根；第四联为特约单位存根。收款员对持卡人出示的信用卡进行审查，包括信用卡是否在有效期内，是否已经止付，与身份证是否相符等，核对无误后，请持卡人在签购单上签名，签名式样必须与信用卡背面预留签名一致，盖章后将第一联签购单退还给持卡人。如需开发票，由收款员另开发票交持卡人。

持卡人凭特约单位退回的签购单第一联和发票等原始凭证回单位报销，财务部门据此编制记账凭证，其会计分录为：

借：材料采购

　　管理费用

　　贷：其他货币资金——信用卡存款

【例4-20】 宁波鑫源公司业务员周青持信用卡主卡到上海出差，在指定宾馆用信用卡支付住宿费800元，在指定商店购买商品1 500元。回宁波后周青到单位报销，财务部门根据签购单和发票等编制记账凭证，其会计分录为：

借：材料采购	1 500	
管理费用	800	
贷：其他货币资金——信用卡存款		2 300

五、结算方式比较

本章的八种银行结算方式的简单比较见表4-7。

表 4-7　　各种银行结算方式的比较

结算方式	使用范围	使用者	付款期限	相关规定
支票	单位或个人	同城	出票后 10 天	划线支票只能转账，空头支票处罚（银行5%不低于1 000元，持票人2%）
银行本票	单位或个人	同城	2 个月	分为定额本票和不定额本票，定额本票面值分别为1 000元、5 000元、10 000元和50 000元。可背书，单位不予签发现金本票
汇兑	单位或个人	异地		信汇和电汇
银行汇票	同城或异地	单位或个人	一个月	按实际金额付款，可背书，可转账、可支现
商业汇票	单位	同城或异地	提示后 10 日，付款期限最长不超过6个月	分为商业承兑汇票和银行承兑汇票，须具有真实的交易关系或债权债务关系才能使用
委托收款	单位或个人	同城或异地	3 日内通知	邮寄或电报
托收承付	国有企业、供销社审查同意的集体企业	异地	3 日或 10 日承付	起点单位金额 10 000 元、新华书店 1 000元，必须是商品交易和因商品交易而产生的劳务供应，不含代销、寄销、赊销商品
信用卡	单位或个人	同城或异地		单位卡不得用于 10 万元以上结算和支取现金

本章小结

银行结算账户按存款人分为单位银行结算账户和个人银行结算账户。单位银行结算账户按用途分为基本存款账户、一般存款账户、专用存款账户、临时存款账户。个人银行结算账户用于办理个人转账收付和现金存取。银行结算账户的管理必须建立和健全银行存款的内部控制制度、授权和审批制度、内部牵制制度。银行结算账户的开设和变更、撤销都有严格规定。本章详细介绍了以下几种支付结算方式：支票结算、银行本票结算、汇兑结算、银行汇票结算、商业汇票结算、委托收款结算、托收承付结算、信用卡结算。

☞ **主要概念**

银行结算账户　基本存款账户　一般存款账户　专用存款账户　临时存款账户　支票　银行本票　汇兑　银行汇票　商业汇票　委托收款　托收承付　信用卡

☞ **基本训练**

一、知识题

1. 单位银行结算账户的种类和开户条件有哪些？个人银行结算账户的开户条件有哪些？

2. 如何使用、变更和撤销银行结算账户？

3. 常见几种结算方式办理的程序？

二、技能题

[目的] 出纳人员熟练掌握支票结算方式的业务处理。

[资料] 上海三明建筑装饰材料公司20××年3月份发生下列经济业务：

(1) 10日，从上海红心物资公司购进建筑材料一批，价款450 360.50元，增值税额76 607.19元，共计527 237.69元，开出35786843号转账支票一张支付。

(2) 25日，根据工资汇总表，开出48683456号现金支票一张，提取现金50 000元，备发工资。

(3) 30日，出售给上海丽华公司建材一批，价税14 506.30元，收到35786134号转账支票一张。

上海三明建筑装饰材料公司：账号：2365－9763458713 开户行：建行上海市分行；上海红心物资公司：账号：003471－0437964246 开户行：工行上海市分行；上海丽华公司：账号：07435－03734587985 开户行：工行上海市分行

[技能要求]

(1) 签发支票；

(2) 填制支票进账单；

(3) 进行账务处理。

[考核标准] 能够正确签发支票、填制支票进账单并及时进行账务处理，即为合格。

第五章

出纳税收业务

【知识目标】掌握各税种的征收范围、纳税人、扣缴义务人、税率、计税依据；理解各税种的征税原理；了解各税种的起征点、纳税义务发生时间、各税纳税地点和纳税期限和优惠政策。

【技能目标】掌握各税种的应纳税额的计算和各税种纳税申报表的填制技能。

【引导案例】

某轧钢厂，是无证无照的私营企业，从事废旧钢铁的收购及简单加工。由于其收购和销售对象皆为个人或私营企业，不需使用发票，亦未办理税务登记，从未向税务机关申报缴纳过税款。又由于其多为夜间生产，地处偏远，税务机关也有发现。2000 年 10 月，经举报，某国税稽查局对其实施了检查。在检查中发现，该企业没有账证，而业主高某拒不交出其生产销售记录，稽查人员也无法查到。在此情况下，稽查人员根据举报线索，依照程序对业主进行了询问，并做了笔录，业主承认：在 2000 年 1 ~9 月期间，采取销售不开发票等手段，共销售经其简单加工的废旧钢铁计 36 万元，未向税务机关申报缴纳税款。业主表示，自己不懂税法，愿意补缴税款，接受税务机关处理，并在询问笔录上签了字。稽查局在无法查到其他证据情况下，根据纳税人口供，对高某作出了补税 21 600 元、罚款 43 200 元的处理。

资料来源：北京地税局网站。

第一节 企业税收体系和税种

一、税法的定义

税法是国家制定的用以调整国家与纳税人之间在征纳税方面的权利及义务关系的法律规范的总称。它是国家及纳税人依法征税、依法纳税的行为准则，其目的是保障国家利益和纳税人的合法权益，维护正常的税收秩序，保证国家的财政收入。

税法与税收密不可分，税法是税收的法律表现形式，税收则是税法所确定的具体内容。因此，了解税收的本质与特征是非常必要的。税收是国家为了行使其职能而取得财政收入的一种方式。它的特征主要表现在以下三个方面：

一是强制性。主要指国家以社会管理者的身份，用法律、法规等形式对征收捐税加以规定，并依照法律强制征税。

二是无偿性。主要指国家征税后，税款即成为财政收入，不再归还纳税人，也不支付任何报酬。

三是固定性。主要指在征税之前，以法的形式预先规定了课税对象、课税额度和课税方法等。

因此，税法就是国家凭借其权力，利用税收工具的强制性、无偿性、固定性的特征参与社会产品和国民收入分配的法律规范的总称。

二、税法的构成要素

税法的构成要素一般包括总则、纳税义务人、征税对象、税目、税率、纳税环节、纳税期限、纳税地点、减税免税、罚则、附则等项目。

1. 总则。主要包括立法依据、立法目的、适用原则等。

2. 纳税义务人。即纳税主体，主要是指一切履行纳税义务的法人、自然人及其他组织。

3. 征税对象。即纳税客体，主要是指税收法律关系中征纳双方权利义务所指向的物或行为。这是区分不同税种的主要标志，我国现行税收法律、法规都有自己特定的征税对象。比如，企业所得税的征税对象就是应税所得，增值税的征税对象就是商品或劳务在生产和流通过程中的增值额。

4. 税目。是各个税种所规定的具体征税项目。它是征税对象的具体化。比如，消费税具体规定了烟、酒等10多个税目。

5. 税率。是对征税对象的征收比例或征收额度。税率是计算税额的尺度，也是衡量税负轻重与否的重要标志。我国现行的税率主要有以下几类：

(1) 比例税率。即对同一征税对象，不分数额大小，规定相同的征收比例。我国的增值税、营业税、城市维护建设税、企业所得税等采用的是比例税率。

(2) 超额累进税率。即把征税对象按数额的大小分成若干等级，每一等级规定一个税率，税率依次提高，但每一纳税人的征税对象则依所属等级同时适用几个税率分别计算，将计算结果相加后得出应纳税款。目前采用这种税率的有个人所得税。

(3) 定额税率。即按征税对象确定的计算单位，直接规定一个固定的税额。目前采用定额税率的有资源税、城镇土地使用税、车船税等。

(4) 超率累进税率。即以征税对象数额的相对率划分若干级距，分别规定相应的差别税率，相对率每超过一个级距的，对超过的部分就按高一级的税率计算征税。目前，采用这种税率的是土地增值税。

6. 纳税环节。主要指税法规定的征税对象在从生产到消费的流转过程中应当缴纳税款的环节。如流转税在生产和流通环节纳税、所得税在分配环节纳税等。

7. 纳税期限。是指纳税人按照税法规定缴纳税款的期限。比如，企业所得税在月份或者季度终了后15日内预缴，年度终了后5个月内汇算清缴，多退少补；营业税的纳税期限，分别为5日、10日、15日或者1个月，纳税人的具体纳税期限，由主管税务机关根据纳税人应纳税额的大小分别核定，不能按照固定期限纳税的，可以按次纳税。

8. 纳税地点。主要是指根据各个税种纳税对象的纳税环节和有利于对税款的源泉控制而规定的纳税人（包括代征、代扣、代缴义务人）的具体纳税地点。

9. 减税免税。主要是对某些纳税人和征税对象采取减少征税或者免予征税的特殊规定。

10. 罚则。主要是指对纳税人违反税法的行为采取的处罚措施。

11. 附则。附则一般都规定与该法紧密相关的内容。比如该法的解释权、生效时间等。

三、税法的分类

税法体系中按各税法的立法目的、征税对象、权限划分、适用范围、职能作用的不同，可分为不同类型的税法。

（一）按基本内容和效力分类

按照税法的基本内容和效力的不同，可分为税收基本法和税收普通法。税收基本法是税法体系的主体和核心，在税法体系中起着税收母法的作用。其基本内容一般包括：税收制度的性质、税务管理机构、税收立法与管理权限、纳税人的基本权利与义务、税收征收范围（税种）等。我国目前还没有制定统一的税收基本法，随着我国税收法制建设的发展和完善，今后将研究制定税收基本法。税收普通法是根据税收基本法的原则。对税收基本法规定的事项分别立法实施的法律。如《中华人民共和国个人所得税法》、《中华人民共和国税收征收管理法》等。

（二）按职能作用分类

按照税法的职能作用的不同，可分为税收实体法和税收程序法。税收实体法主要是指确定税种立法，具体规定各税种的征收对象、征收范围、税目、税率、纳税地点等。例如，《中华人民共和国企业所得税法》、《中华人民共和国个人所得税法》就属于税收实体法。税收程序法是指税务管理方面的法律，主要包括税收管理法、纳税程序法、发票管理法、税务机关组织法、税务争议处理法等。《中华人民共和国税收征收管理法》（以下简称《税收征收管理法》）就属于税收程序法。

（三）按征收对象分类

按照税法征收对象的不同，可分为四种：

1. 对流转额课税的税法。主要包括增值税、营业税、消费税、关税等。这类税法的特点是与商品生产、流通、消费有密切联系。对什么商品征税，税率多高，对商品经济活动都有直接的影响。易于发挥对经济的宏观调控作用。

2. 对所得额课税的税法。主要包括企业所得税、个人所得税等。其特点是可以直接调节纳税人收入，发挥其公平税负、调整分配关系的作用。

3. 对财产、行为课税的税法。主要是对财产的价值或某种行为课税。包括房产税、印花税等。

4. 对自然资源课税的税法。主要是为保护和合理使用国家自然资源而课征的税。我国现行的资源税、城镇土地使用税等税种均属于资源课税的范畴。

（四）按主权国家行使税收管辖权分类

按照主权国家行使税收管辖权的不同，可分为国内税法、国际税法、外国税法等。国内税法一般是按照属人或属地原则，规定一个国家的内部税收制度。国际税法是指国家间形成的税收制度，主要包括双边或多边国家间的税收协定、条约和国际惯例等。外国税法是指外国各个国家制定的税收制度。

（五）按收入归属和征收管辖权限分类

按照税收收入归属和征收管辖权限的不同，可分为中央税、地方税和中央与地方共享税。中央税属于中央政府的财政收入，由国家税务局征收管理，如消费税、关税等为中央税。地方税属于各级地方政府的财政收入，由地方税务局征收管理，如城市维护建设税、城镇土地使用税等为地方税。中央与地方共享税属于中央政府和地方政府的共同收入，目前主要由国家税务局征收管理，如增值税。

当前，除个别小税种（如车船税、城镇土地使用税）地方有补充性的、有限的立法权外，基本上我国的税收立法权均属中央。

四、我国现行的税收体系

从法律角度来讲，一个国家在一定时期内、一定体制下以法定形式规定的各种税收法律、法规的总和，被称为税法体系。但从税收工作的角度来讲，所谓税法体系往往被称为税收制度。即，一个国家的税收制度是指在既定的管理体制下设置的税种以及与这些税种的征收、管理有关的，具有法律效力的各级成文法律、行政法规、部门规章等的总和。换句话说，税法体系就是通常所说的税收制度（简称税制）。

一个国家的税收制度，可按照构成方法和形式分为简单型税制及复合型税制。结构简单的税制主要是指税种单一、结构简单的税收制度；而结构复杂的税制主要是指由多个税种构成的税收制度。

在现代社会中，世界各国一般都采用多种税并存的复税制税收制度。一个国家为了有效取得财政收入或调节社会经济活动，必须设置一定数量的税种，并规定每种税的征收和缴纳办法，包括对什么征税、向谁征税、征多少税以及何时纳税、何地纳税、按什么手续纳税、不纳税如何处理等。

因此，税收制度的内容主要有三个层次：一是不同的要素构成税种，构成税种的要素主要包括：纳税人、征税对象、税目、税率、纳税环节、纳税期限、减税免税等。二是不同的税种构成税收制度。构成税收制度的具体税种，国与国之间差异较大，但一般都包括所得税（直接税），如企业（法人）所得税、个人所得税，也包括流转税（间接税），如增值税、消费税、营业税，及其他一些税种，如财产税（房地产税、车船税）、关税、社会保障税等。三是规范税款征收程序的法律法规，如税收征收管理法等。

税种的设置及每种税的征税办法，一般是以法律形式确定的，这些法律就是税法。一个国家的税法一般包括税法通则、各税税法（条例）、实施细则、具体规定四个层次。其中，"税法通则"规定一个国家的税种设置和每个税种的立法精神，各个税种的"税法（条例)"分别规定每种税的征税办法，"实施细则"是对各税税法（条例）的详细说明和解释，"具体规定"则是根据不同地区、不同时期的具体情况制定的补充性法规。

我国的现行税制就其实体法而言，是1949年新中国成立后经过几次较大的改革逐步演变而来的，按其性质和作用大致分为六类：

（1）流转税类。包括增值税、消费税、营业税。主要在生产、流通或者服务业中发挥调节作用。

（2）资源税类。包括资源税、城镇土地使用税。主要是对因开发和利用自然资源差异而形成的级差收入发挥调节作用。

（3）所得税类。包括企业所得税、个人所得税。主要是在国民收入形成后，对生产经营者的利润和个人的纯收入发挥调节作用。

（4）特定目的税类。包括固定资产投资方向调节税（暂缓征收）、城市维护建设税、土地增值税、车辆购置税、耕地占用税、烟叶税，主要是为了达到特定目的，对特定对象和特定行为发挥调节作用。

（5）财产和行为税类。包括房产税、车船税、印花税、契税，主要是对某些财产和行为发挥调节作用。

（6）关税类。主要对进出境的货物、物品征收。

上述税种中的关税由海关负责征收管理，其他税种由税务机关负责征收管理。耕地占用税和契税，1996年以前由财政机关征收管理，1996年以后改由税务机关征收管理。

上述税种，除企业所得税、个人所得税是以国家法律的形式发布实施外，其他各税种都是经全国人民代表大会授权立法，由国务院以暂行条例的形式发布实施的。这些单行的税收法律、法规组成了我国的税收实体法体系。

除税收实体法外，我国对税收征收管理适用的法律制度，是按照税收管理机关的不同而分别规定的：

第一，由税务机关负责征收的税种的征收管理，按照全国人大常委会发布实施的《税收征收管理法》执行。

第二，由海关机关负责征收的税种的征收管理，按照《海关法》及《进出口关税条例》等有关规定执行。

上述税收实体法和税收征收管理的程序法的法律制度构成了我国现行税法体系。

五、税收征收管理范围划分

目前，我国的税收分别由财政、税务、海关等系统负责征收管理。

1. 国家税务局系统负责征收和管理的项目有：增值税，消费税，车辆购置税，铁道部门、各银行总行、各保险总公司集中缴纳的营业税、所得税、城市维护建设税，中央企业缴纳的所得税，中央与地方所属企业、事业单位组成的联营企业、股份制企业缴纳的所得税，地方银行、非银行金融企业缴纳的所得税，海洋石油企业缴纳的所得税、资源税，证券交易税（开征之前为对证券交易征收的印花税），个人所得税中对储蓄存款利息所得征收的部分，中央税的滞纳金、补税、罚款。

2. 地方税务局系统负责征收和管理的项目有：营业税、城市维护建设税（不包括上述由国家税务局系统负责征收管理的部分），地方国有企业、集体企业、私营企业缴纳的所得税、个人所得税（不包括对银行储蓄存款利息所得征收的部分），资源税，城镇土地使用税，耕地占用税，土地增值税，房产税，车船税，印花税，契税及其地方附加，地方税的滞纳金、补税、罚款。

此外，依据《国家税务总局关于所得税收入分享体制改革后税收征管范围的通知》规定，企业所得税、个人所得税的征收管理范围按以下规定执行：

（1）2001 年 12 月 31 日以前国家税务局、地方税务局征收管理的企业所得税、个人所得税（包括储蓄存款利息所得个人所得税），仍由原征管机关征收管理，不作变动。

（2）自 2002 年 1 月 1 日起，按国家工商行政管理总局的有关规定，在各级工商行政管理部门办理设立（开业）登记的企业，其企业所得税由国家税务局负责征收管理。但下列办理设立（开业）登记的企业仍由地方税务局负责征收管理：

① 两个以上企业合并设立一个新的企业，合并各方解散，但合并各方原均为地方税务局征收管理的；

② 因分立而新设立的企业，但原企业由地方税务局负责征收管理的；

③ 原缴纳企业所得税的事业单位改制为企业办理设立登记，但原事业单位由地方税务局负责征收管理的；

④ 在工商行政管理部门办理变更登记的企业，其企业所得税仍由原征收机关负责征收管理。

（3）自 2002 年 1 月 1 日起，在其他行政管理部门新登记注册、领取许可证的事业单位、社会团体、律师事务所、医院、学校等缴纳企业所得税的其他组织，其企业所得税由国家税务局负责征收管理。

（4）2001 年 12 月 31 日前已在工商行政管理部门和其他行政管理部门登记注册，但未进行税务登记的企事业单位及其他组织，在 2002 年 1 月 1 日后进行税务登记的，其企业所得税按原规定的征管范围，由国家税务局、地方税务局分别征收管理。

（5）2001 年年底前的债转股企业、中央企事业单位参股的股份制企业和联营企业，仍由原征管机关征收管理，不再调整。

（6）不实行所得税分享的铁路运输（包括广铁集团）、国家邮政、中国工商银行、中国农业银行、中国银行、中国建设银行、国家开发银行、中国农业发展银行、中国进出口银行以及海洋石油天然气企业，由国家税务局负责征收管理。

（7）除储蓄存款利息所得以外的个人所得税（包括个人独资、合伙企业的个人所得税），仍由地方税务局负责征收管理。

为了加强税收征收管理，降低征收成本，避免工作交叉，简化征收手续，方便纳税人，在某些情况下，国家税务局和地方税务局可以相互委托对方代征某些税收。

3. 在大部分地区，地方附加、耕地占用税，仍由地方财政部门征收和管理。

4. 海关系统负责征收和管理的项目有关税、行李和邮递物品进口税，同时负责代征进出口环节的增值税和消费税。

六、中央政府与地方政府税收收入划分

根据国务院关于实行分税制财政管理体制的规定，我国的税收收入分为中央政府固定收入、地方政府固定收入和中央政府与地方政府共享收入。

1. 中央政府固定收入包括消费税（含进口环节海关代征的部分）、车辆购置税、关税、海关代征的进口环节增值税等。

2. 地方政府固定收入包括城镇土地使用税、耕地占用税、土地增值税、房产税、车船税、契税。

3. 中央政府与地方政府共享收入主要包括：

（1）增值税（不含进口环节由海关代征的部分）：中央政府分享 75%，地方政府分享 25%。

（2）营业税：铁道部、各银行总行、各保险总公司集中缴纳的部分归中央政府，其余部分归地方政府。

（3）企业所得税：铁道部、各银行总行及海洋石油企业缴纳的部分归中央政府，其余部分中央与地方政府按 60% 与 40% 的比例分享。

（4）个人所得税：除储蓄存款利息所得的个人所得税外，其余部分的分享比例与企业所得税相同。

（5）资源税：海洋石油企业缴纳的部分归中央政府。其余部分归地方政府。

（6）城市维护建设税：铁道部、各银行总行、各保险总公司集中缴纳的部分归中央政府，其余部分归地方政府。

（7）印花税：证券交易印花税收入的 94% 归中央政府，其余 6% 和其他印花税收入归地方政府。

第二节 公司纳税的主要税种的计算和处理

一、增值税

1. 增值税的纳税人。在中华人民共和国境内销售货物或者提供加工、修理修配劳务以及进口货物的单位和个人，为增值税的纳税义务人。

增值税实行价外税。在征收管理上分为一般纳税人和小规模纳税人，在规定标准以上即从事货物生产或提供应税劳务的纳税人年销售额 100 万元以上或从事货物批发或零售的纳税人年销售额在 180 万元以上，经申请审批后认定为一般纳税人，一般纳税人基本税率为 17% 或 13%，有权领购使用增值税专用发票和按规定取得进项税额的抵扣权。

2. 增值税的征收范围。增值税征收范围包括：货物、应税劳务、进口货物。

3. 增值税的税率。增值税税率分为三档：基本税率17%、低税率13%和零税率。

从2009年1月1日起小规模纳税人按3%的征收率征收，不能领购增值税专用发票，不得抵扣进项税额。

4. 增值税的计税依据。纳税人销售货物或提供应税劳务的计税依据为其销售额，进口货物的计税依据为规定的组成计税价格。

5. 增值税应纳税额的计算。

一般纳税人的应纳税额 = 当期销项税额 - 当期进项税额

小规模纳税人的应纳税额 = 含税销售额 ÷ (1 + 征收率) × 征收率

进口货物的应纳税额 = (关税完税价格 + 关税 + 消费税) × 税率

6. 增值税的优惠政策。

(1) 农业生产者销售的自产初级农业产品。

(2) 避孕药品和用具。

(3) 古旧图书。

(4) 直接用于科学研究、科学试验和教学的进口仪器、设备。

(5) 外国政府、国际组织无偿援助的进口物资、设备。

(6) 来料加工、来件装配和补偿贸易所需进口的设备。

(7) 由残疾人组织直接进口供残疾人专用的物品。

(8) 销售的自己使用过的物品（不含游艇、摩托车、应征消费税的汽车）。

【例5-1】 大华机械公司为增值税一般纳税人，主要生产各种电动工具，适用的增值税税率为17%。增值税以1个月为一个纳税期，自期满之日起10日内申报纳税，增值税专用发票通过防伪税控系统开具。2007年7月5日该公司申报缴纳6月份增值税税款100万元。7月底，税务机关对该公司6月份增值税计算缴纳情况进行专项检查，有关检查情况如下：

(1) 6月6日，一批外购钢材因管理不善被盗，增值税专用发票确认的成本为40万元，增值税税额为6.8万元。在查明原因之前，该公司将40万元作为待处理财产损溢入账。

(2) 6月10日，处理一批下脚料，将取得的含增值税销售额3.51万元全部确认为其他业务收入。

(3) 6月15日，购进低值易耗品一批，取得承运公司开具的运输发票上注明的运费金额为1万元。该公司计算抵扣的进项税额为0.1万元。

(4) 6月25日，销售电动工具一批，另外向购货方收取包装物租金2.34万元。该公司将该项价外费用全部计入了营业外收入。

(5) 6月底计算应纳增值税时，将2007年2月份取得的一张防伪税控系统开具的增值税专用发票，作为6月份可抵扣的进项税额处理。该增值税专用发票注明的增值税税额为1.87万元，开票时间为2007年1月25日。

根据以上情况，税务机关依法责令该公司限期补缴少缴的增值税税款、加收滞纳金，并处少缴税款1.5倍的罚款。该公司于2007年8月3日缴纳增值税税款、滞纳金（滞纳天数为24天）和罚款。不考虑其他税收因素。

要求：根据增值税法律制度和税收征收管理法律制度的有关规定，回答下列问题：

① 指出该公司上述（1）～（5）项业务的增值税处理是否正确？并说明理由。

② 计算该公司应补缴的增值税税款，列出计算过程，并做修改账务处理。

解：① 业务（1）外购的钢材被盗，属于非正常损失，其进项税额是不可以进行抵扣的，抵扣了的，是要进行进项税转出的，企业只是将成本40万元转入待处理财产损溢，并没有作相应的进项税转出处理是不正确的。应转出的进项税额为6.8万元。

业务（2）将含税销售额3.51万元全部确认为其他业务收入的处理是不正确的。销售下脚料，应将取得的含税销售额换算为不含增值税的税额，确认的销项税额为：$3.51 \div (1+17\%) \times 17\% = 0.51$ 万元。

业务（3）购进低值易耗品发生的运费抵扣进项税额的计算不正确。根据规定，增值税一般纳税人购进货物而发生的运费，根据运费发票上所列运费金额，按7%的扣除率计算进项税，发生的运费为1万元，可以抵扣的进项税 $= 1 \times 7\% = 0.07$ 万元，企业抵扣了0.1万元，多抵扣的部分为 $0.1 - 0.07 = 0.03$ 万元。

业务（4）收取的包装物租金，是要作为价外费用确认销项税额的，企业将该项价外费用一并计入营业外收入的处理不正确。应确认的销项税额 $= 2.34 \div (1+17\%) \times 17\% = 0.34$ 万元。

业务（5）增值税一般纳税人申请抵扣的防伪税控系统开具的专用发票，应自专用发票开具之日起90日内到税务机关认证，并在认证通过的当月核算当期进项税额并申报抵扣，否则不准予抵扣进项税额。本题中是2月份取得的一张防伪税控系统开具的增值税专用发票，3、4、5月份已经是92天，所以到6月份已经超过90天，2月份取得的一张防伪税控系统开具的增值税专用发票是不得在6月份进行抵扣的。

② 应补缴的增值税 $= 6.8 + 0.51 + 0.03 + 0.34 + 1.87 = 9.55$（万元）

正确的账务处理：

业务（1）：

借：待处理财产损溢——待处理流动资产损溢	68 000	
贷：应交税费——应交增值税（进项税额转出）		68 000

业务（2）：

借：银行存款	35 100	
贷：其他业务收入——销售材料		30 000
应交税费——应交增值税（销项税额）		5 100

业务（3）：

借：周转材料——低值易耗品——在库	9 300	
应交税费——应交增值税（进项税额）	700	
贷：银行存款		10 000

业务（4）：

借：银行存款　　23 400

　　贷：营业外收入——包装物销售　　20 000

　　　　应交税费——应交增值税（销项税额）　　3 400

业务（5）：

借：有关科目　　18 700

　　贷：应交税费——应交增值税（进项税额转出）　　18 700

【例5-2】 某商店系小规模纳税人。2009年6月该商店发生如下业务：

（1）销售服装取得含增值税销售额为2 392元，开具了普通发票。

（2）购进办公用品一批，支付货款13 500元、增值税税款2 295元。

（3）当月销售办公用品取得含税销售额为8 528元，开具了普通发票；销售给一般纳税人某公司仪器两台，取得不含增值税销售额38 500元、增值税税款1 540元，增值税专用发票已由税务所代开。

要求：计算该商店6月份增值税应纳税额。

解：小规模纳税人销售货物或者提供应税劳务，按照销售额和征收率，实行简易办法计算应纳税额，不得抵扣进项税额。小规模企业增值税征收率为3%。

该商店6月份增值税应纳税额 = 销售额×征收率

= 含税销售额÷(1+征收率)×征收率

= [2 392÷(1+3%)+8 528÷(1+3%)+38 500]×3%

= 1 960（元）

相关账务处理：

借：银行存款（或其他相关科目）　　49 420

　　贷：应交税费——应交增值税　　1 960

　　　　主营业务收入　　47 460

二、消费税

消费税是对一些需要调节的消费品征收的一种税，征收范围目前仅限于烟、酒及酒精、化妆品、护肤护发品、贵重首饰、鞭炮、焰火、汽油、柴油、汽车轮胎、摩托车、小汽车等11种产品。

计税依据是应税消费品销售额或销售量，采用从价定率或从量定额征收的方法，其中啤酒、黄酒、汽油、柴油按销售量（吨或升）来计税，其余应税消费品按销售收入额计征，税率为3%~45%不等。

【例5-3】 甲化妆品公司为增值税一般纳税人，主要从事化妆品的生产、进口和销售业务，2007年11月发生以下经济业务：

（1）从国外进口一批化妆品，海关核定的关税完税价格为112万元，公司按规定向海关缴纳了关税、消费税和进口环节增值税，并取得了相关完税凭证。

（2）向公司员工发放一批新研发的化妆品作为职工福利，该批化妆品不含增值税的销售价格为75万元。

（3）委托乙公司加工一批化妆品，提供的材料成本为86万元，支付乙公司加工费5万元，当月收回该批委托加工的化妆品，乙公司没有同类消费品销售价格。

已知：化妆品适用的消费税税率为30%，关税税率为25%。

要求：

① 计算该公司当月进口环节应缴纳的消费税税额。

② 计算该公司当月作为职工福利发放的化妆品应缴纳的消费税税额。

③ 计算乙公司受托加工的化妆品在交货时应代收代缴的消费税税额。

④ 进行相关账务处理。

解：①关税 = 完税价格 × 税率 = 112 × 25% = 28(万元)

组成计税价格 =（完税价格 + 关税）÷（1 − 消费税税率）

=（112 + 28）÷（1 − 30%）

= 200(万元)

进口环节应缴纳的消费税 = 组成计税价格 × 消费税税率

= 200 × 30%

= 60(万元)

②作为职工福利发放的化妆品应缴纳的消费税税额 = 75 × 30% = 22.5(万元)

③组成计税价格 =（材料成本 + 加工费）÷（1 − 消费税税率）

=（86 + 5）÷（1 − 30%）

= 130(万元)

委托加工化妆品在交货时代收代缴的消费税 = 组成计税价格 × 消费税率 = 130 × 30% = 39（万元）

④账务处理：

借：原材料	600 000	
贷：应交税费——应交消费税		600 000
借：应付福利费——非货币性福利	225 000	
贷：应交税费——应交消费税		225 000
借：委托加工物资	1 300 000	
贷：应交税费——应交消费税		1 300 000

三、营业税

营业税是对在我国境内提供应税劳务、转让无形资产或销售不动产的单位和个人所取得的营业额征收的一种税。

1. 纳税义务人。在我国境内提供《中华人民共和国营业税暂行条例》规定的劳务（以下简称应税劳务）、转让无形资产或者销售不动产取得收入的单位和个人。

2. 应税劳务的范围。应税劳务包括交通运输业、建筑业、金融保险业、邮电通信业、文化体育业、娱乐业、服务业（详见《营业税税目、税率表》）。

3. 凡未经中央及省级财政部门批准纳入预算管理或财政专户管理的行政事业性收费、基金，一律照章征收营业税。（经中央及省级财政批准纳入预算管理或财政专户管理的行政事业性收费、基金项目名单，分别由财政部、国家税务总局和省财政厅（局）、地方税务局分批下发）

4. 计税依据。营业额，即不同税目的营业额、转让额、销售额。

5. 应纳税额计算公式：

营业税应纳税额 = 营业额 × 适用税率

6. 营业税税目、税率表（见表5－1）。

表5－1　　营业税税目、税率表

税目	税率	征税范围	常见征税业务
交通运输业	3%	陆路、水路、航空、管道等运输、装卸搬运	客运：公共汽车、的士、摩托车、渡船 货运：联运
建筑业	3%	建筑、安装、修缮、装饰及其他工程作业	建筑施工、装潢、装饰安装、土方工程、基础工程、钻探打井、修桥筑路、水利工程、搭棚、绿化工程
邮电通信业	3%	邮政、电信	邮政：传递函件或包件、邮汇、报刊发行、邮务物品销售、邮政信储蓄和其他邮政业务 电信：电报、电传、电话机安装、电信物品销售和其他电信业务 寻呼机、移动电话
文化体育业	3%	表演、播映、其他文化业、体育比赛	1. 广播电视、影剧院、摄录投影、体育比赛场、体育馆、音乐厅、其他部门举办的各种表演、展览活动 2. 学校、文化馆、其他场所举办的证书学习班 3. 公园
金融保险业	5%	金融、保险、典当	银行、信用社、信托公司、保险公司、典当行、证券交易所、融资公司
服务业	5%	代理业、旅店业、饮食业、旅游业、仓储业、租赁业、广告业及其他服务	1. 饮食店、酒店、宾馆、旅行社 2. 保管场、租赁店 3. 广告公司、书画装裱、打字、复印、制图、雕刻 4. 信息咨询所、其他
转让无形资产	5%	转让土地使用权、商标权、著作权、商誉专利权或非专利技术权	

续表

税目	税率	征税范围	常见征税业务
销售不动产	5%	销售建筑物或构筑物、销售其他土地附着物	房地产公司（商品房）房屋买卖
娱乐业	20%	歌厅、舞厅、卡拉OK歌舞厅（包括夜总会、练歌房）、音乐茶座（包括酒吧）、网吧、高尔夫球、游艺（如射击、狩猎、跑马、游戏机、蹦极、卡丁车、热气球、动力伞、射箭、飞镖等）	
	5%	保龄球、台球（自2004年7月1日起执行）	

7. 营业税减免税规定。下列项目免征营业税：

（1）托儿所、幼儿园、养老院、残疾人福利机构提供的育养服务，婚姻介绍、殡葬服务。

（2）残疾人员个人提供的劳务。

（3）医院、诊所和其他医疗机构提供的医疗服务。

（4）学校和其他教育机构提供的教育劳务，学生勤工俭学提供的劳务。

（5）农业机灌、排灌、病虫害防治、植保、农牧保险以及相关技术培训业务，家禽、牲畜、水生动物的配种和疾病防治。

（6）纪念馆、博物馆、文化馆、美术馆、展览馆、书画院、图书馆、文物保护单位举办文化活动门票收入，宗教场所举办文化、宗教活动门票收入。

除上述规定外，营业税的减、免税项目由国务院规定，任何地区、部门均不得规定。

目前，国税系统负责征收铁道部门、各银行总行、各保险公司集中缴纳的营业税，以及金融、保险企业缴纳的营业税中按照提高3%税率征收的部分。

从2001年起，金融保险业营业税税率每年下调一个百分点，分三年将金融保险业的营业税税率从8%降低到5%。即：从2001年1月1日至12月31日，金融保险业营业税税率为7%；从2002年1月1日至12月31日，金融保险业营业税税率为6%；从2003年1月1日起，金融保险业的营业税税率降为5%。因营业税税率降低而减少的营业税收入，全部为各地国家税务局所属征收机构负责征收的中央财政收入。

其他营业税由地方税务局负责征收。

【例5-4】 某市商业银行2007年第四季度发生以下经济业务：

（1）取得一般贷款业务利息收入600万元；支付单位、个人存款利息100万元。

（2）取得转贷款业务利息收入450万元，借款利息支出320万元。

（3）取得转让公司债券收入1 100万元，债券的买入价为900万元。

（4）取得金融服务手续费收入15万元。

（5）吸收居民存款500万元。

已知：金融业适用的营业税税额为5%。

要求：

①分别说明银行第四季度各项经济业务是否应缴纳营业税。

②计算该银行第四季度应缴纳的营业税税额并进行相关账务处理。

解：①一般贷款业务属于营业税的征税范围，以利息收入全额为营业额。

应纳税额 = 600 × 5% = 30（万元）

转贷业务，指金融企业经营的转贷外汇业务，属于营业税的征收范围，以其贷款利息收入减去借款利息支出后的余额为营业额。

应纳税额 =（450 - 320）× 5% = 6.5（万元）

债券等金融商品买卖属于营业税的征收范围，以卖出价减去买入价后的余额为营业额，计征营业税。

应纳税额 =（1 100 - 900）× 5% = 10（万元）

提供金融服务，属于营业税的征收范围，以金融服务手续费为营业额，计征营业税。

应纳税额 = 15 × 5% = 0.75（万元）

银行吸收居民存款，不属于营业税的征税范围，不征收营业税。

②该银行第四季度应缴纳营业税税额 = 30 + 6.5 + 10 + 0.75 = 47.25（万元）

相关账务处理：

借：营业税金及附加　　472 500

　　贷：应交税费——营业税　　472 500

四、关税

1. 关税的纳税人。进口货物的收货人、出口货物的发货人，是关税的纳税义务人。

2. 关税的征税对象。关税的征税对象，包括应税货物和应税物品两类。征税对象和进出口方向不同，其适用的税率也不同。

3. 关税的完税价格。

（1）进口货物的完税价格：是以海关审定的成交价格为基础的到岸价格作为完税价格。到岸价格包括货价，加上货物运抵中国关境内输入地点起卸前的包装费、运费、保险费和其他劳务费等费用。

（2）出口货物完税价格：是以海关审定的货物售价与境外的离岸价格，扣除出口关税后，作为完税价格。

4. 关税的缴纳。

（1）货物进出口关税的缴纳。进出口货物的纳税人，应当自海关填发税款缴纳证的次日起七日内缴纳税款。

（2）物品进出口关税的缴纳。进出境物品的纳税义务人，应当在物品放行前缴纳税款。

5. 关税的减免税。下列货物，经海关审查无讹，可以免税：

（1）关税税额在人民币10元以下的一票货物。

（2）无商业价值的广告品和货样。

（3）外国政府、国际组织无偿赠送的物资。

（4）进出境运输工具装载的途中必需的燃料、物料和饮食用品。

有下列情形之一的进口货物，海关可以酌情减免关税：

（1）在境外运输途中或者在起卸时，遭受损坏或者损失的。

（2）起卸后海关放行前，因不可抗力遭受损坏或者损失的。

（3）海关检验时已经破漏、损坏或者腐烂，经证明不是保管不慎造成的。

【例5-5】 某服装公司为增值税一般纳税人。2006年10月份从国外进口一批服装面料，海关审定的完税价格为50万元，该批服装布料分别按5%和17%的税率向海关缴纳了关税和进口环节增值税，并取得了相关完税凭证。

该批服装布料当月加工成服装后全部在国内销售，取得销售收入100万元（不含增值税），同时支付运输费3万元（取得运费发票）。

已知：该公司适用的增值税税率为17%。

要求：

（1）计算该公司当月进口服装布料应缴纳的关税税额。

（2）计算该公司当月允许抵扣的增值税进项税额。

（3）计算该公司当月销售服装应缴纳的增值税税额。

（4）进行相关账务处理。

解：（1）进口关税 =50×5% =2.5（万元）

进口环节应缴纳增值税 =（50+2.5）×17% =8.93（万元）

（2）当月允许抵扣的增值税进项税额 =8.933×7% =9.14（万元）

（3）销项税额 =100×17% =17（万元）

应缴纳的增值税税额 =17-9.14 =7.86（万元）

关税、进口环节增值税的账务处理：

关税：

借：应交税费——关税　　25 000

　　贷：银行存款　　25 000

同时：

借：原材料　　25 000

　　贷：应交税费——关税　　25 000

进口环节增值税：

借：应交税费——应交增值税（进项税额）　　89 300

　　贷：银行存款　　89 300

支付运费：

借：销售费用——运杂费　　27 900

应交税费——应交增值税（进项税额）　2 100

贷：银行存款　30 000

销售服装时（假定货款已通过银行存款全部收回）：

借：银行存款　1 170 000

贷：应交税费——应交增值税（销项税额）　170 000

主营业务收入　1 000 000

五、房产税

房产税是以房屋为征税对象，按照房屋的计税余值或出租房屋的租金收入征收的一种财产税。

房产税由产权所有人缴纳。产权属于全民所有的，由经营管理的单位缴纳。产权出典的，由承典人缴纳。产权所有人、承典人不在房产所在地的，或者产权未确定及租典纠纷未解决的，由房产代管人或者使用人缴纳。私有出租房屋应缴纳的房产税，由税务机关确定出租者自缴或租用者代缴。

房产税的税率及计税依据如下：

（1）自用房产按房产原值减除30%后的余值依1.2%计征。

（2）租赁房产按租金额依12%计征。

下列房产免纳房产税：

（1）国家机关、人民团体、军队自用的房产；

（2）由国家财政部门拨付事业经费的单位自用的房产；

（3）宗教寺庙、公园、名胜古迹自用的房产；

（4）个人所有非营业用的房产；

（5）经财政部批准免税的其他房产。

【例5-6】 某企业一幢房产原值600 000元，已知房产税税率为1.2%，当地规定的房产税扣除比例为30%，计算该房产年度应缴纳的房产税税额。

解：自用房产的房产税是从价计征的房产税，以房产余值作为计税依据，则：

应纳房产税 = 600 000 ×（1 - 30%）×1.2% = 5 040（元）

【例5-7】 甲公司共有房屋3栋，第一栋自用，原值2 000万元，已提折旧700万元；第二栋对外投资，但不承担风险，每年固定收入90万元；第三栋出租，2006年租金收入80万元。根据当地规定，房屋原值一次扣除20%后计征房产税。计算甲公司2006年应交房产税额。

解：第一栋房屋应交房产税 = 2 000 ×（1 - 20%）×1.2% = 19.2（万元）

第二、第三栋房屋性质相同，出租应交房产税 =（90 + 80）×12% = 20.4（万元）

甲公司2006年应交房产税合计 = 19.2 + 20.4 = 39.6（万元）

相关账务处理：

自用房产的房产税：

借：管理费用——房产税　192 000

贷：应交税费——应交房产税　192 000

出租（不承担风险的投资）的房产税：

借：其他业务成本——房屋出租（税金）　　204 000

　　贷：应交税费——应交房产税　　204 000

六、土地使用税

土地使用税是对在我国境内拥有土地使用权的单位和个人，就其实际占用土地面积从量定额征收的一种税。

凡在城市、县城、建制镇和工矿区范围内使用土地的单位或个人都是土地使用税纳税人。拥有土地使用权的纳税人不在土地所在地的，由代管人或使用者纳税，土地使用权未确定或权属纠纷未解决的，由实际使用者纳税；土地使用权共有的，由共有的各方分别纳税；军队无租出借的房产占地，由使用有代缴土地使用税。

土地使用税的计算公式为：

年应纳税额 = 应税土地平方数 × 单位核定税额

每平方米年税额如下：

（1）大城市 0.5 ~ 10 元。

（2）中等城市 0.4 ~ 8 元。

（3）小城市 0.3 ~ 6 元。

（4）县城、建制镇、工矿区 0.2 ~ 4 元。

省、自治区、直辖市人民政府，应当在前条所列税额幅度内，根据市政建设状况、经济繁荣程度等条件，确定所辖地区的适用税额幅度。市、县人民政府应当根据实际情况，将本地区土地划分为若干等级，在省、自治区、直辖市人民政府确定的税额幅度内，制定相应的适用税额标准，报省、自治区、直辖市人民政府批准执行。

经省、自治区、直辖市人民政府批准，经济落后地区土地使用税的适用税额标准可以适当降低，但降低额不得超过本条例第四条规定最低税额的 30%。经济发达地区土地使用税的适用税额标准可以适当提高，但须报经财政部批准。

下列土地免缴土地使用税：

（1）国家机关、人民团体、军队自用的土地。

（2）由国家财政部门拨付事业经费的单位自用的土地。

（3）宗教寺庙、公园、名胜古迹自用的土地。

（4）市政街道、广场、绿化地带等公共用地。

（5）直接用于农、林、牧、渔业的生产用地。

（6）经批准开山填海整治的土地和改造的废弃土地，从使用的月份起免缴土地使用税 5 ~ 10 年。

（7）由财政部另行规定免税的能源、交通、水利设施用地和其他用地。

纳税人缴纳土地使用税确有困难需要定期减免的，由省、自治区、直辖市税务机关审核后，报国家税务局批准。

新征用的土地，依照下列规定缴纳土地使用税：

（1）征用的耕地，自批准征用之日起满一年时开始缴纳土地使用税；

（2）征用的非耕地，自批准征用次月起缴纳土地使用税。

【例5－8】 某生产企业坐落在大城市，经有关部门核定2007年1～6月占用土地面积共计20 000平方米，其中幼儿园占地600平方米、绿化占地400平方米。当年6月底将占地面积3 000平方米的生产厂房售出，取得收入360万元。当地省级人民政府确定每平方米征收城镇土地使用税3元。计算2007年该企业应缴纳城镇土地使用税额。

解：该企业1～6月份应缴纳城镇土地使用税额：

(20 000－600)×3÷2＝29 100（元）

7～12月份应缴纳城镇土地使用税额：

(20 000－600－3000)×3÷2＝24 600（元）

全年应缴纳城镇土地使用税额：

29 100＋24 600＝53 700（元）

相关账务处理：

借：管理费用——城镇土地使用税　　53 700

　　贷：应交税费——应交城镇土地使用税　　53 700

七、车船税

车船税是以车船为征税对象，向拥有并使用车船的单位和个人征收的一种税。凡在中华人民共和国境内拥有并且使用车船的单位和个人，为车船税的纳税义务人。

船舶的适用税额，依照《船舶税额表》计算。车辆的适用税额，由省、自治区、直辖市人民政府在《车辆税额表》规定的幅度内确定（见表5－2、表5－3）。

表5－2　　船舶税额表　　单位：元

类别	计税标准	每年税额	备注
机动船	150吨以下	1.20	按净吨位计征
	151～500吨	1.60	按净吨位计征
	501～1 500吨	2.20	按净吨位计征
	1 501～3 000吨	3.20	按净吨位计征
	3 001～10 000吨	4.20	按净吨位计征
	10 001吨以上	5.00	按净吨位计征
非机动船	10吨以下	0.60	按载重吨位计征
	11～50吨	0.80	按载重吨位计征
	51～150吨	1.00	按载重吨位计征
	151～300吨	1.20	按载重吨位计征
	301吨以下	1.40	按载重吨位计征

表5-3　　　　　　　　　　　　　　车辆税额表　　　　　　　　　　　　　　单位：元

类　别	项　目	计税标准	每年税额
机动车	乘人汽车	每 辆	60～320
	载货汽车	按净吨位每吨	16～60
	二轮摩托车	每辆	20～60
	三轮摩托车	每辆	32～80
非机动车	人力驾驶	每辆	1.2～24
	畜力驾驶	每辆	4～32
	自行车	每辆	2～4

下列车船免纳车船税：

(1) 国家机关、人民团体、军队自用的车船。

(2) 由国家财政部门拨付事业经费的单位自用的车船。

(3) 载重量不超过1吨的渔船。

(4) 专供上下客货及存货用的趸船、浮桥用船。

(5) 各种消防车船、洒水库、囚车、警车、防疫车、救护车船、垃圾车船、港作车船、工程船。

(6) 按有关规定缴纳船舶吨税的船。

(7) 经财政部批准免税的其他车船。

纳税人纳税确有困难的，可由省、自治区、直辖市人民政府确定，定期减征或者免征车船税。

个人自有自用的自行车和其他非营业用的非机动车船，征收或者免征车船税，由省、自治区、直辖市人民政府确定。

车船税按年征收、分期缴纳。纳税期限由省、自治区、直辖市人民政府确定。

【例5-9】 某公司2007年有6辆客货两用汽车，其中2辆载人部分有4个座位，载货部分吨位为2吨；其余4辆汽车载人部分有6个座位，载货部分吨位为8吨。省政府规定，乘坐4人的客车每辆年税额为380元，乘坐6人的客车每辆年税额为400元。载货汽车每吨位年税额为60元。计算该公司全年应缴纳车船税税额。

解：客货两用汽车按照载货汽车的计税单位和税额标准计征车船税。该公司全年应缴纳车船税税额为：

$2\times2\times60+4\times8\times60=2\ 160$（元）

相关账务处理：

借：管理费用——车船税　　　　　　　　　　　　　　　　2 160

　　贷：应交税费——应交车船税　　　　　　　　　　　　　　2 160

八、印花税

印花税是对经济活动和经济交往中书立、使用、领受具有法律效力的凭证的单位和个人征收的一种税。

在中华人民共和国境内书立、领受规定应征税的各种证、照、凭证、簿据的单位和个人都是印花税的纳税人。同一凭证上两方或两方以上当事人签订并各执一份的，应当由各方按所执一份各自全额纳税。由代理人代办经济凭证，则凭证当事人的代理人有代为纳税的义务。

纳税人根据应纳税凭证的性质，分别按比例税率或者按件定额计算应纳税额。具体税率、税额的确定如下：

（1）购销合同：包括供应、预购、采购、购销结合及协作、调剂、补偿、易货等合同，按购销金额万分之三贴花。

（2）加工承揽合同：包括加工、定作、修缮、修理、印刷、广告、测绘、测试等合同，按加工或承揽收入万分之五贴花。

（3）建设工程勘察设计合同：按收取费用万分之五贴花。

（4）建筑安装工程承包合同：按承包金额万分之三贴花。

（5）财产租赁合同：包括租赁房屋、船舶、飞机、机动车辆、机械、器具、设备等，按租赁金额千分之一贴花。税额不足一元的按一元贴花。

（6）货物运输合同：包括民用航空、铁路运输、海上运输、内河运输、公路运输和联运合同，按运输费用万分之五贴花。单据作为合同使用的，按合同贴花。

（7）仓储保管合同：按仓储保管费用1‰贴花，仓单货栈单作为合同使用的，按合同贴花。

（8）借款合同：银行及其他金融组织和借款人（不包括银行同业拆借）所签订的借款合同，按借款金额万分之零点五贴花。单据作为合同使用的，按合同贴花。

（9）财产保险合同：包括财产、责任、保证、信用等保险合同，按投保金额万分之零点三贴花。单据作为合同使用的，按合同贴花。

（10）技术合同：包括技术开发、转让、咨询、服务等合同，按所载金额万分之三贴花。

（11）产权转移书据：包括财产所有权和版权、商标专用权、专利权、专有技术使用权等转移书据，按所载金额万分之五贴花。

（12）营业账簿：生产经营用账册，记载资金的账簿，按固定资产原值与自有流动资金总额万分之五贴花。其他账簿按件贴花5元。

（13）权利许可证照：包括政府部门发给的房屋产权证、工商营业执照、商标注册证、专利证、土地使用证，按件贴花5元。

印花税的计算方法：

（1）按比例税率征税的凭据、账簿：

应纳税额＝计税金额×适用税率

（2）按定额征收的账簿、证照：

应纳税额＝件数×单位定额

【例5-10】 某企业与银行签订借款合同，借款金额为500万元，因该借款用于企业技术改造项目，为无息贷款；受甲公司委托加工一批产品，总金额为200万元，签订的加工承揽合同中注明原材料由甲公司提供，金额为180万元，该企业提供加工劳务和辅助材料，金额为20万元；向某公司租赁设备一台，年租金10万元，租期三年。计算该企业上述事项应纳印花税额。

解：应纳印花税 = 200 000 × 0.5‰ + 100 000 × 3 × 1‰ = 400（元）

与银行签订的无息贷款合同免税；纳税人签订的财产租赁合同的计税依据是租赁金额；对于委托方提供原材料的，受托方提供辅助材料和加工费的，以辅助材料和加工费的合计数，依照加工承揽合同计税贴花。

相关账务处理：

印花税的账务处理是企业事先购买印花税票，购买印花税票时：

借：待摊费用——印花税　　400

　　贷：银行存款（库存现金）　　400

贴花时：

借：管理费用——印花税　　400

　　贷：待摊费用——印花税　　400

九、资源税

资源税以各种自然资源为课税对象，为了调节开采资源存在的级差收入并体现国有资源有偿使用而征收的一种税。

在中华人民共和国境内开采税法规定的应税矿产品和生产盐的单位和个人为资源税的纳税义务人。中外合作开采石油、天然气，按照现行规定只征收矿区使用费，暂不征收资源税。因此，中外合作开采石油、天然气的企业不是资源税的纳税义务人。收购未税矿产品的单位为资源税的扣缴义务人。

资源税采取从量定额的办法征收。资源税税目包括七大类（见表5-4）。

表5-4　　资源税税目、税额

序号	税目		单位税额（幅度）
1	原油		8~30元/吨
2	天然气		2~15元/千立方米
3	煤炭		0.3~5元/吨
4	其他非金属矿原矿		0.5~20元/吨或立方米
5	黑色金属矿原矿		2~30元/吨
6	有色金属矿原矿		0.4~30元/吨
7	盐	固体盐	10~60元/吨
		液体盐	2~10元/吨

资源税的应纳税额，按照应税产品的课税数量和规定的单位税额计算。计算公式为：

应纳税额 = 课税数量 × 单位税额

资源税的课税数量如下：

（1）纳税人开采或者生产应税产品销售的，以销售数量为课税数量。

（2）纳税人开采或者生产应税产品自用的，以自用数量为课税数量。

有下列情形之一的，减征或者免征资源税：

（1）开采原油过程中用于加热、修井的原油，免税。

（2）纳税人开采或者生产应税产品过程中，因意外事故或者自然灾害等原因遭受重大损失的，由省、自治区、直辖市人民政府酌情决定减税或者免税。

（3）国务院规定的其他减税、免税项目。

【例 5－11】 某煤矿机构所在地为甲省，其矿山分布在甲、乙两省。4 月份位于甲省的矿井开采原煤 35 万吨，本月销售 15 万吨，该煤矿的资源税单位税额为 10 元/吨；位于乙省的煤矿开采煤 5 万吨，本月销售 3 万吨，该煤矿的资源税单位税额为 8 元/吨。计算该煤矿当月应向乙省矿井所在地税务机关缴纳的资源税额。

解：资源税一律就地缴纳，位于乙省的煤矿开采 5 万吨，本月销售 3 万吨，应按照开采地的实际销售量及适用的单位税额计算，向乙省缴纳资源税。应纳资源税 = 3 × 8 = 24（万元）。

相关账务处理：

借：营业税金及附加	240 000	
贷：应交税费——应交资源税		240 000

十、土地增值税

土地增值税是一种对转让国有土地使用权、地上建筑物及其附着物所取得的增值额为征税对象，依照规定税率征收的一种税。

土地增值税以转让房地产所得取得的增值额为征税对象。对以继承、赠与等方式无偿转让的房地产不征税。

纳税人转让房地产所取得的收入减除扣除项目金额后的余额，为增值额。

计算增值额的扣除项目：

（1）取得土地使用权所支付的金额。

（2）开发土地的成本、费用。

（3）新建房及配套设施的成本、费用，或者旧房及建筑物的评估价格。

（4）与转让房地产有关的税金。

（5）财政部规定的其他扣除项目。

土地增值税实行四级超率累进税率：

（1）增值额超过扣除项目金额 50% 的部分，税率为 30%。

（2）增值额超过扣除项目金额 50%、未超过扣除项目金额 100% 的部分，税率为 40%。

(3) 增值额超过扣除项目金额100%、未超过扣除项目金额200%的部分，税率为50%。

(4) 增值额超过扣除项目金额200%的部分，税率为60%。

有下列情形之一的，免征土地增值税：

(1) 纳税人建造普通标准住宅出售，增值额未超过扣除项目金额20%的。

(2) 因国家建设需要依法征用、收回的房地产。

纳税人有下列情形之一的，按照房地产评估价格计算征收：

(1) 隐瞒、虚报房地产成交价格的。

(2) 提供扣除项目金额不实的。

(3) 转让房地产的成交价格低于房地产评估价格，又无正当理由的。

纳税人应当自转让房地产合同签订之日起7日内向房地产所在地主管税务机关办理纳税申报，并在税务机关核定的期限内缴纳土地增值税。纳税人未按照本条例缴纳土地增值税的，土地管理部门、房产管理部门不得办理有关的权属变更手续。

【例5-12】 某外资工业企业2007年转让一幢新建办公楼取得收入6 000万元（营业税税率5%），签订了产权转移书据（印花税率0.05%），已知该单位为取得土地使用权而支付的地价款和有关费用为1 000万元，投入的房地产建造成本3 000万元，其利息支出不能取得金融机构的合法证明，其转让办公楼相关的税金已经全部付清，已知该企业所在地政府规定的其他房地产开发费用的计算扣除比例为10%。计算该单位的转让行为应缴纳土地增值税额。

解：扣除项目金额 $=1\,000+3\,000+(1\,000+3\,000)\times10\%+6\,000\times5\%+6\,000\times0.05\%=4\,703$（万元）

增值额 $=6\,000-4\,703=1\,297$（万元）

增值率 $=1\,297\div4\,703\times100\%=27.58\%$

适用税率30%，则：

应纳税额 $=1\,297\times30\%=389.1$（万元）

相关账务处理：

转让固定资产（或在建工程、无形资产等涉及土地使用权）时：

借：固定资产清理——某办公楼　　3 891 000

　　贷：应交税费——应交土地增值税　　3 891 000

如系房地产开发企业开发的商品房涉及的土地增值税，则：

借：营业税金及附加

　　贷：应交税费——应交土地增值税

十一、契税

契税是以所有权发生转移变动的不动产为征税对象，向产权承受人征收的一种财产税。

在中华人民共和国境内转移土地、房屋权属，承受的单位和个人为契税的纳税人，所谓转移土地、房屋权属是指下列行为：

（1）国有土地使用权出让。

（2）土地使用权转让，包括出售、赠与和交换（不包括农村集体土地承包经营权的转移）。

（3）房屋买卖。

（4）房屋赠与。

（5）房屋交换。

契税税率为3% ~5%。契税的适用税率，由省、自治区、直辖市人民政府在以上幅度内按照本地区的实际情况确定，并报财政部和国家税务总局备案。

契税的计税依据：

（1）国有土地使用权出让、土地使用权出售、房屋买卖，为成交价格。

（2）土地使用权赠与、房屋赠与，由征收机关参照土地使用权出售、房屋买卖的市场价格核定。

（3）土地使用权交换、房屋交换，为所交换的土地使用权、房屋的价格的差额。

成交价格明显低于市场价格并且无正当理由的，或者所交换土地使用权、房屋的价格的差额明显不合理并且无正当理由的，由征收机关参照市场价格核定。

契税应纳税额计算公式：

应纳税额 = 计税依据 × 税率

应纳税额以人民币计算。转移土地、房屋权属以外汇结算的，按照纳税义务发生之日中国人民银行公布的人民币市场汇率中间价折合成人民币计算。

有下列情形之一的，减征或者免征契税：

（1）国家机关、事业单位、社会团体、军事单位承受土地、房屋用于办公、教学、医疗、科研和军事设施的，免征。

（2）城镇职工按规定第一次购买公有住房的，免征。

（3）因不可抗力灭失住房而重新购买住房的，酌情准予减征或者免征。

（4）财政部规定的其他减征、免征契税的项目。

契税的纳税义务发生时间，为纳税人签订土地、房屋权属转移合同的当天，或者纳税人取得其他具有土地、房屋权属转移合同性质凭证的当天。纳税人应当自纳税义务发生之日起10日内，向土地、房屋所在地的契税征收机关办理纳税申报，并在契税征收机关核定的期限内缴纳税款。

契税征收机关为土地、房屋所在地的财政机关或者地方税务机关。具体征收机关由省、自治区、直辖市人民政府确定。

【例5-13】 甲某是一家个人独资企业的业主，2007年3月以200万元的价格购入A公司一处房屋作为办公场所，并将其价值60万元的自有房屋投入企业作为经营场所；为节省运输费用，甲某将自有价值160万元的仓库与另一企业价值200万元的仓库互换，由甲某向该企业支付差价。计算甲某上述经济事项应缴纳契税。（适用税率为4%）

解：将价值60万元的自有房产作股投入本人经营企业，免纳契税。契税是以所有权发生转移的不动产为征税对象，以自有的房地产投入本人独资经营的企业，产权所有人和使用权使用人未发生变化，不需办理房产变更手续，也不办理契税手续。以土地使用权相交换的，其计税依据是所交换的土地使用权、房屋的价格差额，应由多付货币、实物、无形资产或者其他经济利益的一方缴纳契税。

甲某上述经济事项应缴纳契税 = 200 × 4% + （200 − 160） × 4% = 9.6（万元）

相关账务处理：

借：固定资产——某办公场所　　80 000

　　　　　　——某仓库　　16 000

　　贷：应交税费——应交契税　　96 000

十二、城市维护建设税

城市维护建设税是对缴纳增值税、消费税、营业税（简称“三税”）的单位和个人就其实际缴纳的“三税”税额为计税依据而征收的一种附加税。

城建税按纳税人所在地的不同，设置了三档差别比例税率，即：

（1）纳税人所在地为市区的，税率为 7%；

（2）纳税人所在地为县城、镇的，税率为 5%；

（3）纳税人所在地不在市区、县城或者镇的，税率为 1%。

城建税纳税人的应纳税额大小是由纳税人实际缴纳的“三税”税额决定的，其计算公式为：

应纳税额 =（纳税人实际缴纳增值税、营业税、消费税税额）× 税率

税法规定，对外商投资企业和外国企业不征收城市维护建设税。

【例 5－14】 某市区一企业 2007 年 6 月缴纳进口关税 65 万元，进口环节增值税 15 万元，进口环节消费税 26.47 万元；本月境内经营业务实际缴纳增值税 36 万元，消费税 85 万元，营业税 13 万元。在税务检查过程中，税务机关发现，该企业所属宾馆上月隐瞒餐饮服务收入 50 万元，本月被查补相关税金，收到上月报关出口自产货物应退增值税 35 万元。计算该企业 6 月应纳城市维护建设税税额。

解：按照规定，海关对进口产品代征增值税、消费税的，不征收城市维护建设税，对出口产品退还增值税、消费税的，不退还已经缴纳的城市维护建设税，所以该企业 6 月份应缴纳的城市维护建设税为：

（36 + 85 + 13 + 50 × 5%） × 7% = 95 550（元）

相关账务处理：

借：营业税金及附加　　95 550

　　贷：应交税费——应交城建税　　95 550

十三、个人所得税

个人所得税是以个人（自然人）取得的各项应税所得为征税对象所征收的一种税。凡在中国境内有住所，或者无住所而在境内居住满一年的个人，应就其从中国境内和境外取得

的所得，依法缴纳个人所得税；在中国境内无住所又不居住或者无住所而在境内居住不满一年的个人，只就其从中国境内取得的所得，缴纳个人所得税。

下列各项个人所得，应纳个人所得税：

（1）工资、薪金所得：适用超额累进税率，税率为5% ~45%。

（2）个体工商户的生产、经营所得：适用5% ~35%的超额累进税率。

（3）对企事业单位的承包经营、承租经营所得：适用5% ~35%的超额累进税率。

（4）劳务报酬所得：适用比例税率，税率为20%。对劳务报酬所得一次收入畸高的，可以实行加成征收，具体办法由国务院规定。

（5）稿酬所得：适用比例税率，税率为20%，并按应纳税额减征30%。

（6）特许权使用费所得：适用比例税率，税率为20%。

（7）利息、股息、红利所得：适用20%的比例税率。

（8）财产租赁所得：适用20%的比例税率。

（9）财产转让所得：适用20%的比例税率。

（10）偶然所得：适用20%的比例税率。

（11）经国务院财政部门确定征税的其他所得。

下列各项个人所得，免纳个人所得税：

（1）省级人民政府、国务院部委和中国人民解放军军以上单位，以及外国组织、国际组织颁发的科学、教育、技术、文化、卫生、体育、环境保护等方面的奖金。

（2）国债和国家发行的金融债券利息。

（3）按照国家统一规定发给的补贴、津贴。

（4）福利费、抚恤金、救济金。

（5）保险赔款。

（6）军人的转业费、复员费。

（7）按照国家统一规定发给干部、职工的安家费、退职费、退休工资、离休工资、离休生活补助费。

（8）依照我国有关法律规定应予免税的各国驻华使馆、领事馆的外交代表、领事官员和其他人员的所得。

（9）中国政府参加的国际公约、签订的协议中规定免税的所得。

（10）经国务院财政部门批准免税的所得。

有下列情形之一的，经批准可以减征个人所得税：

（1）残疾、孤老人员和烈属的所得。

（2）因严重自然灾害造成重大损失的。

（3）其他经国务院财政部门批准减税的。

应纳税所得额的计算：

（1）工资、薪金所得，以每月收入额减除费用2 000元后的余额，为应纳税所得额。

（2）个体工商户的生产、经营所得，以每一纳税年度的收入总额，减除成本、费用以及损失后的余额，为应纳税所得额。

（3）对企事业单位承包经营、承租经营所得，以每一纳税年度的收入总额，减除必要费用后的余额，为应纳税所得额。

（4）劳务报酬所得、稿酬所得、特许权使用费所得、财产租赁所得，每次收入不超过4 000元的，减除费用800元；4 000元以上的，减除20%的费用，其余额为应纳税所得额。

（5）财产转让所得，以转让财产的收入额减除财产原值和合理费用后的余额，为应纳税所得额。

（6）利息、股息、红利所得，偶然所得和其他所得，以每次收入额为应纳税所得额。

个人将其所得对教育事业和其他公益事业捐赠的部分，按照国务院有关规定从应纳税所得中扣除。

对在中国境内无住所而在中国境内取得工资、薪金所得的纳税义务人和在中国境内有住所而在中国境外取得工资、薪金所得的纳税义务人，可以根据其平均收入水平、生活水平以及汇率变化情况确定附加减除费用，附加减除费用适用的范围和标准由国务院规定。

【例5-15】 中国公民王某系在国内某市单位任职，2007年3月份取得收入情况如下：

（1）工资收入3 000元，当月奖金1 000元，季度奖2 000元；取得2006年年终奖12 000元。

（2）接受某公司邀请担任技术顾问，当月取得收入35 000元，从中拿出10 000元通过希望工程基金会捐给希望工程。

（3）撰写的一本专著由境外某出版社出版，稿酬36 000元，已在境外缴纳所得税2 600元。

（4）2004年购入1 000份债券，每份买入价10元，购进过程中支付的税费共计150元。本月以每份12元的价格卖出其中600份，支付卖出债券的税费共计110元。

要求：

（1）2007年3月取得工资和各项奖金收入应缴纳的个人所得税税额。

（2）2007年3月担任技术顾问应缴纳的个人所得税税额。

（3）2007年3月出版专著取得收入应在我国补缴个人所得税税额。

（4）2007年3月售出债券应缴纳的个人所得税税额。

解：

（1）取得工资、薪金收入和季度奖应合并由本单位代扣代缴个人所得税为：

$(3\,000+1\,000+2\,000-1\,600)\times 15\%-125=535$（元）

取得年终奖：$12\,000\div 12=1\,000$元，适用税率10%、速算扣除数为25，则：

应纳税额 $=12\,000\times 10\%-25=1\,175$（元）

合计应纳个人所得税 $=535+1\,175=1\,710$（元）

（2）担任某公司技术顾问取得的收入属于劳务报酬所得，当月捐赠扣除限额为：

$35\,000\times(1-20\%)\times 30\%=28\,000\times 30\%=8\,400$（元）

实际发生捐赠支出10 000元，税前准予扣除捐赠支出8 400元。

因此，应由该公司代扣代缴的个人所得税为：

$(28\,000-8\,400)\times 20\%=3\,920$（元）

（3）出版专著按我国税法应缴纳的个人所得税为：

$36\,000\times(1-20\%)\times 20\%\times(1-30\%)=4\,032$（元）

扣除已在境外缴纳的2 600元，应补税 =4 032 - 2 600 = 1 432元。

（4）王某售出债券应缴纳的个人所得税税额为：

[12 ×600 - 110 - （1 000 ×10 + 150） ×600 ÷ 1 000] ×20% = 200（元）

涉及企业代扣的相关账务处理：

借：应付职工薪酬——工资及附加费　　535

　　贷：应交税费——应交个人所得税　　535

【例5-16】 2007年1月1日，李某承包市区一家餐厅。合同规定承包期5年，每年上交承包费10万元。2007年经营情况如下：餐厅全年营业收入210万元，成本费用180万元，营业税10万元，城建税0.70万元，教育费附加0.30万元，盈利19万元，申报应交企业所得税6.27万元。经聘请的注册税务师审核时，发现以下问题：

（1）由李某签字对部分客户的餐饮费免收，全年累计86笔，共计10万元。

（2）餐厅闲置房屋出租收入30万元，未在收入中反映。

（3）在费用中列支工资费用32万元（其中包括李某工资每月1 500元），并计提了职工福利费、职工工会经费、职工教育经费5.92万元（提取的教育经费已全部实际使用），雇用员工15人。

（4）当年发生业务招待费2万元、广告费6万元、业务宣传费1.5万元。

（5）李某2007年1月在承包餐厅时发生餐厅装修支出12万元（该餐厅原值50万元并已提足折旧），账面对这部分支出，分两年摊销计入成本费用（当地税务机关核定为5年摊销）。

要求：根据所给资料，回答下列问题：

（1）该餐厅应补交的营业税、城建税以及教育费附加。

（2）以下关于该餐厅业务税务处理的正确描述：

① 业务招待费在计算李某的个人所得税时，可以据实扣除。

② 房屋出租收入可以作为业务招待费计算限额的基数。

③ 李某的工资在计算企业所得税时，可以据实扣除。

④ 李某的工资在计算个人所得税时，可以据实扣除。

⑤ 上交的承包费可以在计算企业所得税时扣除。

（3）该餐厅计算企业所得税时，可以扣除的工资和“三项经费”。

（4）该餐厅计算企业所得税时，可以扣除的业务招待费、广告费、业务宣传费。

（5）该餐厅应缴纳企业所得税。

（6）李某应缴纳个人所得税。

解：（1）该餐厅应补交的营业税、城建税以及教育费附加 = （10 ×5% + 30 ×5%） ×（1 +7% +3%） = 2.20（万元）

（2）在计算企业所得税时，应该将李某的工资与雇用员工的工资合并，与计税工资相比，决定全部工资的扣除额；李某的工资在计算个人所得税时，应该作为承包经营所得的一部分；上交的承包费相当于税后利润分配的内容，不能在计算企业所得税时扣除。

（3）计税工资标准 = 16 ×0.16 ×12 = 30.72（万元），实际发生32万元，税前准予扣除30.72万元。

该餐厅计算企业所得税时，可以扣除的工资和“三项经费”=30.72×（1+14%+2%+2.5%）=36.40万元。

（4）业务招待费扣除限额=（210+10+30）×5‰=1.25万元，实际发生2万元，税前准予扣除1.25万元；广告费扣除限额=（210+10+30）×2%=5万元，实际发生6万元，税前准予扣除5万元；业务宣传费扣除限额=（210+10+30）×5‰=1.25万元，实际发生1.5万元，税前准予扣除1.25万元。

该餐厅计算企业所得税时，可以扣除的业务招待费、广告费、业务宣传费=1.25+5+1.25=7.50万元。

（5）该餐厅应缴纳企业所得税=（19+10+30-2.20+32+5.92-36.40+2+6+1.5-7.5+12÷24×11-12÷60×11）×33%=20.99（万元）

（6）李某应缴纳个人所得税=（19+10+30-2.20-20.99-10+0.15×12-0.16×12）×35%-0.675=8.32（万元）

十四、企业所得税

企业所得税是对企业生产经营所得和其他所得征收的一种税。

1. 纳税义务人。实行独立经济核算的企业或者组织，包括国有企业、集体企业、私营企业、联营企业、股份制企业，有生产、经营所得和其他所得的其他组织。

2. 计税依据。应纳税所得额，即纳税人每一年度的收入总额减去扣除项目后的余额。

3. 适用税率。2008年1月1日前，企业所得税的基本税率为33%，对年应纳税所得额在3万元（含3万元）以下的企业，暂减按18%的税率征收所得税；年应纳税所得额在10万元（含10万元）以下至3万元的企业暂减按27%税率征收所得税。2008年1月1日后，《企业所得税法》开始执行，一般企业所得税税率为25%，非居民企业在中国境内设立机构场所的，按实际所得缴纳所得税，未设立机构场所的，应当就来源于中国境内所得缴纳企业所得税，适用税率20%。符合条件的小型微利企业，减按15%的税率征收企业所得税。

4. 计征公式。

应纳税额=应纳税所得额×税率

5. 允许扣除项目。

（1）生产、经营成本。

（2）销售（经营）、管理、财务费用。

（3）税金。

（4）损失，包括营业外支出、已发生的亏损和投资损失及其他损失（损失的扣除，要办理审批手续）。

（5）利息支出（向非金融机构借款不高于金融机构贷款利率部分准予扣除）。

（6）工资（纳税人支付给职工的工资）。

（7）规定范围内的职工工会经费、职工福利费、职工教育经费。

（8）年度应纳税所得税3%以内符合规定的公益、救济性捐赠。

6. 年度亏损弥补。纳税人发生年度亏损的，可以用下一纳税年度的所得弥补，不足弥补的，可以逐年延续弥补，但弥补期最长不得超过5年。

7. 缴纳方法。企业所得税，按年计算，分月或者分季预缴，年终汇算清缴，多退少补。

地方国有企业、集体企业、私营企业缴纳的所得税由地方税务局负责征收和管理。

【例5－17】 某市家具建材商城为增值税一般纳税人。企业适用增值税税率为17%，2007年企业所得税税率为33%，2008年起所得税税率改为25%。2007年经营情况如下：

（1）主营业务收入8 000万元；主营业务成本5 000万元；其他业务收入中房屋租赁收入50万元；相应的租赁成本支出40万元，缴纳的营业税及附加2.75万元；营业税金及附加146.2万元（不含房屋租赁的营业税金及附加2.75万元）。

（2）管理费用500万元，其中，工资100万元，新工艺研究开发费用70万元，业务招待费用80万元。

（3）营业费用800万元，其中，工资300万元，广告费支出155万元，业务宣传费支出50万元。

（4）财务费用120万元，其中，存款利息收入30万元，银行手续费2万元，向商业银行贷款利息支出80万元（年利率5%），银行罚息2.80万元；经批准向职工集资借款利息支出25万元（年利率8%），企业间借款利息40.20万元，协议年利率为6%。

（5）投资收益500万元，其中，国债利息收入50万元，从位于珠海的外资子公司分回投资收益100万元，从境外子公司分回投资收益100万元（境外所得税率25%），转让珠海外资子公司50%的股份，转让收入3 000万元，转让成本2 750万元。

（6）营业外支出反映：企业将一批特制服装通过政府捐助灾区建设，成本600万元，无同类售价。

（7）企业职工人数年平均300人，其中：生产工人120人，工资200万元，在建工程人员10人，工资15万元。按照2%、14%、2.5%的比例和工资总额计提了三项经费并计入有关的科目中。已按工资总额的2%上缴工会组织，并取得工会专用缴款收据。当年计提的职工教育经费已经全部列支。计税工资标准2007年为1 600元/人。

（8）2006年已经税务机关审核批准的亏损额为55万元，2007年度预缴企业所得税260.30万元。

要求：根据所给资料，回答下列问题：

（1）该企业2007年可以扣除的业务招待费。

（2）该企业2007年可以扣除的广告费支出、业务宣传费支出额。

（3）该企业2007年可以扣除的财务费用。

（4）该企业2007年工资、三项经费应调整的应纳税所得额。

（5）该企业2007年可以扣除的捐赠支出。

（6）该企业2007年实际应补（退）所得税额。

（7）若这些业务发生在2008年，该企业2008年应纳所得税。

解：（1）业务招待费扣除限额$=8\ 710\times3‰+3=29.13$（万元），实际发生业务招待费80万元，所得税前可以扣除的业务招待费为29.13万元。

（2）广告费扣除限额 = 8 710 × 8% = 696.8（万元），实际发生 155 万元，可以据实扣除。

业务宣传费扣除限额 = 8 710 × 5‰ = 43.55（万元），实际发生 50 万元，所得税前可以扣除的业务宣传费为 43.55 万元。

该企业 2007 年可以扣除的广告费支出、业务宣传费支出合计 = 155 + 43.55 = 198.55（万元）

（3）向职工集资借款利息支出和企业间借款利息支出扣除限额 = 25 ÷ 8% × 5% + 40.20 ÷ 6% × 5% = 49.13 万元，实际发生 25 + 40.2 = 65.2 万元，可以扣除 49.13 万元。

所得税前可以扣除的财务费用 = 120 − 65.2 + 49.13 = 103.93（万元）

（4）该企业实际列支的工资 = 100 + 300 + 200 + 15 = 615（万元）

计税工资标准 = 0.16 × 300 × 12 = 576（万元）

该企业 2007 年工资应调增应纳税所得额 = 615 − 576 = 39（万元）

该企业实际列支三项经费 = 615 ×（2% + 2.5% + 14%）= 113.78（万元）

三项经费扣除限额 = 576 ×（2% + 2.5% + 14%）= 106.56（万元）

该企业 2007 年三项经费应调增应纳税所得额 = 113.78 − 106.56 = 7.22（万元）

工资和三项经费合计应调增应纳税所得额 = 39 + 7.22 = 46.22（万元）

（5）纳税调整后所得 = 8 000 + 600 ×（1 + 10%）− 5 000 − 600 + 50 − 40 − 2.75 − 146.2 −（500 − 80 + 29.13）−（800 − 50 + 43.55）− 103.93 + 50 + 100 + 3 000 − 2 750 + 46.22 = 2 020.66（万元）

捐赠扣除限额 = 2 020.66 × 3% = 60.62 万元，实际发生 600 + 600 ×（1 + 10%）× 17% = 712.2 万元，该企业 2007 年可以扣除的捐赠支出为 60.62 万元。

（6）该企业 2007 年应纳税所得额 = 2 020.66 − 60.62 − 55（2006 年的亏损）− 50（国债利息收入）+ 100 ÷（1 − 15%）× 15%（应补税投资收益已缴所得税额）− 70 × 50%（研发费加计扣除）= 1 837.69（万元）

该企业 2007 年实际应补所得税额 = 1 837.69 × 33% − 100 ÷（1 − 15%）× 15% + 100 ÷（1 − 25%）×（33% − 25%）− 260.30 = 339.16（万元）

相关账务处理：

借：以前年度利润调整	3 391 600
贷：应交税费——应交所得税	3 391 600

（7）只需把计算时适用税率为 33% 改为 25%，其他同（6）的计算一致，请读者自行计算 2008 年应纳税额。

十五、教育费附加

教育费附加是以单位和个人缴纳的增值税、消费税、营业税税额为计算依据征收的一种附加费。教育费附加名义上是一种专项资金，但实质上具有税的性质。

1. 教育费附加的征收范围及计税依据。教育费附加对缴纳增值税、消费税、营业税的单位和个人征收，以其实际缴纳的增值税、消费税和营业税税额为计税依据，分别与增值税、消费税和营业税同时缴纳。

2. 教育费附加计征比率。1994 年 1 月 1 日开始，教育费附加比率为 3%。

3. 教育费附加的计算。

应纳教育费附加 =（实际缴纳增值税额 + 实际缴纳的消费税额 + 实际缴纳的营业税额）× 征收比率

【例 5－18】 某市区企业 2003 年 11 月实际缴纳增值税 30 万元，消费税 25 万元，营业税 12 万元，其中，该企业开设的零售商店缴纳营业税 7 万元，当年该商店新招用下岗失业人员达到职工总数 30% 以上（含 30%）。并与其签订 1 年以上期限劳动合同的，经劳动保障部门认定，税务机关审核，允许其 3 年内免征教育费附加。请计算该企业应缴纳的教育费附加。

解：应纳教育费附加 =（30 + 25 + 12 − 7）× 3% = 1.8（万元）

4. 教育费附加的减免规定。

（1）对海关进口的产品征收的增值税、消费税，不征收教育费附加。

（2）对由于减免增值税、消费税、营业税而发生退税的，可以同时退还已征收的教育费附加。但对出口产品退还增值税、消费税的，不退还已征的教育费附加。

（3）对新办的商贸企业（从事批发、批零兼营以及其他非零售业务的商贸企业除外），当年新招用下岗失业人员达到职工总数的 30% 以上（含 30%），并与其签订 1 年以上期限劳动合同的，经劳动保障部门认定，税务机关审核，3 年内免征教育费附加。

（4）对下岗失业人员从事个体经营（除建筑业、娱乐业以及广告业、桑拿、按摩、网吧、氧吧外）的，自领取税务登记证之日起，3 年内免征教育费附加。

（5）自 2004 年 1 月 1 日起，对为安置自谋职业的城镇退役士兵就业而新办的服务型企业（除广告业、桑拿、按摩、网吧、氧吧外）当年新安置自谋职业的城镇退役士兵达到职工总数 30% 以上，并与其签订 1 年以上期限劳动合同的，经县以上民政部门认定，税务机关审核，3 年内免征教育费附加。

对为安置自谋职业的城镇退役士兵就业而新办的商业零售企业当年新安置自谋职业的城镇退役士兵达到职工总数 30% 以上，并与其签订 1 年以上期限劳动合同的，经县以上民政部门认定，税务机关审核，3 年内免征教育费附加。

对自谋职业的城镇退役士兵，在《关于扶持城镇退役士兵自谋职业优惠政策意见的通知》下发后从事个体经营（除建筑业、娱乐业以及广告业、桑拿、按摩、网吧、氧气吧外）的，自领取税务登记证之日起，3 年内免征教育费附加。

（6）经中国人民银行依法决定撤销的金融机构及其分设于各地的分支机构（包括被依法撤销的商业银行、信托投资公司、财务公司、金融租赁公司、城市信用社和农村信用社），用其财产清偿债务时，免征被撤销金融机构转让货物、不动产、无形资产、有价证券、票据等应缴纳的教育费附加。

（7）从 2006 年 1 月 1 日起至 2008 年 12 月 31 日止，对中国证券投资者保护基金有限责任公司根据《证券投资者保护基金管理办法》取得的证券交易所按其交易经手费 20% 和证券公司按其营业收入 0.5% 缴纳的证券投资者保护基金收入和申购冻结资金利息收入、依法向有关责任方追偿所得收入以及从证券公司破产清算中受偿收入，暂免征教育费附加。2009年1月1日起恢复征收。

【例5-19】 某公司地处市区，2007年6月缴纳增值税、消费税、营业税共370万元，因违反有关税法规定被处以罚款5万元。因产品出口退还增值税、消费税20万元，计算该企业应纳城市建设维护税和教育费附加。

解：违反有关税法的规定被处以的罚款，不作为计算城建税和教育费附加的计税依据，出口产品返还的增值税、消费税，不退还已经缴纳的城建税和教育费附加，所以该企业应纳城市维护建设税和教育费附加 $=370\times(7\%+3\%)=37$ 万元。

相关账务处理：

借：营业税金及附加	370 000
贷：应交税费——应交城建税	259 000
——应交教育费附加	111 000

第三节 发票管理

一、发票的概述

发票是指在购销商品、提供或者接受服务以及从事其他经营活动中，开具、收取用以摘记经济业务活动的收付款凭证。它是确定经营收支行为发生的法定凭证，是会计核算的原始凭证，是税务机关进行税源控管和开展税务稽查的重要依据，是发挥财税监督职能和维护社会经济秩序的重要工具，同时发票还是加强部门和行业管理的重要手段，是购货合同的权益证明，是保护消费者合法权益的有效凭证。

税务机关是发票的主管机关，负责发票的印制、领购、开具、取得、保管、缴销的管理和监督。国家税务总局统一负责全国发票管理。各级国家税务局和地方税务局依据各自的职责，做好本行政辖区内的发票管理工作。

发票应当套印全国统一发票监制章。全国统一发票监制章的式样和发票版面印刷的要求，由国家税务总局规定。发票监制章由省、自治区、直辖市税务机关制作。

发票应当使用全国统一的防伪专用品。发票防伪专用品由国家税务总局指定的企业生产，并核发发票防伪专用品生产许可证。发票防伪专用品的确定和使用由国家税务总局确定。

发票由省、自治区、直辖市税务机关指定的企业印制；增值税专用发票由国家税务总局指定的企业统一印制。禁止私自印制、伪造、变造发票。

税务机关在发售发票时，应按财政、物价部门核准的收费标准收取发票工本费，并向购票方开具收据。

发票管理的主要政策法律依据有：《中华人民共和国税收征收管理法》（以下简称《税收征管法》）及其实施细则和《中华人民共和国发票管理办法》（以下简称《发票管理办法》）及其实施细则和国家税务总局规定的有关发票管理规定。

二、发票的种类

发票的种类由省级以上税务机关根据社会经济活动的需要确定，按照不同管理工作的需要，我们可以对发票按照不同的方法进行分类。常用的发票分类有以下几种：

按照行业分类，发票可分为工业发票、商业发票、服务业发票、交通运输业发票、建筑业发票等。

按照发票所用纸质不同，发票可分为普通纸发票、涂碳纸发票、水印纸发票等。

按照发票填开金额的不同限制，发票可分为无限额发票、限额发票、定额发票等。

按照发票使用对象的不同，发票可分为通用发票和单位具名发票等。

按照发票填开方式的不同，可分为手写发票、电脑发票、税控发票等。

按照发票用途的不同，可分为增值税专用发票、普通发票和专业发票等。

（一）增值税专用发票

增值税专用发票由国家税务总局指定的企业印制。增值税专用发票的票样由国家税务总局统一制定，其他单位和个人不得擅自变更。

只有经国家税务机关认定为增值税一般纳税人才能领购增值税专用发票，小规模纳税人和法定情形的一般纳税人不得领购使用。

领购增值税专用发票需要的证件有：一是加盖有“增值税一般纳税人”专用章的税务登记证（副本）；二是经办人身份证明（居民身份证、护照或工作证）；三是发票专用章印模。

增值税纳税人在办理完一般纳税人认定手续后，应按如下程序领购专用发票：一是向当地主管国税机关提出领购增值税专用发票申请；二是提供税务机关要求的相关证件；三是税务机关经审核后，发给发票领购簿，并在发票领购簿上核定专用发票的购票种类、领购数量和购票方式；四是领购专用发票的单位和个人凭发票领购簿核准的种类、数量及购票方式向主管税务机关领购专用发票。

增值税专用发票应当使用防伪税控系统开具。

增值税一般纳税人有下列情形之一者，税务机关应当停止向其发售专用发票：一是不能准确核算增值税的销项税额、进项税额和应纳税额的；二是不能向税务机关准确提供增值税的销项税额、进项税额和应纳税额有关纳税资料的；三是未按规定使用和保管防伪税控系统专用设备的。

增值税一般纳税人之间销售货物和应税劳务时，应当向购买方开具专用发票。但下列情况不得开具：一是购买方未提供其增值税一般纳税人资格证明；二是销售免税项目货物（国家另有规定的除外）；三是其他按规定不准抵扣的货物或者劳务。

增值税一般纳税人取得的专用发票，应按规定的期限向税务机关申请抵扣税款，经税务机关认证相符后，方可作为抵扣凭证。专用发票有下列情形之一的，不得作为抵扣凭证：一是仅取得发票联或抵扣联；二是认证不符，密文有误；三是属于虚开的发票；四是未按规定开具的发票。

（二）普通发票

普通发票主要由营业税纳税人和增值税小规模纳税人使用，增值税一般纳税人在不能开具专用发票的情况下也可使用普通发票。普通发票由行业发票和专用发票组成，前者适用于某个行业的经营业务，如商业零售统一发票、商业批发统一发票、工业企业产品销售统一发票等；后者仅适用于某一经营项目，如电话费专用发票、技术贸易专用发票等。

普通发票按照国家税务总局的规定分别由省、自治区、直辖市国家税务局、地方税务局指定企业印制。符合条件的企业也可以申请印制具名普通发票。一般情况下，如果企业财务制度及发票管理制度健全，有固定生产经营场所，使用量大的单位，可向主管税务机关提交申请报告和自印发票的格式。主管税务机关对企业提交的上述资料进行审核批准后，指定印刷厂印制。

依法办理税务登记的单位和个人，在领取税务登记证后，向主管税务机关申请领购发票。办理领购发票手续的单位和个人，应当提出购票书面申请，并提供经办人身份证明、税务登记证件或者税务机关要求提供的其他有关证明，以及财务印章或者发票专用章的印模，经主管税务机关审核批准后，发给发票领购簿。发票专用章的式样由国家税务总局确定。领购发票的单位和个人按主管税务机关核准的种类、数量以及购票方式，持发票领购证件向主管税务机关领购发票。

对无固定经营场地、临时取得应税收入或者财务制度不健全的纳税人需要发票的，到税务部门办税服务厅申请代开发票。

临时到本省、自治区、直辖市以外从事经营活动的单位和个人，应当凭机构所在地税务机关的《外管证》，向经营地税务机关办理报验登记，申请领购经营地的发票。

税务机关对外省、自治区、直辖市来本辖区从事临时经营活动的单位和个人申请领购发票的，可以要求其提供保证人或根据所领购发票的票面限额及数量交纳不超过一万元的保证金，并限期缴销发票。按期缴销发票的，解除保证人的担保义务或者退还保证金；未按期缴销发票的，由保证人或以保证金承担法律责任。

（三）专业发票

专业发票是指国有金融、保险企业的存贷、汇兑、转账凭证、保险凭证；国有邮政、电信企业的邮票、邮单、话务、电报收据；国有铁路、国有航空企业和交通部门、国有公路、水上运输企业的客票、货票等。

专业发票是一种特殊种类的发票，但不套印发票监制章；它属于发票的管理范围，但经有关部门批准后，由主管部门自定式样，自行印制、发放和管理，自行负责。这是专业发票的特征，也是与其他专用发票、普通发票的区别之处。

专业发票的主要依据是《发票管理办法》，其第四十二条规定：“对国有的金融、邮电、铁路、民用航空、公路和水上运输等单位的专业发票，经国家税务总局或者省、自治区、直辖市税务机关批准，可以由国务院有关主管部门或者省、自治区、直辖市人民政府有关主管部门自行管理”。

实际工作中，专业发票的管辖范围与《发票管理办法》第四十二条规定的范围已经发生很大变化。为了进一步规范发票管理，加强“以票管税”、税源监控力度，国家税务总局和各省级税务机关逐步将专业发票纳入税务机关管理范畴。目前，已纳入税务机关管理的专业发票有：保险专用发票、金融服务统一发票、邮政业务统一发票、货物运输统一发票等，很多地方还将交通客运统一发票也纳入税务机关管理。今后发展方向肯定是将专业发票全部纳入税务机关统一管理，套印全国统一的发票监制章。

关于如何界定发票问题，我们可以这样来理解。前面所述，发票是指在购销商品、提供或者接受经营服务以及从事其他经营活动中，开具、收取用以摘记经济业务活动的收付款凭证。但在实际工作中并不是所有的收付款凭证都是发票。一般来说，从其记载的经济内容来看，收付款凭证大致分为三大类：

一是基于生产、经营性活动收付款项，证明资金所有权转移的收付款凭证。这类凭证记载的主要是商（产）品销售、提供或接受服务等生产、经营性活动状况。从税收管理的角度来看，这类活动都是涉税行为的活动，其营业收付款凭证都属于发票范围。

二是基于行政管理活动收付款项的收付款凭证。主要有行政性收费收款收据，如执法机关的罚没款项、司法机关的诉讼费用、某些行政机关颁发执照、许可证等收取的登记费、许可费等，这类凭证与税收管理没有直接联系，属于非涉税的收付款凭证，应用财政部门监制的统一收款收据。

三是基于非经营性、非财政性收入的收付款凭证。主要指行政事业单位、社会团体、工商企业和个人取得的非经营性款项收入业务，如赞助、捐赠、集资、赔偿、划转、上缴等，既非经营性收入，也非财政性收入，但都直接影响收付款单位的成本核算，与税收管理有着较为密切的联系，因此，收付上述款项，应当使用税务部门统一监制的统一收款收据。该统一收款收据不属于发票，但税收部门视同发票一样管理。但对单位内部为经营管理和财务管理的需要，仅限于单位内部使用的自制或外购的内部结算凭证，大多与税收管理没有直接的联系，则不属于发票范围，也不必由税务机关来监制。

三、发票的开具要求

1. 单位和个人应在发生经营业务、确认营业收入时，才能开具发票，未发生经营业务一律不得开具发票。

2. 开具发票时应按号顺序填开，填写项目齐全、内容真实、字迹清楚、全部联次一次性复写或打印，内容完全一致，并在发票联和抵扣联加盖单位财务印章或者发票专用章。

3. 填写发票应当使用中文。民族自治地区可以同时使用当地通用的一种民族文字；外商投资企业和外资企业可以同时使用一种外国文字。

4. 使用电子计算机开具发票必须报主管税务机关批准，并使用税务机关统一监制的机打发票。开具后的存根联应当按照顺序号装订成册，以备税务机关检查。

5. 发票开票时限和地点应符合规定。发票的开票时限和地点是记载购销商品、提供或接受劳务等业务实际发生的时间，必须准确，不能混淆销售或劳务时间，不得提前或错后。这是为便于接受发票或者开票单位的财会人员进行核算时，正确地确定发票的归属期，以利于准确核算各期的收入、成本、费用等情况，也有利于准确确认销售收入实现时间。

6. 任何单位和个人不得转借、转让、代开发票，未经税务机关批准，不得拆本使用发票，不得自行扩大专业发票的使用范围。

四、发票领购管理规程

（一）发票领购的适用范围

1. 依法办理税务登记的单位和个人，在领取《税务登记证》后可以申请领购发票，属于法定的发票领购对象。

2. 依法不需要办理税务登记的单位，发生临时经营业务需要使用发票的，可以凭单位介绍信和其他有效证件，到税务机关代开发票。

3. 临时到本省、自治区、直辖市以外从事经营活动的单位和个人，凭所在地税务机关开具的《外出经营活动税收管理证明》，在办理纳税担保的前提下，可向经营地税务机关申请领购经营地的发票。

（二）发票领购手续

发票管理法规规定：申请领购发票的单位和个人应当提出购票申请，同时提供经办人身份证明、税务登记证件及财务印章、发票专用章的印模等资料，经主管税务机关审核后发给《发票领购簿》。领购发票的单位和个人凭《发票领购簿》核准的种类、数量，向主管税务机关领购发票。需要临时使用发票的单位和个人，可以直接向税务机关申请办理发票的开具。

对于跨省、市、自治区从事临时经营活动的单位和个人申请领购发票，税务机关应要求提供保证人，或者缴纳不超过1万元的保证金，并限期缴销发票。

五、发票填开的要求及操作要点

1. 发票开具使用的要求。任何填开发票的单位和个人必须在发生经营业务并确认营业收入时，才能开具发票，未发生经营业务一律不得开具发票；不得转借、转让或者代开发票；未经税务机关批准，不得拆本使用发票，也就是说不能将一本发票拆成一份一份使用；不得自行扩大专用发票的使用范围，如将增值税专用发票用于非增值税一般纳税人。

2. 发票开具时限的要求。增值税专用发票开具时限的规定为：按增值税纳税义务发生时间开具。将货物交给他人代销，为收到受托人送交的代销清单的当天，收到代销清单的当天为增值税专用发票开具时限，在收到代销清单前已收到全部或部分货款的，其纳税义务发生时间为收到全部或部分货款的当天，意味着收到款的当天为开具增值税专用发票的时限；对于发出代销商品超过180天仍未收到代销清单及货款的，视同销售实现，一律征收增值税，其纳税义务发生时间为发出代销商品满180天的当天，即发出代销商品满180天的当天为开具增值税专用发票的时限；设有两个以上机构并实行统一核算的纳税人，将货物从一个机构移送其他机构用于销售，按照规定应当征收增值税的，为货物移送的当天；将货物作为投资提供给其他单位或者个体经营者，将货物分给股东或投资者的，均为货物移送的当天。一般纳税人必须按照上述规定的时限开具增值税专用发票，不得提前或滞后。

3. 发票开具地点的要求。发票限于领购单位和个人在本省（自治区、直辖市）范围内开具，有些省级税务机关规定仅限于在本县市内开具；任何单位和个人未经批准，不得跨规定的使用区域携带、邮寄、运输发票，禁止携带、邮寄或者运输发票出入国境。

4. 电子计算机开具发票的要求。用票单位使用电子计算机开具发票，必须报经主管税务机关批准，并使用税务机关统一监制的机外发票，即经税务机关批准的在定点印制发票企业印制的供电子计算机开具的发票。同时，开具后的存根联应当按照顺序号装订成册，以备税务机关检查。

六、发票填开的操作要点

（一）发票的开具

任何单位和个人销售商品、提供服务以及从事经营活动时，对外发生经营业务收取款项，收款方应当向付款方开具发票。特殊情况下，由付款方向收款方开具发票：一是收购单位收购货物或者农副产品付款时，应当向收款人开具发票；二是扣缴义务人支付个人款项时，应当向收款人开具发票。

增值税一般纳税人除《增值税专用发票使用规定（试行）》第四条所列情形外，销售货物（包括视同销售货物）、应税劳务，根据《增值税暂行条例实施细则》规定应当征收增值税的非应税劳务（以下简称销售应税项目），必须向购买方开具专用发票。但有下列情形的，不得开具专用发票：向消费者销售应税项目；销售免税项目；销售报关出口的货物、在境外销售应税劳务；将货物用于非应税项目；将货物用于集体福利个人消费；将货物无偿赠送他人；提供非应税劳务（应当征收增值税的除外）、转让无形资产或销售不动产。向小规模纳税人销售应税项目，可以不开专用发票。

（二）发票的填写

开具发票应当按照规定的时限、顺序、逐栏、全部联次一次性如实填开，即必须做到按号码顺序填开，填写项目齐全，内容真实，字迹清楚，全部联次一次性复写或打印，内容完全一致，并在发票联或者抵扣联加盖单位财务印章或发票专用章。

（三）发票的取得

不符合规定的发票，即应经而未经税务机关监制的发票；填写项目不齐全，内容不真实，字迹不清楚的发票；没有加盖财务印章或者发票专用章的发票；伪造、作废以及其他不符合税务机关规定的发票，一律不得作为财务报销凭证，任何单位和个人有权拒收。

（四）发票的作废

企业对符合作废条件的按作废处理，对不符合的，购买方向税务局申请填写《开具红字增值税专用发票申请单》，经税务机关审核后出具《开具红字增值税专用发票通知单》，销售方凭通知单开具红字专用发票，购买方凭通知单和红字专用发票做进项税额转出的计量凭证。

（五）发票的保管

发票的保管，是指对尚未开具的空白发票、已经开具的发票存根和作废的发票进行专门保存管理，确保其安全的全过程。

1. 建立发票保管的制度。地税机关内部以及用票单位和个人，均应建立严格的发票保管制度。

（1）专人保管制度。就是要确定专人负责发票管理、日常领发等工作。地税机关以及用票单位和个人应根据实际需要，设置专职发票管理员，明确其工作职责，并严格岗位责任考核。

（2）专库保管制度。就是要有专门的发票存放设施，确保发票的安全。各级地税机关要严格按照规定设立专门存储发票的仓库，并配有必要的防盗、防火、防霉烂毁损、防虫蛀鼠咬、防丢失等安全设施。用票单位和个人也要配备专柜存放发票，并分门别类、按顺序号码存放，以有利于发票存取和盘查。

（3）专账登记制度。就是要按规定设立专门的账、表反映发票印、领、用、存情况，并由领购人员签章，做到手续齐全，责任清晰。

（4）保管交接制度。发票保管人员发生变化时，应按下列程序办理交接手续：

① 清点库存发票和缴销的发票存根种类和数量。

② 核对发出尚未缴销的发票种类和数量。

③ 清点、装订需要移交的有关账表、资料、印章和物品。

④ 填写移交清单（一式三份，移交人、接收人、监交人各执一份）。

移交工作由上级主管人员负责监督，如发现移交的资料、物品不符，应责成原发票保管人员限期查明，待查明相符后，方可办理移交手续。未按规定办理移交手续的发票管理人员，不得办理调动手续。

（5）定期盘点制度。各级地税机关及用票单位和个人，应在每月底对库存未用的发票进行一次清点，填报《普通发票盘存报告表》，确保发票账实相符。市地方税务局每年应定期或不定期地对所辖的县（市、区）地方税务局（分局）进行一次账实稽核工作。若有不符，应查明原因，及时作出处理。

2. 空白发票的保管。

（1）地税机关要视具体条件实行发票集中保管。由市地方税务局统一印制的各类发票和印有企业名称的发票，应由市、县地方税务局征管部门集中保管。市、县地方税务局应设立发票专库、专柜，分类、分户、分柜存放发票。市、县地方税务局对印制完工的发票应按规定进行验收，设立《普通发票印制明细账》和《发票收、发、存分类明细账》，对所有集中保管的发票（包括名称、种类、起止号码等内容）都应及时登记入账，并做到账账相符、账表相符、账实相符。

基层地税机关根据实际需要向市、县地方税务局领购发票，按规定发售给用票单位和个人。市、县地方税务局向基层分局（所）发售发票的数量，一般不超过一个季度的使用量。

（2）企业领回的空白发票，要设立专库或专柜进行保管，做到防盗、防失、防潮，确保发票安全。

（3）地税机关以及用票单位都要指定专人保管空白发票。领发空白发票，一律由发票保管人员统一办理，其他人员不得替代，并要建立严格的发票领发制度。凡领发发票，必须注明领发发票的名称、种类、数量、起止号码等，并由领用人员签章。

3. 作废发票的保管。

（1）开具发票过程中出现的作废发票的管理。对由于开票人员工作失误或其他原因开错的发票，应当在发票上加盖“作废”戳记，重新开具发票，不得在开错的发票上涂改。开错的“作废”发票必须全部联次妥善保管，粘贴在原发票存根上，不得私自销毁，以备查核。

（2）政策调整等原因造成作废发票的管理。发票统一换版或政策变化等原因造成发票作废的，在规定的过渡期内，新旧版发票可以同时使用，到期后，旧版发票全部作废，由税务机关组织全面清理和收缴，收缴完毕以后，指定专人集中保管，并登记造册，按规定统一集中销毁。

4. 发票存根的保管。用票单位和个人已开具的发票存根联和发票登记簿，应妥善保管，保管期为5年。在保管期内，任何单位和个人都不得擅自损毁。对已使用需自己保存的发票存根，要分年限、分发票种类设立专柜进行保管。保存期满，报经主管地税机关查验后现场销毁。

5. 封存发票的保管。用票单位和个人申请停业的，主管地税机关应封存其《发票领购簿》和未使用的发票，并设立专柜保管；纳税人重新开业办妥手续后发还封存的《发票领购簿》和未使用的发票。

用票单位和个人在办理注销税务登记之前，主管地税机关应收缴其《发票领购簿》和未使用的发票，登记缴销记录。异地重新办理税务登记的，应重新申请办理《发票领购簿》。

七、发票缴销规定

普通发票缴销是指对纳税人领用发票的缴销。

（一）变更、注销税务登记时发票的缴销

纳税人因办理了纳税人名称、地址、电话、开户行、账号变更需废止原有发票或注销税务登记时，应持《税务登记变更表》或《注销税务登记申请审批表》，向主管地税机关办税服务厅“发票管理窗口”领取、填报《发票缴销登记表》，并持《普通发票领购簿》及未使用的发票交“发票管理窗口”办理发票缴销。

（二）改版、换版发票的缴销

纳税人按照地税机关改版、换版发票的有关通知，到“发票管理窗口”领取《发票缴销登记表》，填好后，连同《普通发票领购簿》及应缴销的改版、换版发票，交“发票管理窗口”办理缴销。

（三）次版发票的缴销

纳税人使用发票发现次版时，应向“发票管理窗口”领取《发票缴销登记表》，填好后，连同《普通发票领购簿》及次版发票，交“发票管理窗口”办理缴销。

（四）丢失、被盗发票的缴销

纳税人发生丢失、被盗发票，按照规定办完丢失、被盗发票处理手续后，向“发票管理窗口”领取《发票缴销登记表》，填好后，随下列资料一起报送“发票管理窗口”办理缴销：

（1）《发票丢失被盗情况报告表》。

（2）遗失证明的材料。

（3）刊登作废声明的报样。

（4）《普通发票领购簿》。

（五）超期限未使用空白发票和发票存根联的缴销

纳税人发票，超期限未使用或存根联法定保存期满时，应填写《发票缴销登记表》，连同超期限未使用空白发票、存根联及《普通发票领购簿》，交“发票管理窗口”办理缴销。

（六）霉变、水浸、鼠咬、火烧等发票的缴销

纳税人的发票发生霉变、水浸、鼠咬、火烧等问题，应向“发票管理窗口”领取《发票缴销登记表》，连同《普通发票领购簿》及霉变、水浸、鼠咬、火烧残存发票，交“发票管理窗口”办理缴销。

第四节 主要税种的纳税申报

一、企业纳税登记

税务登记是税务机关依据税法规定，对纳税人的生产、经营活动进行登记管理的一项法定制度。它是税务机关对纳税人实施税收管理的首要环节和基础工作，是征纳双方法律关系成立的依据和证明，也是纳税人必须依法履行纳税义务的法定手续。

税务登记主要政策法律依据有：《中华人民共和国税收征收管理法》及其实施细则和国家税务总局印发的《税务登记管理办法》。

（一）税务登记范围

凡有法律、法规规定的应税收入、应税财产或应税行为的各类纳税人，均应当按照《税收征管法》及其实施细则和国家税务总局印发的《税务登记管理办法》规定办理税务登记。

另外，根据税收法律、行政法规的规定负有扣缴税款义务的扣缴义务人（国家机关除外），应当按照《税收征管法》及其实施细则和国家税务总局印发的《税务登记管理办法》规定办理扣缴税款登记，领取扣缴凭证。

扣缴义务人办理扣缴税款登记是我国改革开放、市场经济迅速发展对税收征管工作提出的客观要求，特别是我国加入世贸组织后，经济活动方式、组织形式、经营范围、经营渠道更加复杂化、多样化，极大地增加了税收征管难度。现行规定增加扣缴义务人办理扣缴税款登记的规定，有助于加强税务机关管理力度，明确扣缴单位的责任和义务，促使其履行义务，有效避免税收的流失。

（二）税务登记种类

税务登记的种类包括：设立登记、变更登记、停业登记、复业登记、注销登记和外出经营报验登记。

1. 设立税务登记。企业在外地设立的分支机构和从事生产、经营的场所，个体工商户和从事生产、经营的事业单位（以下统称从事生产、经营的纳税人），应向生产、经营所在地税务机关申报办理税务登记。

从事生产、经营的纳税人领取工商营业执照（含临时工商营业执照）的，应当自领取工商营业执照之日起30日内申报办理税务登记，税务机关核发税务登记证及副本（纳税人领取临时工商营业执照的，税务机关核发临时税务登记证及副本）。

从事生产、经营的纳税人未办理工商营业执照但经有关部门批准设立的，应当自有关部门批准设立之日起30日内申报办理税务登记，税务机关核发税务登记证及副本。

从事生产、经营的纳税人未办理工商营业执照也未经有关部门批准设立的，应当自纳税义务发生之日起30日内申报办理税务登记，税务机关核发临时税务登记证及副本。

有独立的生产经营权、在财务上独立核算并定期向发包人或者出租人上交承包费或租金的承包承租人，应当自承包承租合同签订之日起30日内，向其承包承租业务发生地税务机关申报办理税务登记，税务机关核发临时税务登记证及副本。

从事生产、经营的纳税人外出经营，自其在同一县（市）实际经营或提供劳务之日起，在连续的12个月内累计超过180天的，应当自期满之日起30日内，向生产、经营所在地税务机关申报办理税务登记，税务机关核发临时税务登记证及副本。

境外企业在中国境内承包建筑、安装、装配、勘探工程和提供劳务的，应当自项目合同或协议签订之日起30日内，向项目所在地税务机关申报办理税务登记，税务机关核发临时税务登记证及副本。

其他非生产经营纳税人，除国家机关、个人和无固定生产、经营场所的流动性农村小商贩外，均应当自纳税义务发生之日起30日内，向纳税义务发生地税务机关申报办理税务登记，税务机关核发税务登记证及副本。

扣缴义务人应当自扣缴义务发生之日起30日内，向机构所在地的主管税务机关申报办理扣缴税款登记，领取扣缴税款登记证件；税务机关对已办理税务登记的扣缴义务人，只在其税务登记证件上登记扣缴税款事项，不再发给扣缴税款登记证件。

纳税人在申报办理税务登记时，应当根据不同情况向税务机关如实提供以下证件和资料：一是工商营业执照或其他核准执业证件；二是有关合同、章程、协议书；三是组织机构统一代码证书：四是法定代表人或负责人或业主的居民身份证、护照或者其他合法证件；五是其他需要提供的有关证件、资料，由省、自治区、直辖市税务机关确定。

纳税人在申报办理税务登记时，应当如实填写税务登记表。税务登记表的主要内容包括：一是单位名称、法定代表人或者业主姓名及其居民身份证、护照或者其他合法证件的号码；二是住所、经营地点；三是登记类型；四是核算方式；五是生产经营方式；六是生产经营范围；七是注册资金（资本）、投资总额；八是生产经营期限；九是财务负责人、联系电话；十是国家税务总局确定的其他有关事项。

纳税人提交的证件和资料齐全且税务登记表的填写内容符合规定的，税务机关受理后应即时或限时发放税务登记证件。纳税人提交的证件和资料不齐全或税务登记表的填写内容不符合规定的，税务机关应当场一次性告知其补正或重新填报的内容。纳税人提交的证件和资料明显有疑点的，税务机关应进行实地调查，核实后予以发放税务登记证件。

2. 变更税务登记。变更税务登记是纳税人税务登记内容发生重要变化向税务机关申报办理的一种税务登记手续。

纳税人办理税务登记后，如发生下列情形之一，应当办理变更税务登记：发生改变名称、改变法定代表人、改变登记类型、改变住所和经营地点（不涉及主管税务机关变动的）、改变生产经营方式或经营范围、增减注册资金（资本）或投资总额、改变隶属关系、改变生产经营期限、改变或增减银行账号、改变生产经营权属以及改变其他税务登记内容的。

纳税人已在工商行政管理机关办理变更登记的，应当自工商行政管理机关变更登记之日起30日内，向原税务登记机关如实提供下列证件、资料，申报办理变更税务登记：一是工商登记变更表及工商营业执照；二是纳税人变更登记内容的有关证明文件；三是税务机关发放的原税务登记证件（登记证正、副本和登记表等）；四是其他有关资料。

纳税人按照规定不需要在工商行政管理机关办理变更登记，或者其变更登记的内容与工商登记内容无关的，应当自税务登记内容实际发生变化之日起30日内，或者自有关机关批准或者宣布变更之日起30日内，持下列证件到原税务登记机关申报办理变更税务登记：一是纳税人变更登记内容的有关证明文件；二是税务机关发放的原税务登记证件（登记证正、副本和税务登记表等）；三是其他有关资料。

纳税人申请办理变更税务登记时，应向主管税务机关领取《税务登记变更表》，如实填写变更登记事项、变更登记前后的具体内容。税务登记变更表内容主要包括：纳税人名称、变更项目、变更前内容、变更后内容、上缴的证件情况。

税务机关应当自受理之日起30日内，审核办理变更税务登记。纳税人税务登记表和税务登记证中的内容都发生变更的，税务机关按变更后的内容重新核发税务登记证件；纳税人税务登记表的内容发生变更而税务登记证中的内容未发生变更的，税务机关不重新核发税务登记证件。

3. 停业、复业登记。实行定期定额征收方式的个体工商户需要停业的，应当在停业前

(通常为停业前一个星期）向税务机关申报办理停业登记。纳税人的停业期限不得超过一年。

纳税人在申报办理停业登记时，应如实填写《停业申请登记表》，说明停业理由、停业期限、停业前的纳税情况和发票的领、用、存情况，并结清应纳税款、滞纳金、罚款。税务机关应收存其税务登记证件及副本、发票领购簿、未使用完的发票和其他税务证件。

纳税人在停业期间发生纳税义务的，应当按照税收法律、行政法规的规定申报缴纳税款。

纳税人应当于恢复生产经营之前，向税务机关申报办理复业登记，如实填写《停、复业报告书》，领回并启用税务登记证件、发票领购簿及其停业前领购的发票。

纳税人停业期满不能及时恢复生产经营的，应当在停业期满前向税务机关提出延长停业登记申请，并如实填写《停、复业报告书》。

纳税人停业期满未按期复业又不申请延长停业的，税务机关应当视为已恢复营业，实施正常的税收征收管理。

4. 注销税务登记。注销税务登记是指纳税人税务登记内容发生了根本性变化，需终止履行纳税义务时向税务机关申报办理的一种税务登记手续。

纳税人发生解散、破产、撤销以及其他情形，依法终止纳税义务的，应当在向工商行政管理机关或者其他机关办理注销登记前，持有关证件和资料向原税务登记机关申报办理注销税务登记；按照规定不需要在工商管理机关或者其他机关办理注销登记的，应当自有关机关批准或者宣告终止之日起15日内，持有关证件和资料向原税务登记机关申报办理注销税务登记。

纳税人被工商行政管理机关吊销营业执照或者被其他机关予以撤销登记的，应当自营业执照被吊销或者被撤销登记之日起15日内，向原税务登记机关申报办理注销税务登记。

纳税人因住所、经营地点变动，涉及改变税务登记机关的，应当在向工商行政管理机关或者其他机关申请办理变更、注销登记前，或者住所、经营地点变动前，持有关证件和资料，向原税务登记机关申报办理注销税务登记，并自注销税务登记之日起30日内向迁达地税务机关申报办理税务登记。

境外企业在中国境内承包建筑、安装、装配、勘探工程和提供劳务的，应当在项目完工、离开中国前15日内，持有关证件和资料，向原税务登记机关申报办理注销税务登记。

纳税人办理注销税务登记前，应当向税务机关提交相关证明文件和资料，结清应纳税款、应交滞纳金和罚款，缴销发票、税务登记证件和其他税务证件，经税务机关核准后，办理注销税务登记手续。

纳税人办理注销税务登记时，应向原税务登记机关领取《注销税务登记申请审批表》，如实填写注销登记事项内容及原因，并向税务机关提供下列相关证件、资料：一是注销税务登记申请书；二是主管部门批文或董事会、职代会的决议及其他有关证明文件；三是营业执照被吊销的应提交工商行政管理机关发放的注销决定；四是主管税务机关原发放的税务登记证件（税务登记证正、副本及登记表等)；五是其他有关资料。

5. 外出经营报验登记。外出经营报验登记是指纳税人到外县（市）临时从事生产经营活动，须持《外出经营活动税收管理证明》（以下简称《外管证》）向临时生产经营地税务机关办理登记的一种手续。

纳税人到外县（市）临时从事生产经营活动的，应当在外出生产经营以前，持税务登记证向主管税务机关申请开具《外管证》。税务机关按照一地一证的原则，核发《外管证》，《外管证》的有效期限一般为30日，最长不得超过180天。

纳税人应当在《外管证》注明地进行生产经营前向当地税务机关报验登记，并提交下列证件、资料：一是税务登记证件副本；二是《外管证》。另外，纳税人在《外管证》注明地销售货物的，除提交以上证件、资料外，应如实填写《外出经营货物报验单》，申报查验货物。

纳税人外出经营活动结束，应当向经营地税务机关填报《外出经营活动情况申报表》，并结清税款、缴销发票。

纳税人应当在《外管证》有效期届满后10日内，持《外管证》回原税务登记地税务机关办理《外管证》缴销手续。

二、纳税申报

纳税申报是指纳税人、扣缴义务人按照法律、行政法规的规定，在申报期限内就纳税事项向税务机关提交书面申报的一种法定手续。这是纳税人、扣缴义务人履行纳税义务、界定纳税人法律责任的主要依据，也是税务机关税收管理信息的主要来源和税务管理的重要制度。实行纳税申报制度有利于培养纳税人主动申报纳税的意识，明确了纳税人的申报义务和征纳双方的法律责任，并对不依法申报的行为予以处罚，从而通过法律手续强化纳税申报，创造纳税人自觉申报纳税的良好环境。

（一）纳税申报的对象

纳税申报的对象为纳税人和扣缴义务人。纳税人、扣缴义务人必须按照税法规定的期限申报纳税。纳税人在纳税期内没有应纳税款的，也应当按照规定办理纳税申报。纳税人享受减税、免税待遇的，在减税、免税期间应当按照规定办理纳税申报。

（二）纳税申报的内容

主要在各税种的纳税申报表或综合纳税申报表和代扣代缴、代收代缴税款报告表中体现，还有的是随纳税申报表附报的财务报表和有关纳税资料中体现。纳税人的纳税申报表和扣缴义务人的代扣代缴、代收代缴税款报告表的主要内容包括：税种、税目，应纳税项目或者应代扣代缴、代收代缴税款项目，计税依据，扣除项目及标准，适用税率或者单位税额，应退税项目及税额、应减免税项目及税额，应纳税额或者应代扣代缴、代收代缴税额，税款所属期限、延期缴纳税款、欠税、滞纳金等。

（三）纳税申报的期限

纳税申报的期限有两种：一种是法律、行政法规明确规定的；另一种是税务机关按照法律、行政法规的原则规定，结合纳税人生产经营的实际情况及其所应缴纳的税种等相关问题予以确定的。两种期限具有同等的法律效力。纳税人、扣缴义务人都必须按照规定的期限办理纳税申报。

（四）纳税申报的要求

纳税人办理纳税申报时，应当按期、如实填写纳税申报表，并根据不同的情况相应报送下列有关证件、资料：

（1）财务会计报表及其说明材料。

（2）与纳税有关的合同、协议书及凭证。

（3）税控装置的电子报税资料。

（4）外出经营活动税收管理证明和异地完税凭证。

（5）境内或者境外公证机构出具的有关证明文件。

（6）税务机关规定应当报送的其他有关证件、资料。扣缴义务人办理代扣代缴、代收代缴税款报告时，应当如实填写代扣代缴、代收代缴税款报告表，并报送代扣代缴、代收代缴税款的合法凭证以及税务机关规定的其他有关证件、资料。

（五）纳税申报的方式

纳税申报方式是指纳税人、扣缴义务人在发生纳税义务和代扣代缴、代收代缴义务后，在其申报期限内，依照税收法律、行政法规的规定到指定税务机关进行申报纳税的形式。《税收征管法》第二十六条规定："纳税人、扣缴义务人可以直接到税务机关办理纳税申报或者报送代扣代缴、代收代缴税款报告表，也可以按照规定采取邮寄、数据电文或者其他方式办理上述申报、报送事项。"目前，纳税申报的形式主要有以下几种方式：

1. 直接申报。直接申报，又称上门申报，是指纳税人、扣缴义务人自行到税务机关办理纳税申报或者报送代扣代缴、代收代缴税款报告表，这是一种税收征管改革以前经常采用的传统的申报方式。

2. 邮寄申报。邮寄申报，是指经税务机关批准的纳税人使用统一规定的纳税申报特快专递专用信封，通过邮政部门办理交寄手续，并向邮政部门索取收据作为申报凭据的方式。凡实行查账征收方式的纳税人，经主管税务机关批准，可以采用邮寄申报的办法；纳税人采取邮寄方式办理纳税申报的，应当使用统一的纳税申报专用信封，并以邮政部门收据作为申报凭据；邮寄申报以邮政部门寄出的邮戳日期为实际申报日期。

3. 数据电文申报。数据电文申报又称电子申报，是指经税务机关确定的电话语音、电子数据交换或网络传输等电子方式等形式办理的纳税申报。例如目前纳税人采用的网上申报，就是数据电文申报方式的一种形式。数据电文申报是目前正在兴起的纳税申报方式之一，具有准确、快捷、方便等特点，已愈来愈受到人们的重视。

纳税人采取电子方式办理纳税申报的，由纳税人向主管税务机关提出申请，报经批准后才可以采用数据电文方式办理纳税申报。

电子申报的纳税人，应当按照税务机关规定的期限和要求报送有关资料，在电子签字未有法律效力以前还要求定期向主管税务机关报送相关的书面申报资料。

三、主要税种的纳税申报

（一）增值税的纳税申报

1. 纳税申报时间。增值税的纳税期限分别为1日、3日、5日、10日、15日、1个月或者1个季度。纳税人的具体纳税期限，由主管税务机关根据纳税人应纳税额的大小分别核定；不能按照固定期限纳税的，可以按次纳税。

纳税人以1个月或者1个季度为1个纳税期的，自期满之日起15日内申报纳税；以1日、3日、5日、10日或者15日为1个纳税期的，自期满之日起5日内预缴税款，于次月1日起15日内申报纳税并结清上月应纳税款。

2. 纳税申报地点。为了保证纳税人按期申报纳税，根据企业跨地区经营和搞活商品流通的特点及不同情况，税法还具体规定了增值税的纳税地点：

（1）固定业户应当向其机构所在地主管税务机关申报纳税。总机构和分支机构不在同一县（市）的，应当分别向各自所在地主管税务机关申报纳税；经国家税务总局或其授权的税务机关批准，也可由总机构汇总向总机构所在地主管税务机关申报纳税。

（2）业户到外县（市）销售货物的，应当向其机构所在地主管税务机关申请开具外出经营活动税收管理证明，向其机构所在地主管税务机关申报纳税。未持有其机构所在地主管税务机关核发的外出经营活动税收管理证明，到外县（市）销售货物或者应税劳务的，应当向销售地主管税务机关申报纳税；未向销售地主管税务机关申报纳税的，由其机构所在地主管税务机关补征税款。

（3）定业户销售货物或者应税劳务，应当向销售地主管税务机关申报纳税。

（4）进口货物，应当由进口人或其代理人向报关地海关申报纳税。

（5）非固定业户到外县（市）销售货物或者应税劳务，未向销售地主管税务机关申报纳税的，由其机构所在地或者居住地主管税务机关补征税款。

3. 纳税申报资料。

（1）《增值税纳税申报表》（见表5－5）及其三个附表（三个附表表式及填报要求本书略），即：《发票领用存月报表》、《增值税（专用/普通）发票使用明细表》、《增值税（专用发票/收购凭证/运输发票）抵扣明细表》。

（2）附报资料：①已开具的增值税专用发票和普通发票存根联：②符合抵扣条件并且在本期申报抵扣的增值税专用发票抵扣联；③海关进口货物完税凭证的复印件；④运输发票复印件（如果取得的运输发票数量较多，经县级国家税务局批准，可只附报单份票面金额在一定数额以上的运输发票复印件）；⑤收购凭证的存根联或报查联；⑥收购农产品的普通发票复印件；⑦主管税务机关要求报送的其他资料。

经营规模大的纳税人，如上述附报资料很多，报送确有困难的，经县级国家税务局批准，由主管国家税务机关（以下简称税务机关）派人到企业审核。

4. 其他规定。

（1）对确实不具备复印条件地区的一般纳税人，经县级国家税务局批准，可不报运输

表 5－5

增值税纳税申报表

（适用于一般纳税人）

根据《中华人民共和国增值税暂行条例》第二十二条和第二十三条的规定制定本表。纳税人不论有无销售额，均应按主管税务机关核定的纳税期限按期填报本表，并于次月一日起十日内，向当地税务机关申报纳税并结清上月应纳税款。

税款所属时间：自　年　月　日至　年　月　日　　填表日期：　年　月　日　　金额单位：元

税务登记号 | | | | | | | | | | | | | 　　电脑编码＿＿＿＿＿

纳税人名称		法定代表人姓名		营业地址	
开户银行及账号		企业登记注册类型		电话号码	

	项目			销售额		税额	
				本月数	本年累计数	本月数	本年累计数
				(a)	(b)	(c)	(d)
销	按适用税率征税货物及劳务		1＝2＋3				
	货物名称	适用税率%			—		—
					—		—
					—		—
					—		—
	小计		2				
项	应税劳务		3				
	按简易征收办法征税货物		4＝5＋6＋7				
	其中：适用6%征收率的货物		5				
	适用4%征收率的货物		6				
			7				
	免税货物		8			—	—
	出口货物免税销售额		9			—	—

续表

	项目		本月数 合计	17%税率	13%税率	10%扣除率	7%扣除率	6%征收率	4%征收率	期初存货已征税率	本年累计数
进项	本期进项税额发生额	10									
	进项税额转出	11								—	
	其中：免税货物用	12								—	
	非应税项目用	13								—	
	非正常损失	14								—	
	简易办法征税货物用	15								—	
	免抵退货物不得抵扣税额	16								—	
	其他	17								—	
	期初存货已征税款期末余额	18		—	—	—	—	—	—		—
		19									

	项目		本月数	本年累计数
税率计算	销项税额合计	20 = 1c		
	进项税额合计	21 = 10 − 11		
	上期留抵税额	22		—
	免抵退货物已退税额	23		
	应抵扣税额合计	24 = 21 + 22 − 23		—
	实际抵扣税额	25（如24 < 20则为24，否则为20）		
	应纳税额	26 = 20 + 4c − 25		
	代扣代缴税额	27		
	本期应纳税额合计	28 = 26 + 27		
税额缴纳	期末留抵税额	29 = 24 − 25		—
	期初未缴税额(多缴为负数)	30		—
	本期已缴税额	31		—
	其中：本期应纳税额预缴数	32		—
	期末未缴税额(多缴为负数)	33 = 30 + 28 − 31		—
	其中：欠缴税额	34		—
	本期应补（应退）税额	35 = 28 − 32		—

授权申明

（如果你已委托代理人，请填写下列资料）

为代理一切税务事宜，现授权

（地址）　　　　　　为本纳税人的代理申报人，任何与本申报表有关的往来文件都可寄与此人。

授权人签字：

申报人声明

此纳税申报表是根据《中华人民共和国增值税暂行条例》的规定填报的，我确信它是真实的、可靠的、完整的。

声明人签字：

会计主管签字：　　　　代理申报人签字：　　　　纳税人盖章：

以下由税务机关填写：

收到日期：　　　　接收人：　　　　主管税务机关盖章：

发票复印件。

（2）对增值税专用发票计算机交叉稽核试点地区的一般纳税人，应严格按规定逐票填写《增值税专用发票使用明细表》；对增值税专用发票计算机交叉稽核试点地区以外的一般纳税人，每月专用发票用票量特别大，金额又较小，逐笔登记确有困难的，经县级国家税务局批准，对整本专用发票中每单张票面销售额均在1 000元以下的，可按整本专用发票汇总登记《增值税专用发票使用明细表》。

（3）纳税人填写《增值税专用发票使用明细表》后，不再填写增值税专用发票计算机交叉稽核工作所要求填写的《月份专用发票存根联汇总清单》及《月份专用发票抵扣联汇总清单》。

（4）一般纳税人每月普通发票用票量特别大，金额又较小，逐笔登记确有困难的，经县级国家税务局批准，对整本普通发票中每单张票面销售额均在1 000元以下的，可按整本普通发票汇总登记《增值税普通发票使用明细表》。

一般纳税人应按普通发票填开的顺序逐票填写《增值税普通发票使用明细表》，一张表格不够，可以在另一张表格内填写，直到一本普通发票登记完毕。如果一本普通发票登记完毕，《增值税普通发票使用明细表》有空格的，应将空格部分用线划掉。

（5）一般纳税人要按照《税收征收管理法实施细则》第二十三条的规定保管附报资料。即："账簿、会计凭证、报表、完税凭证及其他有关纳税资料应当保存10年。但是，法律、行政法规另有规定的除外。"

（二）地方税收综合申报

地方税收的申报通常采用网上综合申报的方法。综合申报表格式如表5－6所示。申报表的编制说明如下：

（1）本表适用于缴纳营业税、城建税、教育费附加、资源税、城镇土地使用税、印花税（非购花）、屠宰税、房产税、城市房产税、车船税、车船使用牌照税、土地增值税（预缴）等地方税的查账征收纳税人。

（2）凡缴纳营业税、城建税、教育费附加、资源税的纳税人，当月无经营收入或经批准享受减免税的，也必须用此表向主管税务机关按纳税期限进行零申报或填报减免税额。包括免缴车船税的车辆领取车船使用税免税标志时，也要申报相关信息。

（3）对于同一税款所属期而纳税人多次申报的，实行差额申报，即该次申报不包含上次申报信息。

（4）发票使用情况由《地方税发票业户使用情况表》填报，申报时两表一并使用。

（5）表头说明：

①"纳税人税务登记号"指地方税务登记证号。

②"纳税人电脑编码"指纳税人在地税计算机征收管理系统的识别号码。

③"纳税人分类码"是指征收机关给纳税人档案编的档案管理码。

④"申报流水号"是税务机关录入申报资料后计算机生成的顺序号，此号码由税务机关录入人员填写。

表 5－6

SB001

地方税收纳税申报表（综合）

申报流水号： 填报日期： 年 月 日

纳税人税务登记号：☐ 纳税人电脑编码：☐ 纳税人分类码：☐

正 常 申 报 ☐ 自 查 补 报 ☐ 被 查 补 报 ☐ 延 期 申 报 预 缴 ☐

计算单位：元（列至角分）· m^2 · 本 · 份 · 吨

纳税人名称(盖章)					注册地址						注册类型		
开户银行					账号				联系电话			邮编号码	
征收项目	征收品目	税款所属时期	申报计税总额或总数量	允许扣除金额或数量	计税金额或数量（6＝4－5）	税(征收)率或单位税额	速算扣除额	应纳税(费)额（9＝6×7－8）	扣除税(费)额 批准减免额	扣除税(费)额 批准抵缴额	实际应缴纳税(费)额（12＝9－10－11）	税务机关已核定额	车牌号码及类型或房产、土地证号或项目管理码
1	2	3	4	5	6	7	8	9	10	11	12	13	14
合计													

房产税附列资料	房产建筑面积	本期实际房产原值	本期从价计税的房产原值	本期从租计税的房产原值	本期批准减免税的房产原值	本期租金收入

如纳税人填报，由纳税人填列以下各栏

纳税人声明：此纳税申报表是根据国家税收法律的规定填报的，我确定它是真实的、可靠的、完整的。

声明人签名：

主管会计　　经办人

如委托代理人填报，由代理人填写以下各栏

代理人声明：此纳税申报表是根据国家税收法律的规定填报的，我确定它是真实的、可靠的、完整的。

声明人签名：

税务代理机构（盖章）　　电话　　经办人

由税务机关填写	受理人： 年 月 日	审核人： 年 月 日	录入人： 年 月 日

（6）主表说明：

①“纳税人名称”是指纳税人税务登记的全称。

②“注册地址”是指纳税人于工商登记的地址。

③“注册类型”是指纳税人于工商登记的企业类型。

④“开户银行”是指纳税人用于缴交税款账号所在的银行。

⑤“账号”是指纳税人用于缴交税款的账号。

⑥ 纳税人按税务机关要求进行正常申报的选择正常申报；根据税务机关的自查公告或在正常申报后，发现问题，进行补申报的，选择自查补报（该申报税款不收逾期申报罚款，但加收滞纳金）；纳税人在税务机关发出检查通知书后就以往税期的税款进行申报的选择被查补报；纳税人申请延期申报，经税务机关批准后，纳税人根据审批文书填写申报表预缴税款时，选延期申报预缴。延期申报预缴后在规定限期内进行申报的，选择正常申报，并就与延期申报预缴额的差额进行申报。

⑦“征收项目”是指应纳税行为的名称。

⑧“征收品目”是指应纳税行为所对应的明细税目或子目。

⑨“税款所属时期”是指申报税款所属的时段，即起止日期。

⑩“申报计税总额或总数量”指本期的全部营业收入、应税产品数量，以及应纳的增值税、消费税、营业总额据此计算应缴的城建税、教育费附加的税（费）额。

⑪“允许扣除金额或数量”是指有关法规规定的不予征税的金额或数量。

⑫“计税金额或数量” = 申报计税总额或总数量 - 允许扣除金额或数量。

⑬“税（征收）率（单位税额）”是指税目所对应的适用税率或单位税额。

⑭“速算扣除数”是依据税法规定的级距和每一级距的税率，预先计算出来的，只要级距和税率不变，速算扣除数也不变。

⑮ 速算扣除数 = 前一级的最高所得额 ×（本级税率 - 前一级税率）+ 前一级速算扣除数。

⑯“应纳税（费）额” = 计税金额或数量 × 税（征收）率（单位税额）- 速算扣除数。

⑰“批准减免额”是指经税务机关批准的减免税和按税法规定予以减免的税额。

⑱“批准抵缴额”是指根据税法规定经税务机关批准以前期多缴税款抵缴当期的税额。

⑲“实际应缴纳税（费）额” = 实际应缴纳税（费）额 - 批准减免额 - 批准抵缴额。

⑳“税务机关已核定额”是指经税务机关核定的应缴税额。

㉑“本期房产原值”是指纳税人按照会计制度规定，在账簿“固定资产”科目中记载的房屋原价。

㉒ 在使用该申报表申报车船税、车船使用牌照税、房产税、城市房地产税、土地使用税时，必须逐项申报并在“车牌号码及类型或房产、土地证号”填写相应应税项目详细资料。对于申报缴纳土地增值税（预缴）的从事房地产开发的纳税人，则填写税种登记的项目管理码。

（三）企业所得税

1. 征收方式：我国的企业所得税实行按年计算，分月或者分季预缴的方法。

（1）企业应当自月份或者季度终了之日起15日内，向税务机关报送预缴企业所得税纳税申报表，预缴税款。

（2）预缴所得税时，应当按纳税期限的实际数预缴。如按实际数预缴有困难的，可以按上一年度应纳税所得额的1/12或1/4，或税务机关承认的其他方法预缴。

（3）年度终了之日起5个月内，向税务机关报送年度企业所得税纳税申报表，并汇算清缴，结清应缴应退税款。

2. 纳税义务发生时间。纳税义务发生时间是取得应纳税所得额的计征期终了日。

3. 纳税地点。居民企业：一般以企业登记注册地为纳税地点；但登记注册地在境外的，以实际管理机构所在地为纳税地点。

具体申报表格如表5－7所示。

表5－7　　中华人民共和国企业所得税年度纳税申报表（A类）

纳税人名称：　　　　　　　　　　税款所属期间：　　年　月　日至　　年　月　日

纳税人识别号：□□□□□□□□□□□□□□□□□□□□　　　　　金额单位：元（列至角分）

类别	行次	项目	金额
利润总额计算	1	一、营业收入（填附表一）	
	2	减：营业成本（填附表二）	
	3	营业税金及附加	
	4	销售费用（填附表二）	
	5	管理费用（填附表二）	
	6	财务费用（填附表二）	
	7	资产减值损失	
	8	加：公允价值变动收益	
	9	投资收益	
	10	二、营业利润	
	11	加：营业外收入（填附表一）	
	12	减：营业外支出（填附表二）	
	13	三、利润总额（10＋11－12）	
应纳税所得额计算	14	加：纳税调整增加额（填附表三）	
	15	减：纳税调整减少额（填附表三）	
	16	其中：不征税收入	

续表

类别	行次	项　　目	金　额
应纳税所得额计算	17	免税收入	
	18	减计收入	
	19	减、免税项目所得	
	20	加计扣除	
	21	抵扣应纳税所得额	
	22	加：境外应税所得弥补境内亏损	
	23	纳税调整后所得（13+14-15+22）	
	24	减：弥补以前年度亏损（填附表四）	
	25	应纳税所得额（23-24）	
应纳税额计算	26	税率（25%）	
	27	应纳所得税额（25×26）	
	28	减：减免所得税额（填附表五）	
	29	减：抵免所得税额（填附表五）	
	30	应纳税额（27-28-29）	
	31	加：境外所得应纳所得税额（填附表六）	
	32	减：境外所得抵免所得税额（填附表六）	
	33	实际应纳所得税额（30+31-32）	
	34	减：本年累计实际已预缴的所得税额	
	35	其中：汇总纳税的总机构分摊预缴的税额	
	36	汇总纳税的总机构财政调库预缴的税额	
	37	汇总纳税的总机构所属分支机构分摊的预缴税额	
	38	合并纳税（母子体制）成员企业就地预缴比例	
	39	合并纳税企业就地预缴的所得税额	
	40	本年应补（退）的所得税额（33-34）	
附列资料	41	以前年度多缴的所得税额在本年抵减额	
	42	以前年度应缴未缴在本年入库所得税额	

纳税人公章： 经办人： 申报日期：　年　月　日	代理申报中介机构公章： 经办人及执业证件号码： 代理申报日期：　年　月　日	主管税务机关受理专用章： 受理人： 受理日期：　年　月　日

企业所得税年度纳税申报表附表一

收入明细表

填报时间：　　年　月　日　　　　　　　　　　　　　　　　　　金额单位：元（列至角分）

行次	项　　目	金　额
1	一、销售（营业）收入合计（2+13）	
2	（一）营业收入合计（3+8）	
3	1. 主营业务收入（4+5+6+7）	
4	（1）销售货物	
5	（2）提供劳务	
6	（3）让渡资产使用权	
7	（4）建造合同	
8	2. 其他业务收入（9+10+11+12）	
9	（1）材料销售收入	
10	（2）代购代销手续费收入	
11	（3）包装物出租收入	
12	（4）其他	
13	（二）视同销售收入（14+15+16）	
14	（1）非货币性交易视同销售收入	
15	（2）货物、财产、劳务视同销售收入	
16	（3）其他视同销售收入	
17	二、营业外收入（18+19+20+21+22+23+24+25+26）	
18	1. 固定资产盘盈	
19	2. 处置固定资产净收益	
20	3. 非货币性资产交易收益	
21	4. 出售无形资产收益	
22	5. 罚款净收入	
23	6. 债务重组收益	
24	7. 政府补助收入	
25	8. 捐赠收入	
26	9. 其他	

经办人（签章）：　　　　　　　　　　　　　　　　　　　　法定代表人（签章）：

企业所得税年度纳税申报表附表二

成本费用明细表

填报时间：　　年　月　日　　　　　　　　　　　　　　　金额单位：元（列至角分）

行次	项　目	金　额
1	一、销售（营业）成本合计（2+7+12）	
2	（一）主营业务成本（3+4+5+6）	
3	（1）销售货物成本	
4	（2）提供劳务成本	
5	（3）让渡资产使用权成本	
6	（4）建造合同成本	
7	（二）其他业务成本（8+9+10+11）	
8	（1）材料销售成本	
9	（2）代购代销费用	
10	（3）包装物出租成本	
11	（4）其他	
12	（三）视同销售成本（13+14+15）	
13	（1）非货币性交易视同销售成本	
14	（2）货物、财产、劳务视同销售成本	
15	（3）其他视同销售成本	
16	二、营业外支出（17+18+…+24）	
17	1. 固定资产盘亏	
18	2. 处置固定资产净损失	
19	3. 出售无形资产损失	
20	4. 债务重组损失	
21	5. 罚款支出	
22	6. 非常损失	
23	7. 捐赠支出	
24	8. 其他	
25	三、期间费用（26+27+28）	
26	1. 销售（营业）费用	
27	2. 管理费用	
28	3. 财务费用	

经办人（签章）：　　　　　　　　　　　　　　　法定代表人（签章）：

企业所得税年度纳税申报表附表三

纳税调整项目明细表

填报时间：　　年　月　日　　　　　　　　　　　　　　　　　　　　金额单位：元（列至角分）

	行次	项　　目	账载金额	税收金额	调增金额	调减金额
			1	2	3	4
	1	一、收入类调整项目	*	*		
	2	1. 视同销售收入（填写附表一）	*	*		*
#	3	2. 接受捐赠收入	*			*
	4	3. 不符合税收规定的销售折扣和折让				*
*	5	4. 未按权责发生制原则确认的收入				
*	6	5. 按权益法核算长期股权投资对初始投资成本调整确认收益	*	*	*	
	7	6. 按权益法核算的长期股权投资持有期间的投资损益	*	*		
*	8	7. 特殊重组				
*	9	8. 一般重组				
*	10	9. 公允价值变动净收益（填写附表七）	*	*		
	11	10. 确认为递延收益的政府补助				
	12	11. 境外应税所得（填写附表六）	*	*	*	
	13	12. 不允许扣除的境外投资损失	*	*		*
	14	13. 不征税收入（填附表一［3］）	*	*	*	
	15	14. 免税收入（填附表五）	*	*	*	
	16	15. 减计收入（填附表五）	*	*	*	
	17	16. 减、免税项目所得（填附表五）	*	*	*	
	18	17. 抵扣应纳税所得额（填附表五）	*	*	*	
	19	18. 其他				
	20	二、扣除类调整项目	*	*		
	21	1. 视同销售成本（填写附表二）	*	*	*	
	22	2. 工资薪金支出				
	23	3. 职工福利费支出				

续表

行次	项　目	账载金额	税收金额	调增金额	调减金额
		1	2	3	4
24	4. 职工教育经费支出				
25	5. 工会经费支出				
26	6. 业务招待费支出				*
27	7. 广告费和业务宣传费支出（填写附表八）	*	*		
28	8. 捐赠支出				*
29	9. 利息支出				
30	10. 住房公积金				*
31	11. 罚金、罚款和被没收财物的损失		*		*
32	12. 税收滞纳金		*		*
33	13. 赞助支出		*		*
34	14. 各类基本社会保障性缴款				
35	15. 补充养老保险、补充医疗保险				
36	16. 与未实现融资收益相关在当期确认的财务费用				
37	17. 与取得收入无关的支出		*		*
38	18. 不征税收入用于支出所形成的费用		*		*
39	19. 加计扣除（填附表五）	*	*	*	
40	20. 其他				
41	三、资产类调整项目	*	*		
42	1. 财产损失				
43	2. 固定资产折旧（填写附表九）	*	*		
44	3. 生产性生物资产折旧（填写附表九）	*	*		
45	4. 长期待摊费用的摊销（填写附表九）	*	*		
46	5. 无形资产摊销（填写附表九）	*	*		
47	6. 投资转让、处置所得（填写附表十一）	*	*		
48	7. 油气勘探投资（填写附表九）				
49	8. 油气开发投资（填写附表九）				

续表

行次	项　　目	账载金额	税收金额	调增金额	调减金额
		1	2	3	4
50	9. 其他				
51	四、准备金调整项目（填写附表十）	*	*		
52	五、房地产企业预售收入计算的预计利润	*	*		
53	六、特别纳税调整应税所得	*	*		*
54	七、其他	*	*		
55	合　　计	*	*		

注：(1) 标有*的行次为执行新会计准则的企业填列，标有#的行次为除执行新会计准则以外的企业填列。

(2) 没有标注的行次，无论执行何种会计核算办法，有差异就填报相应行次，填*号的不可填列。

(3) 有二级附表的项目只填调增、调减金额，账载金额、税收金额不再填写。

经办人（签章）：　　　　　　法定代表人（签章）：

企业所得税年度纳税申报表附表四

企业所得税弥补亏损明细表

填报时间：　　　年　月　日　　　　　　　　金额单位：元（列至角分）

行次	项目	年度	盈利额或亏损额	合并分立企业转入可弥补亏损额	当年可弥补的所得额	以前年度亏损弥补额					本年度实际弥补的以前年度亏损额	可结转以后年度弥补的亏损额
						前四年度	前三年度	前二年度	前一年度	合计		
		1	2	3	4	5	6	7	8	9	10	11
1	第一年											*
2	第二年					*						
3	第三年					*	*					
4	第四年					*	*	*				
5	第五年					*	*	*	*			
6	本年					*	*	*	*	*		
7	可结转以后年度弥补的亏损额合计											

经办人（签章）：　　　　　　法定代表人（签章）：

企业所得税年度纳税申报表附表五

税收优惠明细表

行次	项　　目	金　额
1	一、免税收入（2+3+4+5）	
2	1. 国债利息收入	
3	2. 符合条件的居民企业之间的股息、红利等权益性投资收益	
4	3. 符合条件的非营利组织的收入	
5	4. 其他	
6	二、减计收入（7+8）	
7	1. 企业综合利用资源，生产符合国家产业政策规定的产品所取得的收入	
8	2. 其他	
9	三、加计扣除额合计（10+11+12+13）	
10	1. 开发新技术、新产品、新工艺发生的研究开发费用	
11	2. 安置残疾人员所支付的工资	
12	3. 国家鼓励安置的其他就业人员支付的工资	
13	4. 其他	
14	四、减免所得额合计（15+25+29+30+31+32）	
15	（一）免税所得（16+17+…+24）	
16	1. 蔬菜、谷物、薯类、油料、豆类、棉花、麻类、糖料、水果、坚果的种植	
17	2. 农作物新品种的选育	
18	3. 中药材的种植	
19	4. 林木的培育和种植	
20	5. 牲畜、家禽的饲养	
21	6. 林产品的采集	
22	7. 灌溉、农产品初加工、兽医、农技推广、农机作业和维修等农、林、牧、渔服务业项目	
23	8. 远洋捕捞	

续表

行次	项　　目	金　额
24	9. 其他	
25	（二）减税所得（26 +27 +28）	
26	1. 花卉、茶以及其他饮料作物和香料作物的种植	
27	2. 海水养殖、内陆养殖	
28	3. 其他	
29	（三）从事国家重点扶持的公共基础设施项目投资经营的所得	
30	（四）从事符合条件的环境保护、节能节水项目的所得	
31	（五）符合条件的技术转让所得	
32	（六）其他	
33	五、减免税合计（34 +35 +36 +37 +38）	
34	（一）符合条件的小型微利企业	
35	（二）国家需要重点扶持的高新技术企业	
36	（三）民族自治地方的企业应缴纳的企业所得税中属于地方分享的部分	
37	（四）过渡期税收优惠	
38	（五）其他	
39	六、创业投资企业抵扣的应纳税所得额	
40	七、抵免所得税额合计（41 +42 +43 +44）	
41	（一）企业购置用于环境保护专用设备的投资额抵免的税额	
42	（二）企业购置用于节能节水专用设备的投资额抵免的税额	
43	（三）企业购置用于安全生产专用设备的投资额抵免的税额	
44	（四）其他	
45	企业从业人数（全年平均人数）	
46	资产总额（全年平均数）	
47	所属行业（工业企业　其他企业　）	

经办人（签章）：　　　　　　　　　　法定代表人（签章）：

企业所得税年度纳税申报表附表六

境外所得税抵免计算明细表

填报时间：　　年　月　日　　　　　　　　　　　　金额单位：元（列至角分）

抵免方式	国家或地区	境外所得	境外所得换算含税所得	弥补以前年度亏损	免税所得	弥补亏损前境外应税所得额	可弥补境内亏损	境外应纳税所得额	税率	境外所得应纳税额	境外所得可抵免税额	境外所得税款抵免限额	本年可抵免的境外所得税款	未超过境外所得税款抵免限额的余额	本年可抵免以前年度所得税额	前五年境外所得已缴税款未抵免余额	定率抵免
	1	2	3	4	5	6(3－4－5)	7	8(6－7)	9	10(8×9)	11	12	13	14(12－13)	15	16	17
直接抵免																	
间接抵免				*	*									*	*	*	
				*	*									*	*	*	
				*	*									*	*	*	
				*	*									*	*	*	
	合计																

经办人（签章）：　　　　　　　　　　　　法定代表人（签章）：

企业所得税年度纳税申报表附表七

以公允价值计量资产纳税调整表

填报时间：　　年　月　日　　　　　　　　　　　　金额单位：元（列至角分）

行次	资产种类	期初金额		期末金额		纳税调整额（纳税调减以“－”表示）
		账载金额（公允价值）	计税基础	账载金额（公允价值）	计税基础	
		1	2	3	4	5
1	一、公允价值计量且其变动计入当期损益的金融资产					
2	1. 交易性金融资产					
3	2. 衍生金融工具					

续表

行次	资产种类	期初金额		期末金额		纳税调整额（纳税调减以“-”表示）
		账载金额（公允价值）	计税基础	账载金额（公允价值）	计税基础	
		1	2	3	4	5
4	3. 其他以公允价值计量的金融资产					
5	二、公允价值计量且其变动计入当期损益的金融负债					
6	1. 交易性金融负债					
7	2. 衍生金融工具					
8	3. 其他以公允价值计量的金融负债					
9	三、投资性房地产					
10	合计					

经办人：　　　　　经办人（签章）：　　　　　法定代表人（签章）：

企业所得税年度纳税申报表附表八

广告费和业务宣传费跨年度纳税调整表

填报时间：　　年　月　日　　　　　　　　　　金额单位：元（列至角分）

行次	项　目	金　额
1	本年度广告费和业务宣传费支出	
2	其中：不允许扣除的广告费和业务宣传费支出	
3	本年度符合条件的广告费和业务宣传费支出（1-2）	
4	本年计算广告费和业务宣传费扣除限额的销售（营业）收入	
5	税收规定的扣除率	
6	本年广告费和业务宣传费扣除限额（4×5）	
7	本年广告费和业务宣传费支出纳税调整额（3≤6，本行=2行；3>6，本行=1-6）	
8	本年结转以后年度扣除额（3>6，本行=3-6；3≤6，本行=0）	
9	加：以前年度累计结转扣除额	
10	减：本年扣除的以前年度结转额	
11	累计结转以后年度扣除额（8+9-10）	

经办人（签章）：　　　　　　　　　　法定代表人（签章）：

企业所得税年度纳税申报表附表九

资产折旧、摊销纳税调整明细表

填报日期：　　年　月　日　　　　　　　　　　　　　　金额单位：元（列至角分）

行次	资产类别	资产原值		折旧、摊销年限		本期折旧、摊销额		纳税调整额
		账载金额	计税基础	会计	税收	会计	税收	
		1	2	3	4	5	6	7
1	一、固定资产			*	*			
2	1. 房屋建筑物							
3	2. 飞机、火车、轮船、机器、机械和其他生产设备							
4	3. 与生产经营有关的器具工具家具							
5	4. 飞机、火车、轮船以外的运输工具							
6	5. 电子设备							
7	二、生产性生物资产			*	*			
8	1. 林木类							
9	2. 畜类							
10	三、长期待摊费用			*	*			
11	1. 已足额提取折旧的固定资产的改建支出							
12	2. 租入固定资产的改建支出							
13	3. 固定资产大修理支出							
14	4. 其他长期待摊费用							
15	四、无形资产							
16	五、油气勘探投资							
17	六、油气开发投资							
18	合计			*	*			

经办人（签章）：　　　　　　　　　　　　　　　　　　法定代表人（签章）

企业所得税年度纳税申报表附表十

资产减值准备项目调整明细表

填报日期：　年　月　日　　　　　　　　　　　　　　　　金额单位：元（列至角分）

行次	准备金类别	期初余额	本期转回额	本期计提额	期末余额	纳税调整额
		1	2	3	4	5
1	坏（呆）账准备					
2	存货跌价准备					
3	＊其中：消耗性生物资产减值准备					
4	＊持有至到期投资减值准备					
5	＊可供出售金融资产减值		—			
6	#短期投资跌价准备					
7	长期股权投资减值准备					
8	＊投资性房地产减值准备					
9	固定资产减值准备					
10	在建工程（工程物资）减值准备					
11	＊生产性生物资产减值准备					
12	无形资产减值准备					
13	商誉减值准备					
14	贷款损失准备					
15	矿区权益减值					
16	其他					
17	合计					

注：表中＊项目为执行新会计准则企业专用；表中加#项目为执行企业会计制度、小企业会计制度的企业专用。

经办人（签章）：　　　　　　　　　　　　　　　　法定代表人（签章）：

企业所得税年度纳税申报表附表十一

长期股权投资所得（损失）明细表

填报时间： 年 月 日

金额单位：元（列至角分）

行次	被投资企业	期初投资额	本年度增(减)投资额	投资成本		股息红利					投资转让所得（损失）					
				初始投资成本	权益法核算对初始投资成本调整产生的收益	会计核算投资收益	会计投资损益	税收确认的股息红利		会计与税收的差异	投资转让净收入	投资转让的会计成本	投资转让的税收成本	会计上确认的转让所得或损失	按税收计算的投资转让所得或损失	会计与税收的差异
								免税收入	全额征税收入							
	1	2	3	4	5	6(7+14)	7	8	9	10(7－8－9)	11	12	13	14(11－12)	15(11－13)	16(14－15)
1																
2																
3																
4																
5																
6																
7																
8																
合计																

投资损失补充资料

行次	项目	年度	当年度结转金额	已弥补金额	本年度弥补金额	结转以后年度待弥补金额	备注：
1	第一年						
2	第二年						
3	第三年						
4	第四年						
5	第五年						
以前年度结转在本年度税前扣除的股权投资转让损失							

经办人(签章)： 法定代表人(签章)：

本章小结

出纳工作中一般不涉及纳税业务，但如果单位规模较小，人员数量少，分工不明确时也会涉及纳税业务。因此纳税业务也是出纳员必须掌握的一项技能。由于纳税业务内容繁杂，本章只就一些经常发生的纳税业务做了简要介绍。读者在掌握上述内容的基础上，还应结合实际工作的需要，补充学习相关内容。

☞ **主要概念**

征税对象　超额累进税率　超率累进税率　纳税申报

☞ **基本训练**

一、知识题

1. 简单说明我国的税收体系和主要税种。
2. 我国各主要税种的应纳税额如何计算？
3. 阐述我国各主要税种的纳税申报程序。
4. 阐述我国发票管理的机关和发票管理的基本规定。

二、计算题

1. 应交增值税额、消费税的计算。

某中外合资化妆品生产企业为增值税一般纳税人，2009 年 2 月发生以下业务：

（1）从国外进口一批散装化妆品，支付给国外的货价 120 万元、运抵我国海关前的运杂费和保险费 30 万元。

（2）进口机器设备一套，支付给国外的货价 35 万元、运抵我国海关前的运杂费和保险费 5 万元。散装化妆品和机器设备均验收入库。

（3）本月内企业将进口的散装化妆品的全部生产加工为成套化妆品，对外批发销售取得不含税销售额 290 万元；向消费者零售取得含税销售额 51.48 万元。（化妆品的进口关税税率 40%、消费税税率 30%；机器设备的进口关税税率 20%。）

要求：根据上述资料，回答下列问题：

（1）计算进口散装化妆品应缴纳的消费税；

（2）计算进口散装化妆品应缴纳的增值税；

（3）计算进口机器设备应缴纳的增值税；

（4）计算该企业国内生产销售环节应缴纳的增值税；

（5）计算该企业国内生产销售环节应缴纳的消费税。

2. 企业所得税的计算。

某国有制药企业 2008 年度会计报表上的销售收入总额 1 000 万元，会计利润总额为 100 万元，已累计预缴企业所得税 25 万元。2008 年其他有关情况如下：

（1）管理费用 450 万元；

（2）销售费用 300 万元；

（3）支付在建办公楼工程款60万元，已列入当期费用；

（4）支付诉讼费2.3万元，已列入当期费用；

（5）另有来自境外的税后所得为64万元，该所得已在境外按20%的税率缴纳了所得税。

要求：根据上述资料，回答下列问题：

（1）计算该企业2008年度应纳税所得额；

（2）计算该企业2008年度应纳所得税税额；

（3）计算该企业2008年度应汇算清缴的所得税税额。（答案中的金额单位用万元表示）

三、技能题

［目的］熟悉一般纳税人增值税、消费税、所得税的计算。

［技能要求］做到计算准确、有税法依据。

［考核标准］计算准确为合格；说明税法依据为良好以上。

第六章

出纳会计档案保管和工作交接

【知识目标】掌握出纳所涉及的会计档案保管要求，掌握出纳的会计工作交接要求；理解出纳档案保管和工作交接的相关规定；了解出纳工作交接的重要性。

【技能目标】掌握按规定保管出纳所涉及的会计档案的技能，掌握顺利进行出纳工作交接的技能。

【引导案例】

几年前，有一个典型的出纳员贪污、挪用公款案。这是一个国营小企业，财会部门设置有财务经理、会计、出纳三个岗位。其中出纳员是一个刚从职业高中毕业的18岁小女孩。按单位惯例，出纳负责现金、银行存款的收付，并掌管空白支票和企业在银行预留的法人代表印章、财务章，自己从银行取回银行对账单并负责与银行对账。

这里还有一个背景信息，就是小女孩有一个男朋友，也不到20岁。小女孩特别喜欢这个男朋友，但小男孩总是吊小女孩的胃口，三天两头提要求。

一天，男孩要小女孩找钱给他买辆摩托车，小女孩先是不答应，于是男孩就不和她约会。百般无奈，小女孩只好壮着胆子偷拿了一张7 000多元的支票为男孩买了摩托车。从此，小女孩每日提心吊胆，一边乞求别被发现，一边积极凑钱还账。可每月几百元的工资，还钱谈何容易，只有乞求别出事这一条路了。小女孩明白，她偷拿的支票只要银行的对账单一来，就可能被人发现，于是，她每天有事无事都往银行跑。银行对账单终于取到了。她赶紧把对账单拿回家，照着原对账单，将偷拿的那一笔款去掉，重新再打一张，又到街上刻了一枚银行的萝卜章盖上。回单位后像模像样地又作了一张银行存款余额调节表。小女孩在忐忑不安中度过了一个多月，可什么事也没发生。这之后小男孩变本加厉胃口越来越大，小女孩胆子也越来越大，在前后不到一年的时间里共八次以此手段挪用公款近120万元。只是小女孩不再自造银行对账单了。直到小男孩携款外逃后，小女孩才如梦方醒，自知罪孽深重和走投无路，只能投案自首。

最后，小女孩作为当事人故意犯罪、有投案自首情节被判无期徒刑，财务经理和企业法人代表也分别被判处有期徒刑。

资料来源：李殿富主编，《会计制度设计》，中央广播电视大学出版社2002年版，第103页。

第一节 出纳会计档案保管

一、会计档案的概念和内容

会计档案是指会计凭证、会计账簿和财务会计报告等会计核算专业材料，它是记录和反映单位经济业务的重要史料和证据。

为了加强会计档案管理，统一会计档案管理制度，根据《中华人民共和国会计法》和《中华人民共和国档案法》的规定，财政部、国家档案局联合发布了《会计档案管理办法》，并于1999年1月1日起正式实施。

各单位（包括国家机关、社会团体、企业、事业单位、按规定应当建账的个体工商户和其他组织）必须加强对会计档案管理工作的领导，建立会计档案的立卷、归档、保管、查阅和销毁等管理制度，保证会计档案妥善保管、有序存放、方便查阅，严防毁损、散失和泄密。各级人民政府财政部门和档案行政管理部门共同负责会计档案工作的指导、监督和检查。

会计档案的具体内容包括：

（1）会计凭证类：原始凭证，记账凭证，汇总凭证，其他会计凭证。

（2）会计账簿类：总账，明细账，日记账，固定资产卡片，辅助账簿，其他会计账簿。

（3）财务会计报告类：月度、季度、年度财务报告，包括会计报表、附表、附注及文字说明，其他财务报告。

（4）其他会计资料类：银行存款余额调节表，银行对账单，其他应当保存的会计核算专业资料，会计档案移交清册，会计档案保管清册，会计档案销毁清册。

按照《中华人民共和国会计法》的规定，出纳人员不能负责会计档案的保管工作。但是，出纳员在工作过程中必然涉及会计的档案。出纳员在有关会计事项处理完毕以后，要按《会计档案管理办法》的规定做好会计档案的整理、移交工作。

其中，出纳人员所涉及的会计档案内容如下：

（1）当月正在处理中的各种原始凭证、记账凭证等；

（2）本年度正在使用中的银行存款日记账、现金日记账、空白的现金支票、转账支票和各种空白票据等；

（3）已经审核的银行对账单、已经审核并签字的银行存款余额调节表等；

（4）在出纳员处保管的财务转讫章、现金收讫章、现金付讫章等；

（5）贵重物品临时存放明细表等。

二、会计档案的归档

根据《会计档案管理办法》，各单位每年形成的会计档案，都应由会计机构按照归档的要求，负责整理立卷，装订成册，编制会计档案保管清册。

当年形成的会计档案，在会计年度终了，可暂由本单位财务会计部门保管一年。期满之后，原则上应由财务会计部门编造清册，移交本单位的档案部门保管；未设立档案部门的，应当在财务会计部门内部指定专人保管。

移交本单位档案机构保管的会计档案，原则上应当保持原卷册的封装，个别需要拆封重新整理的，档案机构应当会同会计机构和经办人共同拆封整理，以分清责任。

各单位对会计档案应当科学管理，作到妥善保管、存放有序、查找方便。同时，严格执行安全和保密制度，不得随意堆放，严防毁损、散失和泄密。

三、会计档案的保管期限

会计档案的保管期限，从会计年度终了后的第一天（1月1日）算起，会计档案的重要程度不同，其保管期限也有所不同。

各种会计档案的保管期限，根据其特点，分为永久、定期两类。永久档案即长期保管，不可以销毁的档案；定期档案根据保管期限分为3年、5年、10年、15年、25年5种。会计档案的保管期限，从会计年度终了后的第一天算起。根据《会计档案管理办法》的规定，各类会计档案保管期限如下：

（1）需要永久保存的会计档案：会计档案保管清册、会计档案销毁清册以及年度财务报告、财政总预算、行政单位和事业单位决算、税收年报（决算）。

（2）保管期限为25年的会计档案：现金和银行存款日记账；税收日记账（总账）和税收票证分类出纳账。

（3）保管期限为15年的会计档案：会计凭证类；总账、明细账、日记账和辅助账簿（不包括现金和银行存款）；会计移交清册；行政单位和事业单位的各种会计凭证；各种完税凭证和缴退库凭证；财政总预算拨款凭证及其他会计凭证；农牧业税结算凭证；会计移交清册。

（4）保管期限为10年的会计档案：国家金库编送的各种报表及缴库、退库凭证；各收入机关编送的报表；财政总预算保管行政单位和事业单位决算、税收年报、国家金库年报、基本建设拨贷款年报；税收会计报表（包括票证报表）。

（5）保管期限为5年的会计档案：固定资产卡片于固定资产报废清理后保管5年；银行余额调节表；银行对账单；财政总预算会计月、季度报表；行政单位和事业单位会计月、季度报表。

（6）保管期限为3年的会计档案：月、季度财务报告；财政总预算会计旬报。

企事业单位会计档案的具体保管期限见表6-1和表6-2。

表 6－1　　企业和其他组织会计档案保管期限

序号	档案名称	保管期限	备　注
一	会计凭证类		
1	原始凭证	15 年	
2	记账凭证	15 年	
3	汇总凭证	15 年	
二	会计账簿类		
4	总账	15 年	包括日记账
5	明细账	15 年	
6	日记账	15 年	现金和银行存款日记账保管 25 年
7	固定资产卡片		固定资产报废清理后保管 5 年
8	辅助账簿	15 年	
三	财务报告类		包括各级主管部门汇总财务报告
9	月、季度财务报告	3 年	包括文字分析
10	年度财务报告（决算）	永久	包括文字分析
四	其他类		
11	会计移交清册	15 年	
12	会计档案保管清册	永久	
13	会计档案销毁清册	永久	
14	银行余额调节表	5 年	
15	银行对账单	5 年	

表 6－2　　财政总预算、行政单位，事业单位和税收会计档案保管期限

序号	档案名称	保管期限			备　注
		财政总预算	行政单位事业单位	税收会计	
一	会计凭证类				
1	国家金库编送的各种报表及缴库退库凭证	10 年	10 年		
2	各收入机关编送的报表	10 年			
3	行政单位和事业单位的各种会计凭证		15 年		包括原始凭证、记账凭证和传票汇总表
4	各种完税凭证和缴、退库凭证			15 年	缴款书存根联在销号后保管 2 年

续表

序号	档案名称	保管期限			备注
		财政总预算	行政单位事业单位	税收会计	
5	财政总预算拨款凭证及其他会计凭证	15年			包括：拨款凭证和其他会计凭证
6	农牧业税结算凭证			15年	
二	会计账簿类				
7	日记账		15年	15年	
8	总账	15年	15年	15年	
9	税收日记账（总账）和税收票证分类出纳账		25年		
10	明细分类、分户账或登记簿	15年	15年	15年	
11	现金出纳账、银行存款账		25年	25年	
12	行政单位和事业单位固定资产明细账（卡片）				行政单位和事业单位固定资产报废清理后保管5年
三	财务报告类				
13	财政总预算	永久			
14	行政单位和事业单位决算	10年	永久		
15	税收年报（决算）	10年	永久		
16	国家金库年报（决算）	10年			
17	基本建设拨、贷款年报（决算）	10年			
18	财政总预算会计旬报	3年			所属单位报送保管的2年
19	财政总预算会计月、季度报表	5年			属单位报送的保管2年
20	行政单位和事业单位会计月、季度报表	5年			所属单位报送的保管2年
21	税收会计报表（包括票证报表）			10年	电报保管1年，所属税务机关报送的保管3年
四	其他类				
22	会计移交清册	15年	15年	15年	
23	会计档案保管清册	永久	永久	永久	
24	会计档案销毁清册	永久	永久	永久	

四、会计档案移交保管利用

（一）档案移交

每个单位的会计档案由会计部门保管 3 年，期满后连同一套档案目录一起移交给本单位综合档案室保管。财务部门移交档案时，交接双方必须当面验收归档材料是否完整、系统、准确，卷内材料排列、编号是否符合要求，凡不符合要求的案卷，档案室有权拒绝接收，并限期改正后才办理交接手续。档案室对违反财会管理制度的有权进行检查纠正。

（二）档案保管

会计档案整理、归档后，原则上保持原卷的封装，不要随便打乱，不能拆卷，如特殊情况，必须会同原会计人员和经办人员共同研究决定完成。任何人不准乱拆、乱订，但原封面不符合要求的，必须按规范要求重新加上封面，并填盖好有关项目。会计档案要有专箱存放、保管，方便查找。

（三）利用

会计档案利用，主要有三方面：

（1）会计分析利用档案。

（2）会计检查使用档案。

（3）日常查考利用档案。

利用、借阅会计档案，必须登记，阅后及时归还，利用者对档案不得污损、毁坏，违者要追究责任，情节严重的要依法追究法律责任，严肃处理。

五、会计档案的鉴定、销毁

（一）鉴定

会计档案鉴定分三步：

（1）初步鉴定。由档案部门对到期档案按会计档案保管期限表作初步审查，提出销毁意见。

（2）复查鉴定。在初步鉴定基础上，由档案部门和会计部门进行第二次鉴定。对初鉴定不恰当的给予纠正。

（3）销毁鉴定。这是最后一次鉴定。这次由档案、财政、审计主管部门对销毁档案严格审核，确定无保存价值的档案作出销毁结论。

（二）销毁

会计档案保管期满需要销毁的，由本单位档案机构提出销毁意见，编制会计档案销毁清册。单位负责人应当在会计档案销毁清册上签署意见。

销毁会计档案时，应由单位档案机构和会计机构共同派员监销。监销人在销毁会计档案前，应当按照会计档案销毁清册所列内容清点核对所要销毁的会计档案；销毁后，应当在销毁清册上签名盖章，并将监销情况报告本单位负责人。

对于保管期满但未结清的债权债务原始凭证和涉及其他未了事项的原始凭证，不得销毁，应单独抽出立卷，由档案部门保管到未了事项完结时为止。单独抽出立卷的会计档案应当在会计档案销毁清册和会计档案保管清册中列明。

正在项目建设期间的建设单位，其保管期满的会计档案不得销毁。

六、会计电算化会计档案管理控制

在会计电算化条件下，除了打印输出的账、证、表以外，整个系统开发的全套文档资料都属于会计档案的范围。另外，对存有会计数据的有关介质也应妥善保管。具体包括：

（1）实行会计电算化后的会计档案以计算机打印的书面形式保存，按《办法》的规定执行。

（2）全套系统文档视同会计文档保管，保管期截至该系统停止使用或有重大修改后的3年。

（3）妥善保存会计信息的磁性介质或其他介质，最好将存有会计数据的磁盘放在防潮的容器保存。

（4）按会计档案管理的有关规定，将计算机打印输出的账簿装订成册，以保证会计档案的安全与完整。

第二节 出纳工作交接

一、出纳工作交接的作用

《会计法》第二十四条规定："会计人员调动工作或者离职，必须与接管人员办理交接手续。一般会计人员办理交接手续，由会计机构负责人、会计主管人员监交。"出纳人员因故不能在原出纳岗位工作时，必须按有关规定和要求办理好工作的交接手续，搞好工作的移交。通过交接，可以明确工作责任，便于接办的出纳人员熟悉工作，也有利于发现和处理出纳工作和资金管理工作中存在的问题，预防经济责任事故与经济犯罪的发生。交接后，如发现移交人在交接前经办的出纳业务有违反财务会计制度和财经纪律的，仍应由移交人负责；交接后，移交前的未了事项，移交人仍有责任协助接交人办理。

二、出纳工作交接前的准备工作

为了使出纳工作移交清楚，防止遗漏，保证出纳交接工作顺利进行，出纳人员在办理交接手续前，必须做好以下准备工作：

（1）将出纳账登记完毕，并在最后一笔余额后加盖名章。

（2）在出纳账启用表上填写移交日期，并加盖名章。

（3）整理应该移交的各项资料，对未了事项写出书面材料。

（4）出纳日记账与现金、银行存款总账核对相符，现金账面余额与实际库存现金核对一致，银行存款账面余额与银行对账单核对无误。如有不符，要找出原因，弄清问题所在，加以解决，务求移交前作到相符。

（5）编制移交清册。移交清册的内容包括：

① 列明支票张数及支票号码。

② 现金金额及票面额。

③ 发票张数及号码。

④ 账簿名称及册数。

⑤ 印章及其他类物品。

实行会计电算化的单位，从事该项工作的移交人员还应当在移交清册中列明会计软件及密码、会计软件数据磁盘（磁带等）及有关资料、实物等内容。

三、出纳工作交接的内容

由于各单位的具体情况不同，所以，出纳交接的具体内容也不可能完全一样。但是，从大的方面来看，出纳的交接应包括以下一些基本内容：

（1）会计凭证（原始凭证、记账凭证）、会计账簿（现金日记账、银行存款日记账等）、相关报表（出纳报告等）。

（2）现金、银行存款、金银珠宝、有价证券和其他一切公有物品。

（3）用于银行结算的各种票据、票证、支票簿等。

（4）各种发票、收款收据。包括空白发票、空白收据、已用或作废的发票或收据的存联等。

（5）印章，包括财务专用章、银行预留印鉴以及“现金收讫”、“现金付讫”、“银行收讫”、“银行付讫”等业务专用章。

（6）各种文件资料和其他业务资料，如银行对账单，应由出纳人员保管的合同、协议等。

（7）办公室、办公桌与保险工具的钥匙，各种保密号码。

（8）本部门保管的各种档案资料和公用会计工具、器具等。

（9）经办未了的事项。

（10）实行会计电算化的，还应包括会计软件及密码、磁盘、磁带等有关电算化的资料、实物。

四、出纳交接手续

出纳的交接，必须在规定的期限内，向接交人员移交清楚。办理交接手续时，一般应由本单位领导监督进行。监督交接人员主要负责监督双方认真交接和履行交接手续，协调交接工作。具体交接时，监交人必须在场。

移交人员在办理移交时，要按移交清册逐项移交，接交人员应认真按移交清册逐项核对点收。

（1）现金、有价证券要根据出纳账和备查账簿余额进行点收。现金、有价证券必须与会计账簿记录保持一致。不一致时，移交人员必须限期查清。

（2）会计凭证、会计账簿等会计资料必须完整无缺。尤其在账簿交接时，接交人应着重核对账账、账物是否一致，核对无误后，交接双方还应在账簿的“经管人员一览表”上签章，并注明交接的年、月、日。

（3）银行存款账户余额要与银行对账单核对，如不一致，应当编制银行存款余额调节表调节相符。如经调整，余额仍然不符，应及时查明原因，明确责任。银行存款余额调节表是为核对银行存款日记账和银行对账单是否一致而编制的表格。

各单位在逐笔核对银行存款日记账和银行对账单时，经常发现两者的余额可能不一致，究其原因主要有两种：双方账目记录发生错误；双方记账都没有错误，但是由于收、付款结算凭证的传递和双方入账时间的不同，造成一方已入了账而另一方却因没有及时收到有关的结算凭证，暂时还不能入账，即存在未达账项导致的差异。对于第一种原因，双方要及时查找，立即更正；但对于第二种原因，则可通过对未达账项的调整来消除影响。调整未达账项最常用的方法即是编制“银行存款余额调节表”。

各单位的未达账项大概可分为四种情况：

① 银行已经收款记账，而单位尚未收款入账的款项。

② 银行已经付款记账，而单位尚未付款入账的款项。

③ 单位已经收款记账，而银行尚未收款记账的款项。

④ 单位已经付款记账，而银行尚未付款记账的款项。

由于以上四种未达账项的存在，单位与银行双方的账面余额出现差异是正常的。

（4）移交人经营的票据、印章和其他实物，也必须交接清楚。

（5）保险柜密码，重要工作台、室的钥匙应先按实际情况进行交接，待交接完毕后，要重新更换保险柜密码和重要工作台、室的锁具。

（6）实行电算化的单位，定期采用计算机打印活页账页现金日记账、银行存款日记账和有价证券明细账的，在不能满页打印时，不可在实际操作状态下进行交接，应将账页打印出来，装订成册，再进行交接。

（7）移交时，还应对工作计划和待办事项交代清楚。

移交人移交工作计划时，要由移交人详细地介绍计划执行情况以及在日后执行过程中可能出现的问题，以便接交人接管后能顺利地开展工作。移交待办事项时，移交人应将处理方法和有关注意事项向接交人交代清楚，以保证工作的延续性。

（8）交接完毕，交接双方和监交人，要在移交清册上签名或盖章。移交清册一般一式三份，交双方各执一份，存档一份。在移交清册上必须填明：单位名称、交接日期、交接双方和监交人的职务和姓名，以及移交清册页数、份数和其他需要说明的问题和意见。

出纳员工作交接书

移交原出纳员×××，因工作调动，财务部已决定将出纳工作移交给×××接管。现办理如下交接：

（一）交接日期：

20××年×月×日

（二）具体业务的移交：

1. 库存现金：×月×日账面余额××元，实存相符，日记账余额与总账相符。

2. 库存国库券：×××元，经核对无误。

3. 银行存款余额×××万元，已经编制、审核“银行存款余额调节表”核对相符。

（三）移交的会计凭证、账簿、文件：

1. 本年度现金日记账×本；

2. 本年度银行存款日记账×本；

3. 空白现金支票××张（××号至××号）；

4. 空白转账支票××张（××号至××号）；

5. 托收承付登记簿一本；

6. 付款委托书×本；

7. 信汇登记簿×本；

8. 转账支票领用登记簿一本；

9. 金库暂存物品明细表一份，与实物核对相符；

10. 银行对账单1~10月份10本；10月份未达账项说明一份；

……

（四）印鉴：

1. ××公司财务转讫印章一枚；

2. ××公司财务现金收讫印章一枚；

3. ××公司财务现金付讫印章一枚。

（五）交接前后工作责任的划分：

20××年×月×日前的出纳责任事项由×××负责；20××年×月×日起的出纳工作由×××负责。以上移交事项均经交接双方认定无误。

（六）本交接书一式三份，双方各执一份，存档一份。

移交人：×××（签名盖章）

接管人：×××（签名盖章）

监交人：×××（签名盖章）

××公司财务部（公章）

20××年×月×日

五、出纳交接应注意的事项

（1）出纳人员进行交接时，一般应由会计主管人员监交，必要时，还可请上级领导一同监交。

（2）监交过程中，如果移交人交代不清，或者接交人故意为难，监交人员应及时处理裁决。移交人不作交代，或者交代不清的，不得离职，否则，监交人和单位领导人均应负连带责任。

（3）移交时，交接双方人员一定要当面看清、点数、核对，不得由别人代替。

（4）交接后，接管的出纳员应及时向开立账户的银行办理更换出纳员印鉴的手续，检查保险柜的使用是否正常、妥善，保管现金、有价证券、贵重物品、公章等的条件和周围环境是否齐全，如不够妥善、安全，要立即采取改善措施。

（5）接管的出纳人员应继续使用移交的账簿，不得自行另立新账，以保持会计记录的连续性。对于移交的银行存折和未用的支票，应继续使用，不要把它搁置、浪费，以免单位遭到损失。

（6）交接后，移交人应对自己经办的已经移交的资料的合法性、真实性承担法律责任，不能因为资料已经移交而推脱责任。

本章小结

按照《中华人民共和国会计法》和内部控制制度的要求，出纳员不得兼管会计档案保管工作。但出纳员在工作中涉及会计凭证的整理和经管的现金日记账、银行存款日记账、保管的重要的空白票据，这些工作中必然涉及与会计档案相关的工作，熟悉相关内容是十分必要的。整理会计凭证是一项十分具体的会计工作技能，需要结合实际工作逐步学习和掌握。保管重要的空白票据责任重大，务必不可掉以轻心，要按相关法律法规和公司管理制度认真做好保管工作。

☞ 主要概念

会计档案　出纳员工作交接书

☞ 基本训练

一、知识题

1. 出纳人员能兼管会计档案保管工作吗？为什么？
2. 出纳人员工作交接的主要内容有哪些？

二、技能题

[目的] 练习编写出纳员工作交接书。

[资料] 按书中模板。

[技能要求] 按出纳员交接书模板模拟编写一份出纳员工作交接书。

[考核标准] 能全面模拟编写出纳员工作交接书即为合格。

参考文献

1. 刘晓光，崔维．新手学出纳．北京：人民邮电出版社，2008
2. 梁素萍，李星华．出纳岗位实用技能与技巧．北京：中国财政经济出版社，2007
3. 黄雅雯．出纳入门7日通．北京：京华出版社，2008
4. 杨成贤．跟我学当出纳．北京：经济科学出版社，2008
5. 索晓辉．出纳实务技能一本通．北京：中华工商联合出版社，2006
6. 李建卿，李雅娟．出纳岗位实务．太原：山西经济出版社，2008
7. 白媛媛．出纳实务三天速成．北京：民主与建设出版社，2008
8. 鄢烈仿．出纳实务．武汉：华中科技大学出版社，2007
9. 何大安．零基础出纳业务一本通．北京：经济科学出版社，2006
10. 王树．新编出纳入门一本通．北京：中国纺织出版社，2009
11. 许群．小企业出纳实务．北京：经济科学出版社，2004
12. 《出纳业务实战速成》编写组．出纳业务实战速成．北京：企业管理出版社，2004
13. 张秀花．轻松做出纳——专家实战经验．成都：成都时代出版社，2006
14. 朱小平．新编出纳速成．北京：中国致公出版社，2007
15. 吴少平．中小企业出纳实务．广州：广东经济出版社，2003
16. 张海冬．出纳必读．北京：中国商业出版社，2006
17. 林云刚，朱建君．出纳会计实务．北京：高等教育出版社，2004
18. 田国强．出纳实务．上海：立信会计出版社，2006
19. 杨成贤．出纳业务有问必答．北京：经济科学出版社，2005
20. 赵凡禹．第一次学做出纳就上手．北京：北京工业大学出版社，2003
21. 倪晓婧．跟我学做一名优秀的出纳．北京：中国纺织出版社，2008
22. 刘国宁．教你学出纳．上海：立信会计出版社，2008
23. 李亚如．新编出纳速成．北京：中国国际广播出版社，2004
24. 张家伦．出纳会计操作实务．北京：首都经济贸易大学出版社，2003
25. 文斌．新编出纳入门．广州：广东经济出版社，2003
26. 郑卿，李拥军．出纳人员岗位培训手册，北京：人民邮电出版社，2006
27. 董惠良．出纳员，一个不容忽视的岗位．理财周刊，90
28. 蒋树宽．金融会计新编．广州：广东经济出版社，2005
29. 何大安．出纳速成．北京：企业管理出版社，2006

30. 曹凯．手把手教你当出纳．北京：经济科学出版社，2004
31. 朱小平．跟我学出纳．北京：中国致公出版社，2004
32. 会计从业资格考试辅导教材编写组．会计基础．北京：中国财政经济出版社，2008
33. 会计从业资格考试辅导教材编写组．财经法规与会计职业道德．北京：中国财政经济出版社，2008
34. 郭志荣．出纳快速入门．北京：中国物资出版社，2008
35. 干学森．出纳实务．杭州：浙江大学出版社，2008
36. 付刚，杨成刚．出纳新手应知应会一本通．北京：人民邮电出版社，2009
37. 杨雄，吕晓荣．中小企业出纳实务．北京：电子工业出版社，2009
38. 席君．小企业出纳．北京：中华工商联合出版社，2007
39. 郝建国，刘富春．简单轻松学出纳．北京：中国物价出版社，2006
40. 彭湘华，张斌华．出纳实务．长沙：中南大学出版社，2007

21世纪高职高专会计类规划教材

订购单

（可复印使用）

第一步：请填写以下资料

单位名称：　　　　　　　　　　　　收书人：

发货（邮寄）地址：　　　　　　　　邮编：

联系电话：　　　　　　　　　　　　E-mail：

第二步：请填写您所选购的图书及册数

书号	书　名	单　价	数　量	合　计
8295	基础会计	29.00		
8502	财务会计实务	38.00		
8465	成本会计	24.00		
	管理会计			
9472	财务管理	27.00		
8443	审计理论与实务	26.00		
8474	审计技能训练	21.00		
	纳税实务			
8478	出纳实务与技能	23.00		
8959	Excel在会计中的应用	26.00		
合　计				

第三步：请到邮局将款项汇至以下地址

收款人：吕亚亮　凌　敏

地　址：北京市海淀区阜成路甲28号经济科学出版社1307室

邮　编：100142

电　话：010－88191307　　88191343

传　真：010－88191344

第四步：请确认是否需要增值税发票，如果需要请在传真中注明您的增值税信息

☐开具增值税发票　　　　　　　　☐开具普通发票

第五步：如果您想了解其他详细情况，请垂询销售热线

电　话：010－88191307　　88191343

如果您想编写其他教材，请与我们联系：

E-mail：lyl@esp.com.cn

电　话：010－88191307　　88191343